한국청람문학

도서출판 청람서루

인   쇄 : 2025년 6월 10일
발   행 : 2025년 6월 10일
지 은 이 : 김왕식
발 행 인 : 김왕식
편 집 장 : 김학우
편집위원 : 이하늘
펴 낸 곳 : 도서출판 청람서루
등록번호 : 제 2024-000136호
주   소 : 경기도 고양시 일산동구 탄중로 429 성지프라자 4층
전   화 : 031-919-2505
이 메 일 : wangsik59@naver.com
I S B N : 979-11-989851-2-5
가   격 : 16,000원

_____님에게

사랑하기에도 짧은 시간들
서로에게 힘이 되고 위로가 되는
따뜻한 동행이 되고자
이 책을 드립니다.

년   월   일

_____

"청람문학은 말보다 사람을, 문장보다 진심을 우선하며, 깊이와 울림으로 삶을 어루만지는 조용한 문학 공동체를 지향한다."

"Cheongram Literature aspires to be a quiet literary community that values people over words, sincerity over style, and touches life with depth and resonance."

목차

목차

특집 1　소논문

청람시선

목차

목차

목차

목차

청람수필선

목차

특집 3 청람 평론가, 이 작가를 주목하다

특집 4 김용보 작가의 작품 세계

단편소설

권두언

『한국청람문학』 창간호를 펴내며

　문학은 언어의 옷을 입은 인간의 내면이고, 한 문명의 가장 조용한 증언입니다. 말이 넘치고 의미가 빠르게 소모되는 이 시대에, 『한국청람문학』은 "말이 곧 마음이 되기를" 바라는 사람들의 고요한 염원으로 태어났습니다. 이 책은 단지 작품을 모은 문예지가 아닙니다. 문장 너머에 살아 있는 삶의 체온과, 언어 안에 잠든 시대의 숨결을 꺼내어 독자 앞에 조심스럽게 놓는 '한 권의 온기'입니다.

　'청람(晴嵐)'은 맑은 날 산허리를 감싸 안는 아지랑이 같은 기운을 뜻합니다. 그것은 높지 않지만 깊고, 요란하지 않지만 오래 머무는 기운입니다. 우리가 이 이름을 택한 것은, 문학이 바로 그러해야 한다는 믿음 때문입니다. 세속의 속도에 휩쓸리지 않고, 말보다 마음을 앞세우며, 문단이라는 좁은 담장을 넘어 인간의 넓은 마당으로 나아가는 문학. 『청람문학』은 그런 문학을 지향합니다.

　이 창간호에는 시와 산문, 수필과 평론이 담겨 있습니다. 그러나 실린 장르보다 더 주목해야 할 것은 그 모든 글이 '삶의 진심'을 통과한 문장이라는 점입니다. 잘 쓴 글보다 먼저, 진심을 담은 글, 기술보다 태도가 앞선 글들이 이곳에 있습니다. 우리는 이 문예지를 통해, 잊혀졌던 말들이 다시 살아나고, 침묵에 머물던 생각들이 다시 흐르기를 소망합니다.

 이제 문학은 다시 사람 곁으로 돌아가야 합니다. 『청람문학』은 이름보다 문장을, 이력보다 온기를, 주목받는 속도보다 오래 남는 깊이를 선택합니다. 우리는 지금 거대한 소음의 시대에 살고 있습니다. 그런 시대에 '작은 목소리'로 말하는 일은 어쩌면 가장 용기 있는 선택일지도 모릅니다. 청람문학은 그 용기를 품고 앞으로 나아가려 합니다.

 이 창간호는 시작입니다. 그러나 동시에 문학의 본질로 되돌아가는 '회귀의 선언'이기도 합니다. 앞으로 우리는 더 많은 삶의 결들을 이 지면 위에 포개고자 합니다. 더 많은 사람의 마음이 이 문학을 통해 서로 닿을 수 있기를 바랍니다.

 이 책을 펴내기까지 함께해주신 모든 필자 여러분께 깊은 감사를 드립니다. 그리고 지금 이 권두언을 읽는 당신이, 청람의 첫 독자로 이 자리에 함께해주셨다는 사실이 이 문예지를 더 의미 있게 만듭니다.

 『한국청람문학』은 문학을 단지 읽는 것이 아니라, 살아가는 방식으로 선택하는 이들을 위한 책입니다. 우리는 믿습니다. 말보다 조용한 문장이 사람을 바꾸고, 문학이 한 시대의 인격이 될 수 있다는 것을.

2025년 6월 10일
한국청람문학회

한국청람문학 창간호 발간사

허만길

말보다 깊은 침묵, 문학이라는 이름으로

문학박사 허만길

 문학은 말보다 깊은 침묵의 형상이며, 보이지 않는 뿌리의 울음을 꽃으로 피워내는 작업입니다. 『한국청람문학』 창간호는 그 긴 침묵의 시간 속에서 조용히 움튼 언어의 싹을 세상에 내보이는 첫 발자국입니다. 이 책은 단지 창작을 담은 문학지가 아니라, 시대의 고요한 심연을 들여다보며, 사람과 사람 사이에 남은 따뜻한 여백을 문장으로 잇고자 하는 문학적 선언이기도 합니다.

 청람문학은 겉보다 속을, 외침보다 고요를 선택합니다. 격정적인 목소리보다 묵묵히 빛나는 문장 하나의 힘을 믿습니다. 이 창간호에 실린 시와 수필, 평론과 이야기들은 모두 각자의 삶에서 길어 올린 진심이며, 분주한 일상 속에서 마침내 길어 올린 '존재의 물결'입니다. 누군가는 그것을 잊힌 이야기라고 부를지 모르지만, 청람은 그 잊힘 속에서도 진실은 여전히 피어나리라 믿습니다.

'청람晴嵐'은 봄과 여름 사이, 산허리를 감도는 맑은 바람이자, 젊은 생명력의 은은한 울림입니다. 청람문학은 그 바람처럼, 시끄럽지 않되 깊고, 화려하지 않되 오래 머무는 언어를 지향합니다. 세속의 속도에 휩쓸리기보다 한 구절의 문장이 누군가의 마음을 다독이는 시간이 되기를 소망합니다. 그것이 문학이 이 시대에 여전히 필요한 이유이며, 청람이 존재해야 할 자리입니다.

『한국청람문학』은 시류를 따르기보다, 스스로를 갈고닦는 작은 연마석이 되고자 합니다. 문단이라는 이름보다 사람이라는 이름을 우선하며, 문장이라는 도구를 통해 타인에게 길을 내어주는 문학을 실천하려 합니다. 이 창간호는 그러한 실천의 첫걸음이자, 앞으로 이어질 아름다운 항해의 돛을 올리는 자리입니다.

이 책이 가능하기까지, 오랜 시간 진심을 다해 걸어오신 청람문학회 문우들의 헌신적 노력이 있었기에 가능한 일이었습니다. 한 줄의 글이 시대의 결을 따라 흐르고, 한 사람의 언어가 우리 모두의 마음을 연결하는 다리가 되기를 바라며, 이 첫 호가 독자들의 가슴 속에 조용한 바람처럼 스며들기를 기원합니다.

문학은 결국, 사람을 사람답게 하는 일입니다. 그 일은 누군가의 침묵을 귀하게 듣는 일이자, 사라져가는 감정을 붙잡아 다시 피워내는 일입니다. 『한국청람문학』 창간호는 그 소중한 일을 향해 내딛는 첫 걸음이며, 무성한 말들 사이에서 진심을 건네는 몇 안 되는 손길입니다. 우리가 남기는 문장 하나하나가, 누군가의 하루 끝에 작은 등불이 되기를 바랍니다. 청람의 바람은 지금 막 불기 시작했고, 그 바람은 오래도록 머물며, 더 깊은 이야기를 싹틔울 것입니다.

이제, 우리는 다시 문학이라는 이름으로 서로를 부릅니다.

조용히, 그러나 분명히.

한국청람문학 창간사

박철언 김왕식

믿음을 지켜가는 작은 불씨

시인 청민 박철언

문학은 삶의 겉껍질을 벗겨내고, 그 속살을 세상 앞에 드러내는 일이다. 무심히 지나친 풍경 속에서 고요히 쌓인 진실, 말하지 못한 눈물, 말 없는 분노, 때늦은 기쁨… 그것들을 오래 품고, 언젠가 꺼내어 조용히 내미는 일이기도 하다. 『한국청람문학』 창간호는 바로 그러한 울림을 위해 첫 장을 열었다.

이 책은 그 어떤 장식도 없이, 다만 정직하고 절제된 문장으로 우리 안의 시간을 기록한다. 상업과 속도, 유행이라는 물살을 비켜가며 묵묵히 제 길을 걷는 사람들, 그 진심의 사람들이 모여 이 창간호를 빚어냈다. 나는 믿는다. 문학은 궁극적으로 사람을 향한 예의라는 것을. 우리가 살아온 시대는 빠르게 흘렀지만, 그 속에서도 곧은 마음으로 하루하루를 살아낸 이들이 있었다. 『한국청람문학』은 바로 그런 이들을 문학의 주인공으로 삼는다.

이름보다 마음, 기술보다 자세, 명성보다 정직함. 여기 실린 한 편의 시와 산문 한 줄에도 그런 향기와 고요한 품격이 배어 있다.

청람晴嵐은 내면의 뜨거움을 소리 없이 드러내는 기운이다. 청람문학은 바로 그 기운을 닮고자 한다. 목청을 높이지 않지만 오래 머무는, 수식어 없이 뚜벅뚜벅 마음에 남는 문장을 꿈꾼다. 문학은 때로 단 한 사람의 생을 붙잡는다. 사람을 살리는 말은 위대한 명문장이 아니다. 그저 어깨에 닿는 조용한 문장 하나, 밤을 건너는 숨결 같은 말 한 마디가 삶의 등불이 된다. 청람문학은 그 작은 불빛을 외면하지 않겠다.

이 문학은 말의 권력보다 말의 품격을 택하겠다고 다짐한다. 자극보다는 사유, 감각보다는 울림, 속도보다 깊이를 좇겠다. 그것은 유행이 아니라, 흐름이다. 시간이 지나도 오래 남는 문학, 그것이 우리가 바라보는 방향이다.

이 길은 고요하지만 쉽지 않다. 그러나 분명 가치 있는 길이다. 문학은 늘 외로움을 감내하며 나아가는 길이지만, 뜻을 함께하는 이들과 걷는다면 그 외로움은 깊은 동행이 된다. 이 창간호는 바로 그런 동행의 첫걸음이다. 함께 써 내려간 문우들의 마음이 모였고, 그 길 위에 독자가 있다면 우리는 계속 걸어야 할 이유를 갖는다.

나는 믿는다. 조용한 문학의 힘을. 곧은 사람의 말이 지닌 무게를. 그리고 진심은 반드시 닿는다는 사실을. 『한국청람문학』은 그 믿음을 지켜가는 작은 불씨가 되기를 바란다.

이 책은 끝이 아니라 시작이다. 누군가의 심장에 불을 켜는 한 줄이 되길, 잠든 기억을 흔드는 산들바람이 되길, 그리고 사람을 사람답게 바라보는 문학의 눈길이 되기를 바란다. 문학은 곧 사람이다. 그리고 사람을 향한 그 길 위엔 언제나 문학이 있었다.

『한국청람문학』은 그 길 위에서, 낮은 자세로, 그러나 깊은 마음으로 서 있을 것이다.

누군가의 마음에 조용히 놓인 작은 의자

문학평론가 청람 김왕식

문학은 사람 곁에 오래 머무는 말입니다. 환호보다 속삭임으로, 계절의 변화처럼 서서히 그러나 분명하게 삶 속으로 스며듭니다. 『한국청람문학』의 창간은 그런 문학의 본래 자리로 되돌아가려는 조용한 손짓입니다. 누군가는 문학을 시대의 경적이라 부르지만, 우리는 오히려 낡은 우물가의 두레박처럼, 매번 조심스레 길어 올리는 마음이라 믿습니다.

이제 막 첫 장을 펼친 『한국청람문학』은 거창한 깃발을 들지 않습니다. 잘 다듬어진 말보다 잘 여문 침묵을, 이름난 이력보다 이름 없는 마음을 귀히 여깁니다. 이 창간호에 실린 글들은 화려하지도 요란하지도 않습니다. 다만 진심과 정성이 스며 있고, 그 안에 한 사람의 하루와 사계절이 조용히 녹아 있습니다.

'청람 晴嵐'은 비 갠 날 신새벽, 산허리를 감아 맑게 피어오르는 서기(瑞

氣)입니다. 누군가의 마음을 서늘하게, 또 누군가의 가슴을 따뜻하게 스쳐 가는 바람이지요. 이 바람은 목소리를 높이지 않지만, 지나간 자리에 분명한 흔적을 남깁니다. 우리 문학도 그러하기를 바랍니다. 문단이라는 구조물보다 마음이라는 뜰에서 싹을 틔우고, 누구나 앉을 수 있는 나무 그늘 같은 글이 되고자 합니다.

문학은 경쟁이 아니라 순환입니다. 한 편의 시가 또 다른 글을 부르고, 하나의 고백이 또 다른 생을 위로합니다. 청람문학은 그 순환의 고리를 만들고자 모였습니다. 삶의 울퉁불퉁한 결을 부드럽게 쓰다듬고, 오래 묻혀 있던 말에게 다시 빛을 건네려 합니다.

『한국청람문학』은 문학을 삶 가까이에 놓고자 합니다. 책상 위보다 마루 끝에서, 책장이 아니라 밥상머리에서 피어나는 문장을 소중히 여깁니다. 어떤 이는 그것을 '소박함'이라 하고, 또 어떤 이는 '진솔함'이라 부릅니다. 우리는 그 둘이 어깨를 나란히 한 글이 곧 사람의 글이라 믿습니다.

청람문학은 화려한 꽃이 아니라, 오래 피는 들국화를 닮고 싶습니다. 늘 곁에 있으되 눈에 띄지 않고, 시간이 흐를수록 향기 짙어지는 그런 글, 그런 사람이 되고 싶습니다. 그리고 그렇게 모인 이들이 결국 하나의 아름다운 숲이 되리라 믿습니다.

창간이라는 말은 시작인 동시에 다짐입니다. 더디더라도 바른 길로, 느리더라도 진심으로 나아가겠습니다. 그 길 끝에 만나는 단 한 사람의 독자도 우리에게는 충분한 이유가 됩니다.

문학은 거창하지 않아도 됩니다. 누군가의 마음에 조용히 놓인 작은 의자 하나, 그것이면 충분합니다. 『한국청람문학』은 그 의자를 정성껏, 다정하게 놓아두겠습니다.

축사

엄창섭 안혜초 주광일 김유조 권갑하 정근옥 홍승표 전제현

사람의 마음을 어루만지는 조용한 빛

시인 엄창섭

문학은 시간이 흐를수록 더욱 깊어지는 그릇입니다. 그릇은 깨지기 쉬우나, 견고히 빚어진 문학은 사람의 마음을 조용히, 오래 품습니다. 『한국청람문학』 창간호는 그러한 문학의 본질을 고스란히 간직한 채 우리 곁에 도착했습니다. 오랜 세월 문학을 벗 삼아 살아온 한 사람으로서, 이 귀한 시작을 진심으로 축하드립니다.

청람 김왕식 평론가와의 인연은 저의 글 『천년의 건봉사는 달빛에 아득하고 — 망실 토지 환수의 배청련화』를 청람 선생이 정성스럽게 평석해주신 데서 시작되었습니다. 제 글을 또 다른 비평의 언어로 정밀하게 풀어내는 그의 필력에 깊은 감동을 받았고, 문우로서 기꺼이 인연을 맺게 되었습니다. 그의 글은 단순한 감상이나 미문(美文)이 아닙니다. 문학의 생리와 인간의 마음에 동시에 닿아 있는 지점을 정확하게 포착하고, 그것을 독자에게 따뜻한 언어로 건네는 힘이 있습니다. 그때 저는 분명히 느꼈습니다. 이 사람은 언젠가 문학의 깊고 넓은 들판을 스스로 일굴 사람이라는 것을. 이후 청람 선생의 평론 작업을 지켜보며 그 확신은 더욱 깊어졌고, 마침내 『한국청람문학』이라는 이름으로 그의 오랜 꿈이 구현되는 모습을 보며 무한한 기쁨을 느낍니다.

『한국청람문학』은 단순한 문예지가 아닙니다. 김 평론가의 오랜 사유, 치열한 삶, 그리고 '사람을 위한 문학'이라는 철학이 응축된 결과물입니다. 특히 감동적인 점은, 이 문학지가 문단의 중심보다 '마음의 중심'을 지향한다는 사실입니다. 한 줄의 시가 한 사람의 삶을 일으키고, 한 편의 산문이 누군가의 고요한 밤을 밝혀주리라는 믿음은 결코 낡은 것이 아닙니다. 오히려 지금 우리 사회가 다시 품어야 할 가치입니다. 청람문학은 이러한 신념을 실천하는 공동체입니다. 말보다 마음을, 형식보다 진심을 우선하는 글들이 이 창간호를 가득 채우고 있습니다. 조용하지만 단단하게, 물처럼 깊이 흐르며 삶을 담아낸 문장들이 이곳에 고요히 앉아 있습니다.

김 평론가는 평론이라는 장르를 누구보다 넓고 깊게, 그리고 따뜻하게 확장시킨 문인입니다. 날카로운 사유 속에서도 인간에 대한 예의를 잃지 않고, 독자를 향한 다정한 배려가 문장 끝에 늘 깃들어 있습니다. 『청람문학』은 그의 문체와 철학이 녹아든 인문 공동체이자, 문학을 다시 삶 속으로 이끄는 조용한 촉매입니다.

우리는 지금, 문학이 다시 사람을 향해 돌아가야 할 전환의 시대에 서 있습니다. 『청람문학』의 창간은 단지 한 권의 책이 아니라, '느림의 미학', '깊은 사유', '다정한 시선'을 되살리는 선언입니다. 그리고 그 중심에 청람이라는 사람이 있다는 것은 제게 더없는 감동이며 자부심입니다.

다시 한 번 『한국청람문학』의 창간을 축하드립니다. 이 문학이 앞으로도 한 사람의 마음을 어루만지는 조용한 빛이 되기를 바랍니다. 오래도록 향기 나는 길을, 천천히 그러나 흔들림 없이 걸어가시기를 마음 다해 기원합니다.

조용한 힘, 느린 사유

시인 안혜초

 문학은 익어가는 일입니다. 단숨에 빚어지는 것이 아니라, 햇볕에 서서히 말리고, 이슬에 젖었다가, 바람에 스치며 스스로 깊어지는 일. 그 과정 속에서 말은 시가 되고, 문장은 사람을 품는 언어가 됩니다. 『한국청람문학』 창간호를 마주한 오늘, 저는 이 문학지가 품은 고요한 울림에 마음 깊은 곳부터 경의를 보냅니다.

 저는 오랫동안 시를 써왔고, 삶의 허리쯤에서 문학과 동행해온 사람입니다. 그러다 보니 문학이란 본디 삶을 안으로 끌어안는 그릇임을 알게 되었습니다. 그래서 김왕식 평론가가 오래 사유하고 다듬어온 문학의 결실이 『청람문학』이라는 이름으로 세상에 태어났다는 소식은, 저에게 남다른 기쁨이 아닐 수 없습니다.

 청람 선생은 그동안 수많은 글을 통해 사람과 문학, 시대와 양심을 잇는

다리를 놓아온 분입니다. 그의 평론은 날이 선 비판보다 마음이 머무는 사유에 가깝고, 이론보다 사람을 향한 진심이 앞선 문장입니다. 저는 그런 그의 문체에서 '말보다 마음이 먼저 도착하는 글'을 느낍니다. 바로 그것이 『청람문학』의 중심이 아닐까 생각합니다.

이 문학지는 명망보다 정직한 문장을, 이름보다 내면의 울림을 택한 분들이 함께 빚은 창작의 집입니다. 글마다 흙냄새가 스며 있고, 삶의 상처와 회복, 사랑과 그리움, 묵음의 말들이 실려 있습니다. 이 시대가 놓치고 있는 '조용한 힘', '느린 사유'가 이곳에는 고요하게 살아 있습니다.

청람(晴嵐)이라는 이름은 맑은 날 산허리에 피어오르는 아지랑이 같은 기운입니다. 보이지 않으나 느껴지고, 잡히지 않으나 오래 남는 것. 저는 그 이름 속에서 이 문학의 길이 얼마나 겸허하고 단단한지를 읽습니다. 바람을 품되 흔들리지 않는, 빛을 품되 눈부시지 않은 문학. 그 여정은 화려하지 않아도 좋고, 느려도 괜찮습니다. 중요한 건 멈추지 않는다는 것이지요.

문학은 누군가의 손을 잡아주는 일입니다. 『청람문학』이 앞으로도 한 사람의 마음을 다정히 어루만지는 문학, 등불 하나 되어 먼 길을 비추는 문학, 그래서 사람이 다시 사람다워지는 데 기여하는 문학이 되기를 소망합니다.

이토록 성실하고 품격 있는 문학지가 새롭게 태어난 것을 축하드리며, 청람 선생을 비롯한 모든 동인 여러분께 깊은 감사와 존경을 보냅니다. 그리고 이 책을 펼칠 누군가의 고요한 시간에, 이 문학이 따뜻한 바람처럼 머물기를 기원합니다.

시대를 가로지르는 깊은 울림

시인 주광일

책 한 권이 사람의 운명을 바꿀 수 있다는 믿음은, 시를 쓰는 이들에게는 신앙에 가깝습니다. 그러나 문학이란 단지 기록의 기술이 아닙니다. 그것은 시간을 껴안는 감각이며, 말로 말하지 못하는 것들을 끝내 문장으로 불러내는 조용한 투쟁입니다. 『한국청람문학』 창간호는 그러한 조용한 믿음이 오래 다져져 비로소 한 권의 책이 된, 참 귀한 결과물입니다.

청람 김왕식 평론가는 늘 생각보다 먼저 움직이는 사람입니다. 문단의 중심에 서기보다, 문학이 외면당한 자리에서 낮게 숨 쉬는 목소리를 듣는 사람. 저는 그가 평론가로 활동하면서도 늘 '사람'과 '현장'의 결을 놓치지 않았다는 점을 깊이 신뢰해왔습니다. 그는 문학을 거창한 수단으로 삼지 않았고, 누군가의 생과 언어를 조용히 마주 앉아 들어주는 데 익숙한 사람입니다.

『한국청람문학』의 창간은 바로 그런 태도의 연장선에 있습니다. 문학이 다시 인간의 내면과 관계의 그물망으로 복귀해야 한다는 자각이, 이 책 안에서 살아 움직이고 있습니다. 창간호에 실린 시와 수필, 비평과 산문은 그 어떤 형식보다 먼저, 삶을 오래 지켜본 이들의 말들이라는 점에서 무척 인상 깊습니다.

무엇보다 이 문학지는 '겸허함'이라는 이름으로부터 출발합니다. 더 높이 오르기보다, 더 깊이 내려가는 문학. 더 많이 말하려 하기보다, 더 많이 들으려는 문학. 그것이 오늘날 우리가 잃어버렸던 문학의 미덕이라면, 청람문학은 그것을 되살리는 공간이 될 것입니다.

우리는 지금 말이 넘쳐나는 시대에 살고 있지만, 진심이 머무는 언어는 드물어졌습니다. 청람문학이 제시하는 방향은 그런 시대 속에서 느리지만 진실한 저항입니다. 이 문학지는 문장보다 마음을, 주목받기보다 살아남는 울림을 선택한 이들의 공동체입니다. 문단을 꾸리는 것이 아니라, 문학의 안마당을 정직하게 가꾸려는 사람들. 저는 그 사실 하나만으로도 이 창간호가 지닌 의의를 충분히 증언할 수 있다고 생각합니다.

김 평론가가 이끄는 이 흐름이 반가운 것은, 그가 단지 비평가로서의 위치에 안주하지 않고, 문학 전체의 숨결과 온기를 되살리기 위한 진심 어린 손길을 끊임없이 내밀고 있기 때문입니다. 그는 청람이라는 이름처럼, 높이 떠 있지 않고도 고요한 기운으로 문학을 일으킵니다. 그 바람이 이제 이 책을 통해 더 넓게, 더 멀리 퍼져가리라 믿습니다.

문학은 누구를 대신해 외칠 수 없지만, 누구든 위로할 수 있습니다. 그 위로의 자리에 『한국청람문학』이 오래도록 함께하길 바랍니다. 이 한 권의 책이 단지 한 계절의 기획물이 아니라, 문학의 본질을 다시 묻고 다시 길어 올리는 순례의 출발점이 되기를 희망합니다.

마지막으로 이 책을 위해 묵묵히 함께해주신 필자 여러분께 감사드리며, 『한국청람문학』이 앞으로도 조용한 문학의 불씨로 남아, 시대를 가로질러 깊은 울림을 전해주는 지문 같은 존재가 되기를 기원합니다.

문학이 삶을 닮는다

소설가 김유조

문학은 말의 기술이 아니라, 마음의 궤적입니다. 그것은 우리가 하루하루를 살아가며 놓치고 지나온 감정과 표정, 그리고 사라져버린 풍경들을 다시 불러들이는 조용한 힘이자, 상처를 넘어서는 가장 인간적인 방식의 기록입니다. 그런 점에서 『한국청람문학』 창간호는 단순히 한 권의 문예지가 아니라, 마음의 집 한 채를 정성껏 지은 사건이라 말할 수 있습니다.

저는 문학을 삶의 후반부에서야 비로소 내면 깊숙이 체험하게 된 사람입니다. 그만큼 문학의 필요성은 이른 시절의 낭만이 아니라, 깊고 조용한 생의 수직을 마주할 때 비로소 실감나게 다가옵니다. 그런 제게 『청람문학』 창간은 단순한 출판 소식이 아닌, 언어를 품은 공동체 하나가 세상에 조용히 뿌리를 내리는 감동으로 다가왔습니다.

청람 김왕식 평론가는 문학을 말로 논하기 이전에, 삶으로 살아낸 사람입니다. 그의 평론은 언제나 독자의 곁에 앉아 조용히 손을 잡아주는 글이었고, 그 안엔 인간을 향한 예의가 늘 깃들어 있었습니다. 그가 세운 『한국청람문학』은 문단의 권위가 아니라 인간의 마음을 향해 열린 구조를 지녔습니다. 여기엔 이름보다 문장을 먼저 세우고, 형식보다 진심을 먼저 붙잡는 문인들이 함께 모였습니다.

창간호를 펼쳐보니, 그 안에는 한 편의 시보다 더 긴 생애의 무늬들이 담겨 있었습니다. 치열한 현실 속에서 언어의 품격을 놓지 않으려 애쓴 이들, 조용한 생활 안에서 문학의 숨결을 불어넣은 이들, 그리고 말보다 먼저 도착한 마음들이 있었기에 가능한 문학이었습니다.

『청람문학』이 귀한 것은 그것이 '천천히 걷는 문학'을 지향하기 때문입니다. 지금처럼 모든 것이 빠르게 소모되는 시대에, 이 문학지는 말의 속도를 늦추고, 사유의 밀도를 높이며, 마음의 여백을 회복하려는 시도 그 자체입니다. 이것은 단순한 복고가 아니라, 문학이 본래의 자리를 되찾는 귀환입니다.

무엇보다 저는 『청람문학』이 독자에게 닿는 방식에서 새로운 가능성을 봅니다. 이 문예지는 폐쇄된 문단의 순환 고리에서 벗어나, 더 넓은 일상과 공감의 지형 속으로 문학을 이끌고 있습니다. 문학이 삶을 닮는다면, 『청람문학』은 다정하게 말을 걸 줄 아는 문학입니다. 그래서 저는 이 문학이 앞으로 더욱 많은 이들의 마음에 침묵으로 스며들기를 바랍니다.

김 평론가의 이끈 첫걸음이 이토록 깊고 따뜻하다는 것이, 참으로 든든하고 감동스럽습니다. 『청람문학』이 단지 한 사람의 사유로 끝나는 것이 아니라, 여러 사람의 삶을 묶고, 문학의 다리로 세상과 이어지는 열린 문이 되기를 진심으로 바랍니다.

다시 한 번 『한국청람문학』의 창간을 축하드리며, 이 문학지가 오래도록 숨 쉬며 자라나는 숲이 되기를 기원합니다. 그 숲엔 분명, 시와 삶과 사람이 함께 머무를 것입니다.

뿌리의 방향을 잊지 않는 자세

시조시인 권갑하

　문학은 단단한 말보다 조용한 숨결에서 비롯됩니다. 그것은 한 시대의 외침이 아니라, 그 시대를 살았던 사람들의 마음에 오래 머무는 침묵의 기록입니다. 『한국청람문학』 창간호는 바로 그러한 침묵과 내면의 언어를 고요히 엮어낸 한 권의 책이며, 이 시절 문학이 가야 할 방향을 정중하게 제시한 지표입니다.

　지금 우리 시대의 문학은 기로에 서 있습니다. 문단은 분주하고 시장은 빠릅니다. 그러나 그 안에서 '왜 글을 쓰는가'라는 질문은 점점 흐려지고 있습니다. 이러한 시대에 『한국청람문학』이 탄생했다는 것은, 단순한 문예지의 출간을 넘어, 문학 본연의 자리로 회귀하려는 깊은 의지의 표현이라고 생각합니다.

　청람 김왕식 평론가는 평론이라는 장르 안에서 늘 중심보다는 변두리에 앉아 있던 목소리들에 귀 기울여 왔습니다. 그는 문학을 다룰 때도 감상적 찬사보다, 질문과 성찰을 앞세워왔고, 그 중심엔 언제나 '인간'이 있었습니다. 그래서 저는 그가 시작한 『청람문학』이 일회적 기획이 아니라, 문학이 제 본래의 호흡을 되찾는 첫걸음이라는 사실에 깊이 공감하게 됩니다.

창간호에 실린 글들을 읽으며 느낀 것은 단 하나입니다. 이곳에는 잘 쓰려는 욕망보다 '진심을 전하려는 태도'가 먼저였습니다. 삶을 오래 바라본 눈, 말보다 조심스러운 귀, 그리고 단정한 손끝들이 엮어낸 문장들이었습니다. 그것은 무엇보다 독자를 향한 존중이자, 문학에 대한 겸허한 자세였습니다.

『청람문학』은 유명 작가들의 이력으로 자신을 설명하지 않습니다. 대신, 말의 무게와 감정의 결, 그리고 고요한 깊이로 독자와 소통합니다. 이 점이 지금의 많은 문예지들과 가장 크게 구분되는 부분이 아닐까 합니다. 청람문학은 자신만의 결을 갖고 있습니다. 그것은 바람의 방향을 따르기보다, 뿌리의 방향을 잊지 않는 자세이기도 합니다.

저는 문학이란 결국 '사람 곁에 오래 남는 말'이라 믿습니다. 그 말은 빠르지 않아도 되고, 화려하지 않아도 됩니다. 다만 진심이어야 하고, 책임이 있어야 합니다. 『청람문학』은 그런 말들을 모은 자리입니다. 그리고 그 말들이 오랜 시간 세상에 퍼져, 다시 사람을 향하게 되리라는 믿음을 품게 합니다.

앞으로 이 문학지가 더 많은 목소리들을 품고, 다양한 삶의 결들을 따뜻하게 엮어내는 공동체로 성장해 가길 바랍니다. 이 책을 통해 문학이 다시 '일상의 곁'으로 돌아오고, 독자와 문학이 깊은 숨결로 이어지길 기대합니다.

청람이라는 이름처럼, 이 문학지가 맑고도 깊은 바람이 되어 오래도록 이어지기를 진심으로 기원합니다. 그리고 이 첫걸음을 위해 마음과 시간을 쏟아주신 김 평론가를 비롯한 모든 필자 여러분께 진심으로 존경과 감사를 보냅니다.

사람을 위한 문학으로 나아가는 마중물

평론가 정근옥

 문학이란 무엇보다 '기억의 예술'입니다. 사라지는 것들을 붙잡고, 잊힌 것들에 이름을 붙이고, 말해지지 못한 마음을 조용히 꺼내어 놓는 것. 그런 문학의 본령을 다시 꿰어낸 한 권의 책, 『한국청람문학』 창간호가 우리 앞에 놓였습니다. 이는 단지 문예지 한 권의 탄생이 아니라, 이 시대 문학의 중심이 어디에 있어야 하는지를 고요하게 되묻는 사건이라 생각합니다.

 문단이란 이름이 낯설고 멀게 느껴지는 이들에게도 문학은 여전히 유효한 언어입니다. 삶을 살아내는 사람들에게 문학은 종종 유일한 위로이기도 하지요. 『한국청람문학』이 귀한 것은, 바로 그 '낯섦'을 허물고, 문학이 다시 사람 곁으로 돌아오게 하려는 진심 어린 노력에서 비롯됩니다.

 김왕식 평론가는 오랜 시간 문학 안에서 사람을 중심에 놓고 사유해온 분입니다. 그는 수많은 글에서 작가의 이름보다 문장의 온기를 먼저 말했고,

장르의 경계보다는 말의 진심을 더 깊이 들여다보았습니다. 그런 그의 철학이 『청람문학』이라는 공동체적 이름 아래 묶여 세상에 나왔다는 사실에 저는 큰 기대를 걸고 있습니다.

창간호에 실린 글들을 찬찬히 읽어보면 알 수 있습니다. 여기에는 '나를 드러내기 위한 문장'이 아니라, '당신에게 닿고자 하는 말'들이 있습니다. 잘 쓴 글이 아니라, 오래 살아낸 문장이 있고, 독자를 감동시키려는 글이 아니라, 스스로를 내려놓은 고요한 언어들이 있습니다. 이것이야말로 오늘날 우리가 다시 되찾아야 할 문학의 자세가 아닐까요.

『한국청람문학』은 형식의 완성보다 진심의 깊이를 추구합니다. 작품 하나하나가 절제된 언어 속에서 삶의 결을 담아내고 있고, 서두르지 않고, 화려하지 않으며, 그렇기에 더 오랜 여운을 남깁니다. 이 문예지는 자신을 문단의 중심에 세우려 하기보다, 문학이 있어야 할 자리를 묵묵히 비워두는 태도를 보여줍니다. 저는 이 겸허함이야말로 『청람문학』이 가진 가장 큰 미덕이라 생각합니다.

문학은 종종 시대보다 느리고, 그래서 때로는 주변부에 머뭅니다. 그러나 그 느림이야말로 문학의 유일한 미덕일 때가 있습니다. 『청람문학』이 추구하는 방향은 빠른 성과나 주목이 아니라, 문학 본연의 질문과 기다림입니다. 이 문예지가 앞으로도 사람과 사람 사이, 삶과 삶 사이를 잇는 조용한 다리가 되어주기를 진심으로 바랍니다.

마지막으로 이 창간호가 한 권의 책을 넘어, 문학을 사랑하는 이들이 모여 다시 '사람을 위한 문학'으로 나아가는 마중물이 되기를 바랍니다. 글을 통해 다시 서로를 바라보고, 사라져가던 언어들이 다시 피어나고, 마음과 문장이 함께 살아나는 자리가 되기를 희망합니다.

『한국청람문학』의 첫 발걸음을 진심으로 축하드리며, 그 발걸음이 앞으로도 흔들림 없이 묵묵히 이어지기를, 그리고 더 많은 독자들의 마음속에 조용한 불씨로 타오르기를 기원합니다.

말을 적게 하지만 오래 듣는 문학

수필가 홍승표

　문학은 말의 옷을 입은 마음이다. 그런데 그 마음이 꼭 사람의 것이어야 할 필요는 없다. 나뭇잎의 마음, 강물의 기억, 바람의 울음소리도 모두 문학의 심장 안에 들어올 수 있다. 『한국청람문학』 창간호를 받아 들며 나는 문득 그런 생각을 했다. 이 책은 사람의 말만 담은 책이 아니라, 사물과 생명, 시간과 침묵의 목소리까지 함께 실어 나르는 조용한 배 같다.

　나는 시를 쓴다. 때로는 시가 나를 쓰기도 한다. 그런 순간엔 내가 시를 통역하는지, 시가 나를 해석하는지 헷갈릴 때가 있다. 김왕식 평론가의 글을 처음 만났을 때도 그랬다. 그는 문장을 곧게 세우는 사람이다. 그러나 그 곧음은 정직의 곧음이지, 고압적이거나 딱딱한 윤곽이 아니다. 그의 문장은 날카로운 펜 끝보다 따뜻한 목덜미를 닮았다. 조용히 내려앉지만 결코 가볍지 않다.

『한국청람문학』은 그러한 글쓰기의 철학이 집단적으로 구현된 공간이다. 그것은 단지 문장을 잘 쓰는 사람들이 모인 것이 아니라, 문장을 진심으로 대하는 이들이 마음의 온도를 모아 엮은 한 권의 결과물이다. 이 잡지는 그 자체로 하나의 '사유의 풍경'이다. 어떤 글은 바람이 되고, 어떤 글은 돌멩이가 되어 그 풍경 속에 놓여 있다. 창간호를 읽는 내내 나는 한 권의 책이 어떻게 이토록 다층적인 풍경을 구성할 수 있을까 놀랐다. 시가 있었고, 서정이 있었으며, 침묵의 반짝임이 있었다. 무엇보다 이 책은 독자에게 말을 걸기보다 '기다리는 책'이었다. 설명하지 않고, 정답을 주지 않으며, 그저 독자가 다가오기를 조용히 기다리는 태도. 그것이야말로 문학이 가질 수 있는 가장 고요하고도 위대한 품격이 아닐까.

문학은 세상의 소음을 반사하는 거울이 아니라, 소음을 잠재운 후에도 여전히 남아 있는 진심의 소리를 기록하는 통로다. 『청람문학』은 그 길을 걷고 있다. 소란하지 않게, 그러나 중심을 흔들지 않으며. 문학의 가장자리에서, 세상의 중심을 바라보는 이 문예지는 한 사람의 손끝이 만든 것이 아니라, 시대의 맥박을 정직하게 받아쓴 한 무리의 손들이 만든 것이다.

나는 이 책을 다 읽고 난 후, 어딘가 기도문을 다 읽은 느낌이었다. 격렬한 장면은 없지만, 마음에 오래 남는 여운이 있었다. 그리고 이 문예지가 앞으로도 '말을 적게 하지만 오래 듣는 문학'이 되기를 바랐다. 말이 많은 시대에 침묵의 미덕을 다시 세우는 일은 쉽지 않지만, 『청람문학』은 이미 그 방향을 선택했다.

김 평론가의 이름 아래 모인 이 청람문학 공동체는, 문학의 원래 자리를 되찾는 일에 착수한 셈이다. 다시 사람 곁으로 돌아온 문학, 다시 천천히 걷는 문장, 다시 서로를 읽는 글쓰기. 이 아름다운 '되돌아감'은 사실 가장 위대한 전진일지도 모른다. 『한국청람문학』 창간을 진심으로 축하드린다. 그리고 그 축하가 단지 말로 끝나지 않고, 이 문학지를 통해 또 다른 독자의 마음이 '조용한 문학'에 길을 열게 되기를 바란다. 문학이 그저 살아 있는 것이 아니라, 숨 쉬고, 머무르고, 위로하는 일이 되기를 바라며.

찻잔 속 고요한 숨결

전 서울 오산고등학교 교장 전제현

　문학은 시대의 숨결을 품은 가장 조용하고도 강한 힘입니다. 말보다 느리지만 오래 남고, 기록보다 생생하지만 조용히 스며드는 언어의 예술. 오늘, 그 조용하고도 깊은 발걸음을 내딛는 『한국청람문학』 창간호의 탄생을 진심으로 축하드립니다.

　저는 이 자리에서 문학평론가 청람 김왕식 선생의 과거를 오래 기억하는 사람 중 한 명입니다. 서울 오산고등학교에서 국어교사로 계시던 시절, 그는 문예반을 맡아 백석과 소월, 그리고 이광수의 문학 정신을 오늘의 학생들 안에 심어주고자 헌신했던 교사였습니다. 그때의 김 선생은 늘 낮고 부드러운 목소리로 시를 가르쳤고, 아이들에게 문학을 단지 시험 과목이 아닌 '삶의 빛'으로 전하고자 애썼습니다. 때로는 아이들의 시를 함께 고쳐주고, 때로는 강당에서 시를 낭송하며 눈물을 보이던 선생의 모습은 지금도

제 기억에 생생합니다.

저는 교장으로서 오랜 시간 김왕식 선생을 지켜보며, 그가 언젠가는 교육의 테두리를 넘어 더 큰 무대에서 문학의 힘을 세상에 알릴 것이라 믿었습니다. 그리고 마침내 그는 그 길을 걸었습니다. 특유의 열정과 철학적 안목으로 그는 방송계에서도 인정받는 강사가 되었고, 경찰대·사관학교·사범대를 지망하는 전국의 수많은 청소년들에게 국어를 넘어 삶의 길을 가르치는 1타 강사로 우뚝 섰습니다.

그러나 저는 그가 교육자로서 성공했기 때문이 아니라, 문학을 결코 잊지 않았기에 더 감동을 느낍니다. 언제나 마음속에 시를 품고, 학생들에게 글을 쓰는 손끝을 전하며, 마침내 '청람'이라는 이름으로 문학을 모으고, 또 나누는 터전을 세우게 된 오늘, 김 선생의 이러한 귀한 여정은 단순한 개인의 성공이 아니라 '문학의 귀환'이라 부를 만합니다.

『한국청람문학』은 문단의 중심보다는 마음의 중심을 지향합니다. 이름보다 문장을, 명성보다 정직함을, 유행보다 삶의 울림을 귀히 여기는 이 잡지는, 오늘날과 같은 빠르고 복잡한 시대에 꼭 필요한 문학의 숨결입니다. 이것은 단순히 창작물의 집합이 아니라, 시대와 사람, 삶과 내면이 만나는 다정한 자리입니다.

청람문학이란 이름처럼, 이 문학회는 높은 곳에서 요란하게 흔들리는 것이 아니라, 푸르고 맑은 산기운처럼 조용히 번지고, 한 사람 한 사람의 마음속에 오래 머무는 문학을 지향합니다. 김왕식 선생이 지향하는 문학은 '지적 감동'과 '도덕적 품격'을 함께 품고 있습니다. 그 문학의 향기는 그가 가르쳤던 교실을 기억하는 이들, 그 강의를 들으며 자라난 제자들, 그리고 오늘 이 글을 읽는 우리 모두의 가슴에 닿아 있을 것입니다.

저는 『한국청람문학』의 창간이 단순히 한 편의 문예지 출판이 아닌, 오늘날 우리 사회가 잃어가던 '느린 말', '깊은 시선', '따뜻한 사유'를 되찾는 귀한 시도라고 확신합니다. 그리고 그 시작을 김왕식이라는 한 교사가, 이제는 평론가이자 문학의 선한 기획자로서 완성하고 있음에 깊은 감동을 전합니다.

 앞으로 『청람문학』이 더욱 많은 이들의 마음에 작은 누각이 되어 주기를 바랍니다. 찻잔 속 고요한 숨결처럼, 삶을 위로하는 문장이 되기를 소망합니다. 그리고 무엇보다, 이 아름다운 문학적 여정이 앞으로도 꾸준히, 진실하게 이어지기를 마음 다해 기원합니다.

 다시 한 번, 『한국청람문학』 창간을 축하드립니다.
그리고 김왕식 선생의 문학적 사명과 따뜻한 품성에 깊은 경의를 표합니다.

전 서울 오산고등학교 교장
전제현

초대작가

시

권갑하　김유조　박철언　신위식　안혜초　이오장　오종민　이희국　임보선
정근옥　정순영　주광일　허만길　황성구

세한의 저녁

시조시인 권갑하

공원 벤치에 앉아 늦은 저녁을 끓이다
더 내릴 데 없다는 듯 찻잔 위로 내리는 눈
맨발의 비둘기 한 마리 쓰레기통을 파고든다

돌아갈 곳을 잊은 사람은 아무도 없는지
눈꽃 피었다 지는 부치지 않은 편지 위로
등 굽은 소나무 말없이 젖은 손을 뻗고 있다

간절히 기댈 어깨 한 번 되어주지 못한
빈 역사 서성이는 파리한 눈송이들
추스른 가슴 한쪽이 자꾸 무너지고 있다

청어가 비웃 굽던 날

종로3가역에서 관수동 쪽으로
허위단심 올라와 보면
등 푸른 생선 굽는 좁은 골목

어느 여름날
행여 연기에 적실까 봐
민소매 베잠방이 차림에
노객老客 서넛이 젓가락으로
길가 연탄불 위의 수입 비웃을
땀을 뻘뻘 벌써 반 뭇 마리 째나
타지 않게 굴리며 잔을 돌리는데

'청어시군요"
젊은이가 인사하며 지나간다
"구울 땐 비웃이라 하네"
내 대답에
"청년 같은 어르신입니다"

기특하여 한 잔 권하려다 멈칫한다
비웃과 청어의 세대 차이!

공원 벤치

시인 박철언

공원 한 모퉁이
누군가 쉬고 싶은 체중 맡기면
지친 몸을 잠시 펌프질 해주는 벤치

긴 세월 달빛과 바람이 앉아도
어머니의 무릎처럼 다 받아주는 의자
사계절 한결같이 누군가를 기다리는

지나가던 걸음이 눌러앉으면
지친 숨결도 삶의 무게도 받아주는 벤치
마음의 끈 풀고 들어선 그 시간
하나둘 떠오르는 애잔한 추억들
잡힐듯한 체온 아련해지는 풍경

잊었던 시간이 고삐를 당기면
추억의 잔해 부스스 털어낸 휴식이
황망하게 일상으로 돌아선다

하루를 지나는 생명과
계절을 건너는 생명들
모두에게 품 내어주는 공원 벤치

도토리

시인 신위식

투욱 툭
가을 떨어지는 소리

소슬하여
쌓이는 그리움

도토리 줍다 마주했다
다람쥐의 맑은 눈

"가을은 남겨두고
추억만 가져가세요"

우리 사랑 지금은

시인 안혜초

우리 사랑 지금은
잠들어 가도
조금씩 알게 모르게
잠들어 가도
그대와 나
어느 한쪽이라도
깨어 있으면
오뉴월의 싱그러운 햇바람으로
깨어 있으면
우리 사랑 이대로
스러지지 않아요
그대 사랑 나 먼저
하품을 하면
내 사랑이 자꾸
자꾸 흔들어 주고
내 사랑이 그대 먼저
눈을 비비면
그대 사랑 자꾸
자꾸 흔들어 줘서

징 없는 무지렁이 호소

투표함이 열리고
우리는 장막에 가려진 무대 아래 섰구나
농악소리에 녹아든 표와
선전구호에 깃발 흔들던 표가
엿장수가락에 날리던 표에 뒤섞여
창문 없는 빌딩 주춧돌 감싸고
여의도 양말산 30개 기둥 흔드는 것을
눈 뜨고 눈 감고 귀 막고 귀 열어 보는구나
문 앞에서 불러대도 손님이 없어
옆집 끼리 품앗이 장사를 하고
저녁이면 주정뱅이 대리운전을 해도
한 푼을 통장에 남기지 못하는 점포는
아르바이트 학생에게 맡기고
우리는 우리 손으로 뽑은 선량의 입을 바라보며
한 손에는 깃발 한 손에 든 구호에 따라
무지렁이라고 스스로 낮추는구나
투전판 장땡으로 딴 것이 아니고
걸어가다 횡재한 것이 아닌데
가슴깃에 반짝이는 금배지 누가 줬는지를

아무도 묻지 않고 대답하지 않는 여의도에
우르르 밀려가는 함성이 없으니
차라리 최고라 자칭하는 입 밑으로 들어가
얼쑤 얼쑤 입이나 맞출까
징이 없어 손바닥 마주치며 눈만 크게 뜨는 우리는
우리의 몫을 알지 못하니
발바닥 땀나도록 뜀뛰다가
위 아래로 찢어진 의원들 입이나 쳐다보자

노을

시인 오종민

먼 길을 달려온 태양이
마지막 숨을 몰아쉬고 있다

산마루 난간을 붙잡고
태연한 척 안간힘을 써보아도
조금 흔들리는 것은
어쩔 수 없다

꺼져 가는 심장이
피를 뿜어내고
풀어헤친 머리카락을 붉게 물들인다

그래도 태양이다
그토록 아름답다
죽어 가는 모습까지도

추한 모습 남기기 싫어
마지막 불티마저 사위고 나면
검은 바탕 위에 촛불을 흩어놓는다.

간이역

시인 이희국

몇 겹의 고요가 침묵처럼 깔려 있다

이곳은
뒤를 돌아보지 않는 시간과
오래도록 바라보는 사라진 방향만 있다

철길이 모퉁이로 휘어지던 그때 하늘의 귀퉁이가 우두둑 뜯어지고 허공이
다 젖었다

난청의 계절
시간은 귀가 어두워
먼 길 한 바퀴 돌아온 봄의 표정이 철길에 노랗다

접힌 마음은 어느 지점에서 환승했을까 떠난 이들은 아무도 돌아오지 않았
다

뒷산 진달래가 붉은 손을 흔들고 기억의 간이역으로 또 누군가 스쳐간다

퍼지지 않는, 주름진 시간도 있다

13월의 봄

시인 임보선

삶이 허전할 때
삶이 버거울 때
나는 헤맸다
불어오는 바람 앞에
차마 입 한 번 떼지 못하고

천지사방 둘러봐도
기댈 곳 하나 없는
어리석고 무력한 절벽 끝에서

외롭다 그립다
허영이고 사치일 뿐
기적도 한바탕 야단치고 돌아갔다

목이 쉬도록 울었지만
눈물 닦아줄 이도
같이 울어줄 이도
파고들 가슴 하나 없는
현실은 12월

흔들리고
쓰러지고
무너지고 일어서는데

콘크리트 바닥
전신주 기둥 틈새
바늘 같은 풀꽃 하나
실 같은 소리로

봄이 오는 중이라고
13월의 봄이!
13월의 봄이!.

하얀 강

시인 정근옥

겨울을 흐르는 강은 어둠 속에서 스스로 길을 만들어 외로이 흘러간다

별빛을 머리에 이고 한 번 간 적 없는 생의 사막 길을 홀로 헤쳐 간다.

사랑하는 사람과 함께 길을 걸어도 세월이 할퀸 상흔이 화석으로 남아
꽃잎 흔드는 바람이 불면 가슴은
늘 멍이 들어 쓰라리다

흰 물결 흐르는 강물 위에서 가랑잎 목숨한 점이
캄캄한 빛을 밀어내고 은하를 떠가는 별이 되어 반짝거린다

주렴 안에 드니

시인 정순영

거리에서 밀실에서 말들이 얼룩덜룩 무성한
세상의 먼지를 툭툭 털고

주렴 안에 드니
청산이 물소리 장단으로 자연의 이치를 소리하네.

풀잎에 맺힌 이슬 한 방울 속에
해가 지면 달이 뜨고

세상을 헤아려 유유히 흐르는 강
햇살 한줌이면 윤슬로 조잘조잘 소리하네.

산사의 목어를 두드리고 돌아오는 바람은
청명한 소리를 얻어 한풀이 소리를 하네.

봄꽃 지누나

며칠전 올라온
꽃망울

갓난 아기의
눈망울 같더니

아 벌써
떠나는구나

새벽 잠 설치어
스르르 눈감기는

가는
봄날

어디 간다는
암시도 없이

봄꽃
지누나

아침 강가에서

시인 허만길

차가운 아침 강가에서
나는 가슴 두근거렸다.

푸른 깃털 붉게 물들이는
한 마리 청둥오리라도 만날까 싶어.

차가운 아침 강가에서
나는 애타게 기다렸다.

지난 밤 강물에 띄운
한 줄기 그리움 햇살 타고
하마 치오를까 싶어.

오월이면 그대 생각

시인 황성구

오월이면 문득문득 그대가 생각나요
연초록 바람 사이로 웃던 웃음소리
싱그러운 햇살처럼 따스히 내 맘을
흔들던 그 시절 메이퀸 같은 그대

예쁜 장미꽃보다 진한 사랑의 향기
모과꽃처럼 수줍은 고운 미소 하나
계절은 흘러흘러도 잊지 못할 그대

이름 석 자는 지금도 내 마음의 봄
그래요 언제 다시 한 번 마주친다면
차 한 잔 사이에 쌓인 날들을 풀며
그리움보다 서로 반가움으로 웃겠죠
오월이면 그대 이름을 꼭 부르게 돼요

특집 1
소논문

박경숙 김철삼 김미동

한국 다도의 태동과 역사, 그리고 현대인에게 미치는 긍정적 영향에 대한 고찰

I. 서론

찻잔 하나의 온기가 사람의 마음을 데운다. 물이 끓는 소리와 찻잎이 우러나는 시간, 그 모든 과정은 단순한 음료 준비가 아니라 마음을 다듬고 세상을 바라보는 하나의 자세로 완성된다. 한국 다도는 이처럼 고요한 일상의 의식을 통해 정신과 육체를 함께 맑히는 우리 민족의 심성문화이자 삶의 방식이다. 그것은 말보다 깊은 대화이며, 손끝에 머무는 철학이고, 일상 속에 흐르는 미학이다.

한국 다도의 뿌리는 삼국시대로 거슬러 올라가며, 불교와 유교, 그리고 조선 사대부의 생활을 거치며 점차 독자적인 정신과 형식을 갖추어왔다. 이

과정에서 다도는 단순한 음료 문화가 아닌 인간관계의 예법, 자연과의 교감, 정신수양의 도구로 발전하였다. 예를 들어 다례를 통한 조선 선비들의 아침 차와 밤 차는 하루를 여는 마음과 하루를 닫는 성찰의 순간이었고, 백자 다완에 담긴 차는 그 사람의 품격과 내면의 깊이를 드러내는 상징이었다. 그처럼 다도는 한국인의 사유체계 속에서 일상과 철학, 예술과 종교를 아우르는 복합문화로 뿌리내렸다.

　오늘날 우리는 극단적인 속도의 사회를 살아간다. 스마트폰 속 수많은 메시지와 통보, 분 단위로 쏟아지는 정보들 속에서 사람들은 관계를 맺되 마음을 잃고, 쉬지 못한 채 스스로를 소진해간다. 이러한 시대에 한국 다도는 다시금 조명을 받아야 할 치유의 문화다. 찻물을 따르고 기다리는 느린 시간, 찻잔을 두 손에 감싸며 나누는 정중한 침묵은 우리에게 중요한 삶의 자세를 회복시킨다. 속도를 멈추고, 상대를 바라보고, 내면의 숨결에 귀를 기울이는 이 전통문화 속에는 현대인이 잃어버린 깊이와 여백이 살아 있다.

　이러한 다도의 정신과 형식은 단지 과거의 유물이 아니라 오늘의 우리 삶에 깊이 스며들어야 할 가치다.

　본 소논문은 한국 다도의 태동과 역사적 흐름을 간단히 고찰하고, 이어서 현대사회에서 다도가 지닌 정신적·심리적 의미와 긍정적 영향에 대해 살펴보고자 한다. 이는 단지 차의 역사를 되짚는 학문적 관심을 넘어, 다도의 정신을 삶의 언어로 다시 새기기 위한 시도이다. 찻잔을 들고 잠시 멈춘 자리에, 인간다운 삶의 향기가 피어난다.

II. 본론 1

한국 다도의 태동과 역사적 전개

한국 다도의 뿌리를 찾는 일은 단순히 차를 언제부터 마셨는가를 따지는 문제가 아니다. 그것은 곧 한국인의 정신사, 예술사, 종교사와 맞닿아 있는 총체적 문화유산의 계보를 복원하는 일이며, 그 안에는 조용하지만 단단한 인간학이 스며 있다. 다도는 물리적 차의 역사와 정신적 내면의 흐름이 함께 엮이며 한국적 정체성을 구축해온 문화다.

삼국시대에 이미 차문화의 싹이 텄다는 기록이 있다. 『삼국사기』에 의하면 신라의 고승 혜공과 자장 율사가 당나라 유학 중 차를 접하고 귀국하여 불교 의례에 차를 포함시킨 것으로 추정된다. 초기의 차문화는 불교 의식에서의 '다선일여(茶禪一如)'의 실천에 가깝다. 이는 곧 차 마시는 행위가 곧 선의 수행이며, 찻물을 끓이는 순간이 곧 깨달음의 기회라는 불교적 인식이다.

이 시기 차는 단순한 음료가 아닌 '도구 없는 수행'의 수단이었다.

이러한 차문화는 고려시대에 들어 정교한 형식과 격식을 갖춘 문화로 발전한다. 고려는 불교가 국가 이념으로 작용했던 사회였고, 자연스럽게 차도 사찰을 중심으로 확산되었다. 특히 귀족층에서는 차를 마시는 것이 단순한 풍류가 아닌, 학문과 수양, 그리고 국사(國事)를 논하는 장이 되었다. 고려 청자 다완의 세련된 유약과 은은한 곡선은 이 시기의 차문화가 이미 심미적 완성을 향하고 있었음을 보여준다.

이 시기의 차는 단순한 취미가 아닌 '덕의 구현'이었다. 또한 송나라와의 외교 교류 속에 차는 외교의 매개물로 활용되며 품격과 문화를 상징하는 사절품이 되었다. 따라서 고려 다도는 선과 예, 정치와 미학이 어우러진 고유한 질서와 언어로 정립된 것이다.

조선시대에 이르러 유교가 국가 이념으로 자리하면서 다도의 성격은 더욱 내면화되고, 예절과 격식 중심으로 심화된다. 조선의 사대부들은 아침에는 마음을 맑히기 위한 '조다례(朝茶禮)'를, 밤에는 하루를 정리하는 '석다례(夕茶禮)'를 통해 일상의 흐름을 정돈했다. 이때 다도는 곧 '인의예지신'의 실천이자, 자기 절제의 형식이었다. 차 한 잔을 준비하고 마시는 절차 속에는 상대에 대한 공경, 말의 절제, 그리고 마음의 정제가 고스란히 담겼다.

특히 조선다완의 미감은 한국 다도의 철학을 상징한다. 일본 다도의 무사적 엄격함이나 중국 다도의 장중함과 달리, 한국의 다완은 절제와 소박, 자연미를 중심으로 한다. 무늬를 과시하지 않고, 빛을 감추며, 형태는 겸손하고, 색은 땅의 빛깔을 닮았다. 백자와 분청사기, 고려말 조선 초의 옹기 다완은 '지나침 없음'의 미학, 곧 중용(中庸)의 정신을 구현한 것이었다. 차를 담는 그릇이 그 사람의 마음을 보여준다는 말은 그래서 결코 은유만이 아니다.

이처럼 한국 다도는 단순한 차문화가 아닌 시대의 철학, 인간관계의 예의, 자연과 공존의 삶을 담은 하나의 정신체계다. 그것은 단순히 물을 끓이고 찻잎을 우리는 일이 아니라, 인간 존재를 어떻게 갈무리하고 표현할 것인가에 대한 깊은 질문이자 응답이었다. 이 역사적 흐름은 다도를 삶의 예술로 승화시켰으며, 오늘날 우리에게 다시금 그 의미를 되새기게 한다.

III. 본론 2

현대사회에서 다도가 갖는 정신적·심리적 영향

오늘날의 한국 사회는 가속화된 정보기술, 복잡한 인간관계, 치열한 경쟁 환경 속에서 살아가고 있다. 이러한 시대에 다도는 단순히 전통문화로서의 향수를 넘어, 실질적이고도 깊은 심리적 치유의 문화로 자리할 수 있다. 차를 마시는 행위는 물리적 동작을 넘어, 내면을 다스리는 의식이고, 인간의 감정과 관계를 정제하는 정서적 예술이기 때문이다.

우선 다도는 '지금-여기'에 집중하게 하는 예술이다. 찻물을 데우고 찻잔을 준비하는 동안 인간의 감각은 시각, 청각, 촉각, 후각, 미각의 오감으로 확장된다. 물이 끓는 소리를 듣고, 찻잎이 피어나는 장면을 바라보며, 찻잔의 표면을 손끝으로 느끼고, 향을 맡고, 맛을 천천히 음미하는 과정은 명상과 유사한 몰입 상태를 유도한다. 이는 심리학적으로 말하자면 '주의 전환'과 '감각 집중'을 통해 스트레스를 감소시키고 자율신경계를 안정시키는 효과를 준다.

또한 다도는 반복성과 절제의 미학을 통해 감정을 다스리는 도구가 된다. 다도는 정해진 차례와 동작을 따르며, 불필요한 말과 행위를 줄이고 침묵과 기다림을 존중한다. 이는 과잉 자극의 시대에서 '덜어냄'을 통해 삶을 정돈하는 경험이 된다. 특히 정신의 속도에만 몰두하던 현대인은 육체의 동작을 통해 비로소 감정을 인식하고, 천천히 자신을 마주하게 된다. 이 점에서 다도는 '몸으로 하는 명상'이자 '관계로 실현하는 마음치유'라 할 수 있다.

더불어 다도는 인간관계를 정화하고 회복하는 데 중요한 문화적 역할을 한다. 다도는 상대를 향한 정중함, 기다림, 배려를 전제로 한다. 말보다 먼저 다완을 내미는 이 문화는, 언어 이전의 인간적 존중을 회복시킨다. 현대사회에서 많은 갈등은 말의 과잉과 경청의 부재에서 비롯된다. 차 한 잔 앞에서 말을 줄이고 마음을 여는 순간, 관계는 비로소 다시 시작될 수 있다.

나아가 다도는 자연과의 공존을 가르친다. 찻잎 하나에도 계절과 땅의 기운이 스며 있고, 물의 온도와 질감은 자연과 사람의 호흡을 이어준다. 한국 다도는 특히 '무위자연(無爲自然)'의 철학과 닿아 있다. 있는 그대로의 차, 있는 그대로의 사람을 받아들이는 태도. 그것은 변화와 조율의 미학이며, 경직된 삶의 자세를 유연하게 바꾸는 실천적 철학이다.

실제로 현대 사회에서 다도를 통한 명상 치료, 노인정서 프로그램, 청소년 인성교육, 직장인의 스트레스 완화 프로그램 등이 점차 확산되고 있다. 이 모든 활동에서 핵심은 다도의 형식이 아니라 그 속에 깃든 '고요함의 힘', '존중의 마음', '사유의 깊이'다. 다도는 사람의 마음을 다스리는 기술이 아니라, 사람을 다시 사람답게 회복시키는 철학인 것이다.

한국 다도는 그래서 오늘날 더욱 절실하다. 그 느림은 무기력이 아닌 깊이이며, 그 침묵은 회피가 아닌 배려다. 사람 사이가 멀어지고 삶이 조급해질수록, 다도의 의미는 빛을 발한다. 결국 차를 마시는 시간은 나와 세상을 다시 잇는 시간이며, 우리는 그 찻잔 안에서 다시 따뜻한 사람이 될 수 있다. 그러므로 다도는 전통의 잔재가 아니라, 삶의 미래다.

IV. 결론

다도, 사람을 사람답게 빚는 고요한 예술

차는 끓는 물에 찻잎이 우러나듯, 인간의 마음도 고요한 시간 속에서 비로소 제 향을 낸다. 한국 다도는 단순한 생활문화의 하나가 아니라, 사람의 마음을 가꾸고 삶의 질서를 회복시키는 정신적 예술이며 윤리적 태도이다. 그 속에는 세속적 언어로는 다 담을 수 없는 조화, 절제, 배려, 사유, 그리고 무엇보다 '존재의 예의'가 숨 쉬고 있다.

우리는 흔히 문명을 속도의 진화로 오해한다. 빠르게 처리하고, 즉각 반응하며, 결과 중심으로 살아가는 것이 현대의 상식이 되어버린 사회 속에서 다도는 너무 느려 보이고, 심지어 비효율적인 행위처럼 여겨질지도 모른다. 그러나 바로 그 '느림'이야말로 다도가 오늘 우리에게 필요한 가장 중요한 가치다. 찻물을 끓이는 시간, 찻잔을 고르고 손으로 감싸 쥐는 동작, 향을 맡고 첫 모금을 넘기는 그 모든 행위 속에는 '지금-여기'의 순간에 집중하며 자신과 세계를 다시 바라보는 힘이 있다.

한국 다도의 미학은 '덜어냄'에서 비롯된다. 지나치게 장식되지 않은 다완, 정갈하게 놓인 찻상, 말없는 기다림 속에서 스며드는 기척 하나하나가 다도의 언어다. 이는 곧, 욕망을 다스리고, 욕심을 벗겨낸 자리에서 비로소 진실한 마음과 마주할 수 있다는 철학이다. 차를 마시는 순간은 단절이 아니라 연결이며, 그 안에는 사람과 사람, 사람과 자연, 나와 나 자신이 천천히 이어진다.

오늘날 현대인은 수많은 관계 속에서 오히려 고립되고, 말이 넘치는 세상에서 오히려 침묵을 두려워한다. 그러나 다도는 말하지 않음으로써 더 많은 것을 전달하는 방식이다. 침묵은 곧 존중이며, 여백은 곧 사유의 공간이다. 말의 경쟁보다 마음의 울림이 필요한 이 시대에, 다도는 인간적 관계의 본질을 다시 일깨운다. 찻잔 하나를 건네는 행위는 그 자체로 '나와 당신이 같은 존재로 앉아 있다'는 선언이 된다. 이 정중한 침묵 속에서 우리는 상대의 존재를 있는 그대로 받아들이고, 존중하게 된다.

또한 다도는 자연과 공존하는 삶을 되새기게 한다. 차는 자연 그 자체를 몸으로 들이는 행위이며, 계절의 흐름과 땅의 숨결을 찻잎 한 잎에 담는 것이다. 찻물의 온도와 향, 그 하루의 햇살과 바람의 감촉까지도 함께 마시는 것이 다도의 본질이다. 현대문명이 잊고 지낸 자연과의 소통, 뿌리와의 대화, 생명과의 연결을 다도는 조용히 회복시켜준다. 이는 단지 환경운동이 아니라, 존재론적 생태윤리로서의 실천이다.

결국 다도는 과거의 유산이 아니라 현재의 치유이며, 미래를 위한 길이다. 빠르고 복잡한 사회 속에서 다도는 우리에게 멈춤의 시간, 다시 바라봄의 시선, 사유의 깊이를 선물한다. 그것은 현대인을 위한 고요한 처방이며, 관계를 위한 정중한 언어이며, 삶을 위한 묵언의 철학이다. 찻잔 하나를 통해 우리는 자신을 다시 보고, 세상을 새롭게 듣게 된다.

그러므로 한국 다도는 오늘 우리 사회가 반드시 회복해야 할 고유의 정신문화이다. 다도는 인간의 본성과 마주하며, 우리 삶을 한층 더 섬세하게, 더 따뜻하게, 더 사람답게 빚는다. 침묵 속에 피어나는 향기처럼, 다도는 소리 없이 그러나 분명하게 이 시대를 위로하고 있다.

참고문헌

1. 강순형. 한국 다도의 철학적 이해. 서울: 민속원, 2009.

2. 김경아. 「조선시대 다도 문화의 미학과 정신성에 관한 연구」, 한국예술학회논문집, 제35호, 2014, 23-45.

3. 김문식. 「조선 사대부의 다례와 일상 예절」, 조선시대 생활문화연구, 제8집, 2012, 67-89.

4. 박경숙. 차와 삶, 다도의 인문학. 서울: 도서출판 여백, 2021.

5. 이규태. 한국인의 의식과 문화. 서울: 삼중당, 1995.

6. 전명숙. 「한국 다도의 역사적 전개와 현대적 가치」, 한국다도학회지, 제17권 2호, 2020, 5-28.

7. 최영욱. 다도와 선비정신: 조선 사대부의 삶을 중심으로. 서울: 예문서원, 2017.

8. 최자영. 「다도를 통한 현대인의 치유와 성찰」, 명상치료연구, 제9권 1호, 2019, 101-123.

9. 황수연. 차문화의 이해. 서울: 학고방, 2003.

10. 『삼국사기』, 김부식 편찬, 고려 인종대 간행.

대중가요와 현대인의 감성 진화
나훈아에서 BTS까지,
시대의 언어로 본 대중의 심리와 정체성

연세대학교 객원교수 김철삼

Ⅰ. 서론

대중가요는 시대의 거울이며, 집단감정의 기록이다

 대중가요는 단순한 오락이 아니다. 그것은 시대의 감정이자, 민중의 언어이며, 사회의 무의식을 반영하는 가장 강력한 문화 코드다. 역사적으로 문학이 지식인의 언어였다면, 대중가요는 민중의 시였다. 흥얼거리는 멜로디 속에는 눈물과 웃음, 분노와 위안이 깃들어 있다. 오늘날의 대중가요는 더 이상 '가벼운 음악'이 아니다. 그것은 정체성과 욕망, 기억과 희망을 매개하는 정교한 사회 심리 장치로 작용한다.

한국의 대중가요는 한민족의 굴곡진 근현대사와 함께 성장해왔다. 일제강점기와 6.25 전쟁을 거쳐 산업화, 민주화, 세계화의 과정을 통과하면서, 대중가요는 시대마다 새로운 언어와 멜로디를 채택하며 그 시대의 정서를 대변해왔다. 오늘날 K-POP의 세계적 확산은 단지 산업적 성공을 넘어, 한국인의 감성과 삶의 서사가 글로벌 문화로 번역된 성과라 할 수 있다.

이 글에서는 이미자, 나훈아, 패티김으로 대표되는 정통 가요 시대부터, 1990년대 이후 서태지와 아이들, 2000년대의 보아와 동방신기, 2010년대의 방탄소년단(BTS), 2020년대 뉴진스(NewJeans)까지의 흐름을 따라가며, 대중가요가 현대인의 감성에 어떤 방식으로 영향을 미쳐왔는지를 살펴보고자 한다. 이를 통해 단순한 유행의 파동을 넘어서, 대중가요가 어떻게 개인과 집단의 정체성 형성에 기여했는지, 그리고 그것이 한국 사회에 어떠한 심리적·문화적 파장을 일으켰는지를 고찰하고자 한다.

II. 본문 1부

정서적 공동체로서의 트로트: 이미자·나훈아·패티김의 시대

1960년대와 70년대는 한국 현대사의 격랑기였다. 전쟁의 상흔은 아직 지워지지 않았고, 분단은 체념의 얼굴로 고착되었다. 가난은 일상이었고, 산업화의 굉음은 곳곳에서 희망과 절망을 동시에 흩뿌렸다. 민주주의는 유보되었고, 국민 다수는 억압된 삶 속에서 정서적 탈출구를 찾고 있었다. 이러한 시대에 대중가요는 단순한 오락을 넘어서, 억눌린 감정의 통로이자 민중의 '눈물의 노래'로 작동했다. 이 시대의 정서를 관통하는 가창자들이 바로 이미자, 나훈아, 패티김이었다.

이미자는 가히 시대의 슬픔을 가장 절절히 노래한 존재였다. 1964년 발표된 〈동백아가씨〉는 단지 실연당한 여인의 이야기처럼 보일 수 있으나, 그 저변에는 한국 사회를 지배하던 여성 억압의 구조, 정조와 순결의 강요, 그리고 이념과 계급의 금기를 상징하는 문화적 무의식이 응축되어 있다. 그의 목소리는 단순한 감정 전달을 넘어, 금기에 눌린 대중의 무거운 심리를 위로하는 음성이었다. 이미자의 노래는 당시 가부장적 질서에 갇혀 있던 여성뿐 아니라, 이 사회의 이방인이었던 농민, 실향민, 노동자, 미망인의 가슴속 울음을 대변했다.

이미자는 대중가요의 형식을 '민중의 애가(哀歌)'로 승화시킨 존재였다. 그의 트로트 창법은 고유한 리듬과 억양, 슬픔의 농도로 구성되어, 듣는 이로 하여금 억눌러왔던 정서를 정화하도록 이끌었다. 이때 이미자의 음악은 단지 개인의 체험을 노래한 것이 아니라, 집단의 무의식과 시대의 '한'을 정제된 언어로 전이시킨 것이며, 이는 한국 대중가요사에서 가장 깊은 정조의 전범으로 남게 되었다.

반면 나훈아는 한국 대중가요의 '정서적 남성성'을 새롭게 구성한 인물이다. 1970년대에 등장한 그는, 전통 트로트의 기반 위에 자신만의 서사성과 극적 표현력을 더하며, 이전까지 없던 '남자의 노래'를 완성했다. 그의 대표곡 〈사내〉는 겉으로는 강하고 무뚝뚝한 남성을 노래하지만, 내면의 고독과 후회, 아픔을 끌어안는 이중적 정서를 품고 있다. 〈홍시〉는 어머니에 대한 회한을, 〈무시로〉는 끝내 이룰 수 없는 사랑에 대한 단념을 담고 있다. 이 모든 노래는 개인의 정서를 넘어서, 분단과 산업화, 군사독재의 시대를 살아낸 남성들의 심리적 결핍을 정서화한 것이다.

무엇보다 나훈아는 "내 노래는 국적이 있다"는 선언으로, 단지 유행가를 부르는 가수를 넘어, 한국인의 정서를 집약하는 정체성의 대변자로 자리매김했다. 그는 관념이나 정치적 이념이 아니라, 한국인의 감각과 언어, 감정의 리듬 자체를 대표하는 상징적 존재가 되었다. 나훈아의 무대는 하나의 '정서적 공연장'이자, 공동체적 카타르시스를 일으키는 문화적 제의였다.

이와는 또 다른 결을 가진 인물이 패티김이다. 그는 서구적인 세련미와 고전적 감성을 동시에 지닌 존재로, 한국 대중가요의 형식과 품격을 한 차원 끌어올린 선구자였다. 그의 〈이별〉, 〈초우〉, 〈그대 없이는 못 살아〉 등은 단지 멜로디가 아름다워서가 아니라, 관현악과 오케스트라 편곡을 가미한 음악적 구성, 한 편의 서정시처럼 정제된 가사, 그리고 깊은 내면의 울림을 전달하는 가창력으로 인해 시대를 초월하는 감동을 자아냈다.

패티김은 단순한 가수가 아니라, 한국 대중가요의 '포멀리즘적 고전미'를 구현한 예술가였다. 특히 그의 음악은 트로트라는 형식에 발라드적 구조와 유럽풍 감성을 덧입힘으로써, 이후 발라드 가요의 길을 연 토대를 마련했다. 그가 남긴 유산은 단지 히트곡이 아니라, '가요도 예술이 될 수 있다'는 인식을 대중에게 각인시킨 점에 있다.

이 세 사람—이미자, 나훈아, 패티김—은 각기 다른 방식으로 1960~70년대 한국인의 감정과 정체성을 노래했다. 그들의 음악은 단지 개인의 슬픔이나 사랑이 아니라, 집단적인 고통과 염원을 정서적으로 조직화한 사회적 공감의 장치였다. 그리하여 이 시기의 대중가요는 단순한 유행가가 아니라, 시대의 애가이자, 대중심리의 대본이며, 서민의 시가(詩歌)였다.

오늘날에도 이들의 노래가 여전히 회자되고 애청되는 이유는, 그 감정이 지금도 유효하기 때문이다. 산업화는 진행되었고, 생활은 풍요로워졌지만, 그 속에 잠재된 공동체의 고독, 가족의 부재, 정서적 상실감은 여전히 해소되지 않은 채 한국인의 무의식에 남아 있다.

이미자의 목소리, 나훈아의 절창, 패티김의 고음은 그 무의식을 흔들며 지금도 감정의 출구가 되어준다. 결국, 1960~70년대의 대중가요는 단지 노래가 아니라, '살아 있는 사회적 서사'였다. 그것은 고단한 삶을 견디는 민중의 버팀목이었으며, 세대를 초월해 흐르는 한국인의 정서를 유전처럼 이어주는 문화적 언어였다. 그리고 그 중심에는 노래가 아닌 '사람'이 있었다. 그 사람들은 자신을 드러내기보다 시대를 품었고, 개인의 목소리를 넘어 공동체의 기억을 노래했다.

"그들은 시대를 노래한 것이 아니라, 시대가 그들을 노래하게 했다."

그렇기에 그들의 노래는 사라지지 않는다. 그 노래는 지금도 우리 마음 어딘가에서 흘러나오고 있다.

Ⅲ. 본문 2부

감성의 세분화와 정체성의 다원화: 아이돌 시대에서 K-POP 세계화까지

1990년대 이후 한국 사회는 민주화의 물결과 함께 소비문화의 확산, 정보통신기술의 발전, 청소년문화의 자립화라는 세 가지 변화의 교차점에 놓이게 된다. 이 시기는 기존의 가치 체계가 무너지고 새로운 세대의 감성과 문화적 취향이 중심 무대로 부상하던 시기였다. 한국 대중가요 역시 그 흐름을 민감하게 반영하면서, 기존의 트로트 중심의 정서에서 벗어나 보다 다원적이고 실험적인 형식으로 이동하게 된다. 그 중심에 선 인물이 바로 서태지와 아이들이다.

서태지는 1992년 〈난 알아요〉를 발표하며 기존 대중가요 문법을 완전히 깨뜨렸다. 신디사이저 기반의 힙합 사운드, 랩의 도입, 자유로운 춤 동작, 그리고 무엇보다 교육제도 비판, 청소년 소외, 사회 시스템에 대한 분노 등을 노골적으로 드러낸 가사는 당시 가요계에 충격을 주었다. 그들의 등장은 단순한 유행이 아닌 '문화적 전환'이었다. 청소년들은 처음으로 자신들의 감정과 언어를 대변하는 음악을 만났고, '기성세대의 한(恨)'이 아닌 '청춘의 분열'과 '자기정체성의 방황'을 노래할 수 있게 되었다.

이후 1990년대 후반부터 2000년대 초반까지, 대중가요는 '아이돌'이라는 새로운 문화 기획의 장르를 열게 된다. SM엔터테인먼트를 시작으로 JYP, YG 등 대형 기획사들이 철저한 트레이닝 시스템과 대중의 취향 분석, 방송 미디어와의 연계 전략을 통해 대중가수를 기획형 상품으로 제작하기 시작했다. 이른바 "연습생 시스템"을 기반으로, 외모, 실력, 성격, 글로벌 감각까지 체계적으로 훈련받은 가수들이 등장했다.

이 시기의 대표 주자는 보아, 동방신기, 빅뱅, 소녀시대, 카라 등이다. 이들은 단순한 국내 인기를 넘어 일본, 중국, 동남아를 중심으로 K-POP의 해외 시장 개척에 성공하며 '한류 1.0' 시대를 열었다. 특히 보아는 일본 오리콘 차트를 석권하며 단일 국가 K-POP 여성 솔로 가수로는 최초의 성공 신화를 썼고, 동방신기와 빅뱅은 한류 남성 그룹의 상징으로 성장했다. 이런 흐름은 2010년대 들어 더욱 가속화된다. 그 중심에는 단연 방탄소년단(BTS)이 있다.

BTS는 기획사 빅히트의 실험적인 전략 아래 철저히 소셜미디어 기반의 팬 커뮤니티를 형성하며 등장했다. 초기에는 10대 청소년의 분노와 좌절을 노래했지만, 점차 '자기 자신을 사랑하라(Love Yourself)', '너의 이야기는 너만의 서사이다(Speak Yourself)'와 같은 철학적 메시지로 발전하였다.

BTS의 가장 큰 특징은 그들이 단순한 스타가 아니라 세대의 감정과 정체성을 대변하는 문화 아이콘이라는 점이다. 이들은 자작곡과 자기 서사를 통해 음악과 팬의 관계를 수직적 우상숭배 구조가 아닌 수평적 공감과 연대의 형태로 바꾸었다.

팬덤 'ARMY'는 더 이상 소비자가 아니라 BTS와 정서적, 사회적, 철학적으로 연결된 하나의 '공동체'로 기능하였다. 이는 대중가요의 역할이 단순한 유흥이나 위로를 넘어, 삶의 윤리와 정체성 형성에 관여하는 고차원적 담론으로까지 확장되었음을 뜻한다.

BTS는 한국인의 지역적 정체성(동양의 청년)이라는 한계를 넘어서 보편적 존재의 물음을 던졌다. 이들은 '외로움', '존재의 이유', '불안정한 청춘'을 세계인의 언어로 번역했고, 유엔 연설, 글로벌 협업, 그래미 시상식 진출 등 전 세계 문화권과 대화를 시도하였다. BTS의 음악은 더 이상 한국의 것이 아니라, 동시에 가장 한국적인 것으로서 세계 대중문화사에서 유례없는 상징성을 갖는다.

한편, 2020년대에 등장한 뉴진스(NewJeans)는 기존 K-POP 포맷의 대

전환을 예고한다. 뉴진스는 기존의 강렬한 사운드, 과장된 퍼포먼스, 형식화된 가사에서 벗어나, '자연스러움'과 '공감'을 중심으로 감성적이고 복고적인 사운드를 내세운다. 대표곡 〈Attention〉, 〈Hype Boy〉, 〈Ditto〉 등은 전자음악과 Y2K 레트로 스타일의 패션, 감각적인 뮤직비디오 연출로 Z세대의 미감과 완벽히 조응한다.

뉴진스가 택한 전략은 "덜 꾸미는 것이 더 아름답다"는 정서적 흐름이다. 뉴진스는 기존 아이돌이 강조했던 '파워'와 '과시'에서 벗어나 '일상과 감정의 흐름', '친근한 거리감', '경청되는 언어'로 아이돌의 의미를 재정의했다. 이는 단순한 유행의 변화가 아니라, 팬과 아티스트 간의 관계, 소비방식, 콘텐츠 흐름 전반에 영향을 미친 철학적 변화다.

이처럼 K-POP은 감정의 분화, 정체성의 다원화, 표현방식의 해체를 거치며, 한 나라의 대중가요가 세계적 공감언어로 기능하는 새로운 문명을 열었다. 아이돌은 더 이상 팬심을 자극하는 스타가 아니라, 세대의 정서를 대표하고, 정체성의 스펙트럼을 확장하는 문화적 창조자로 자리매김하고 있다.

오늘날 K-POP은 단순히 유행을 선도하는 문화가 아니라, 감정의 세계지도'를 다시 그리는 예술이다. 각 그룹은 서로 다른 감정 코드—예: BTS의 자기애와 윤리, 뉴진스의 회귀적 정서, 블랙핑크의 자기표현, 세븐틴의 자율성과 공동체성—를 바탕으로 글로벌 청춘의 욕망과 상처, 고독과 희망을 매개하고 있다. 이러한 감성 네트워크는 오늘날 K-POP을 세계가 주목하는 문화현상으로 만든 결정적 요인이며, 동시에 한국 대중가요가 21세기 감성문명의 첨단에 서 있다는 상징적 선언이기도 하다.

Ⅳ. 결론

대중가요는 시대의 정서를 가늠하는 감성의 언어이다

대중가요는 단지 노래가 아니라, 시대를 살아가는 사람들의 정서를 조직화하고 공유하는 문화적 언어이다. 그것은 개인의 감정을 대변하는 동시에, 사회 전체의 정서 구조를 반영하며, 한 시대의 무의식을 노래한다. 이미자, 나훈아, 패티김으로 이어지는 1960~70년대의 대중가요는 국가적 상처와 공동체적 절망 속에서 '한'이라는 집단 감정을 녹여내며 민중의 위로가 되었고, 서태지 이후의 K-POP은 분열된 정체성과 청춘의 고독을 반영하며 세계 청년 세대의 감정과도 접속했다.

한국 대중가요는 단순한 유행과 소비의 음악이 아니라, 한 민족의 근현대사를 따라 흐르는 정서의 강이자, 감각의 지도이기도 하다. 이미자는 억압된 여성성과 식민지 이후 사회의 비탄을, 나훈아는 남성적 자존심과 산업화의 고단함을, 패티김은 새로운 시대의 품격과 세계로 향하는 예술성을 보여주었다. 이들은 대중가요가 단지 "불러지는 노래"가 아니라, "불리워지는 역사"임을 증명하였다.

BTS는 그러한 정서를 다시 세계로 향하게 했다. "Love Yourself"라는 외침은 단지 자존감 회복의 메시지가 아니라, 모든 이들의 '존재의 권리'를 노래한 보편의 선언이었다. 뉴진스는 그다음 세대를 향해 '과잉'을 벗고 '감성의 숨결'을 들려준다. 이제 대중가요는 장르를 넘어, 시대와 사람, 감정과 정체성, 기억과 미래를 연결하는 다층적 매개체가 되었다.

특히 오늘날의 대중가요는 정체성의 다원화와 감성의 세분화 속에서 새로운 문화 문법을 쓰고 있다. 한 곡의 노래는 한 사람의 세계가 되고, 한 아티스트는 하나의 공동체가 되며, 그 팬덤은 단지 소비자가 아니라 문화적 참여자가 된다. 이는 예술과 삶의 경계를 허무는 행위이며, 동시에 예술이 다시 삶으로 귀환하는 아름다운 순환이다.

결국 대중가요는 우리 시대의 가장 넓은 문학이고, 가장 친밀한 사회학이며, 가장 생생한 감정의 풍경이다. 그것은 세대와 세대를 잇고, 감정과 감정을 연결하며, 국가와 세계 사이에 새로운 대화를 만들어낸다. 그러므로 대중가요를 단지 '유행가'로 치부하는 태도는, 그 시대를 읽지 못한 자의 무지이며, 우리 안에 잠재된 감성의 흐름을 이해하지 못하는 일종의 문화적 실명이다. "노래는 노래보다 오래간다." 이 말은 단지 감상적 수사가 아니다. 그 노래 속에는 수많은 얼굴, 수많은 시간이 스며 있고, 무엇보다 수많은 우리가 있다.

대중가요는 잊힌 마음의 언어를 다시 꺼내주고, 말하지 못한 감정을 노래하게 한다. 그것이 진짜 예술의 힘이며, 지금 이 시대에도 여전히 노래가 필요한 이유다. 오늘도 어떤 노래 한 줄이, 한 사람의 삶을 바꾸고 있다. 그리고 그 소리는 아직 멈추지 않았다. "대중가요는 시대의 심장이며, 감동의 진언이다. 그 진심이 계속된다면, 노래는 언제나 현재형이다."

참고문헌

1. 김창남. 대중문화의 이해. 서울: 한울아카데미, 2015.

2. 김홍중. 감정의 사회학. 서울: 문학동네, 2010.

3. 정윤수. 한국 대중가요사. 서울: 책세상, 2003.

4. 박정배. 한국 대중음악 100년사. 서울: 민음사, 2009.

5. 김수아. "K-POP과 정체성의 정치학." 한국문화연구, 제28호, 2018.

6. 서정민갑. BTS와 한국 대중음악의 미래. 서울: 나무연필, 2020.

7. 홍은미. "트로트의 여성성 재현과 정서의 문화 정치." 문화과학, 제65권, 2011.

8. 김성수. "뉴진스와 Z세대: 감각의 전환과 청량한 아이러니." 현대음악연구, 제34권, 2023.

9. Simon Frith. Performing Rites: On the Value of Popular Music. Harvard University Press, 1996.

10. Keith Negus. Popular Music in Theory: An Introduction. Polity Press, 1997.

고독과 절제의 미학
어니스트 헤밍웨이의 생애와 작품 세계에 깃든 미의식

시인 김미동

Ⅰ. 서론

절제된 문장 속에 깃든 삶의 품위

20세기 문학은 두 차례의 세계대전을 관통하며, 인간 존재의 본질과 언어의 경계를 다시 묻는 시대였다. 그 중심에 자리한 어니스트 헤밍웨이는, 그 시대가 남긴 상처를 가장 간결한 언어로 기록한 작가였다. 그는 말이 아닌 침묵으로, 과장이 아닌 절제로, 삶의 아픔을 감내하는 법을 문장 안에 심어두었다. 격정과 파괴, 실의와 상실이 일상이 된 시절, 헤밍웨이는 인간이 어떤 태도로 그 삶을 마주해야 하는지를 문학으로 증명해냈다. 그는 고통을 웅변하지 않았고, 감정을 부풀리지 않았다. 오히려 그는 '얼마나 줄일 수 있는가'를 문학의 도덕으로 삼았다.

헤밍웨이 문장의 핵심은 '생략과 침묵'에 있다. 그는 얼음산 이론(Iceberg Theory)을 바탕으로, 문장의 수면 위에 드러난 1/8만으로 나머지 7/8의 감정을 독자가 느끼도록 유도했다. 이는 단순한 스타일이 아니라, 전쟁과 실연, 죽음과 무기력 속에서 인간이 지닌 마지막 품위에 대한 미학적 신념이었다. 헤밍웨이의 인물들은 대부분 무뚝뚝하고 말이 없으며, 애정 표현조차 소극적이다. 그러나 그 침묵은 곧 의연함이고, 절제는 곧 존엄이다. 그가 추구한 미는 '눈에 보이는 아름다움'이 아니라, '무너지지 않는 태도'였다.

헤밍웨이의 삶은 그의 문학과 하나였다. 이탈리아 전선의 부상, 스페인 내전 참전, 아프리카 사파리, 쿠바의 낚시, 파리와 피렌체, 그리고 마지막 자살에 이르기까지, 그는 자기 인생을 스스로 겪고 씀으로써 작가로서의 윤리를 실현했다. "작가가 정직하려면, 자기가 아는 것만 써야 한다"는 그의 말은 단순한 직업윤리가 아니라, 창작의 존재론적 근거였다. 그는 '살아낸 자만이 쓸 자격이 있다'고 믿었고, 그 믿음을 위해 부서지면서도 기꺼이 나아갔다.

본 논문은 헤밍웨이의 대표작 『노인과 바다』, 『무기여 잘 있거라』, 『태양은 다시 떠오른다』를 중심으로 그의 미의식을 고찰하고자 한다. 이 세 작품은 각각 인간의 고독, 상실, 회복이라는 키워드를 품고 있으며, 헤밍웨이 문학의 미학적 정점이라 할 수 있다. 단순한 줄거리 분석을 넘어, 작품 속 인물들의 태도와 문체의 구조, 서술의 함축성, 침묵의 리듬을 통해 그가 구축한 미의식—곧 '존엄한 절제', '고요한 저항', '상실 속의 삶의 지속'이라는 주제를 탐색한다.

그가 남긴 문장은 짧지만, 울림은 길다. 그리고 그 울림은 오늘날의 과잉 정보 사회 속에서 더욱 깊은 의미를 갖는다. 침묵은 진실을 감추는 장막이 아니라, 진실을 품은 가장 고요한 언어이다. 헤밍웨이는 바로 그 고요함 속에서, 인간 존재가 품을 수 있는 마지막 미의 가능성을 보여주었다.

그의 글은 말한다.

"인간은 파멸당할 수는 있어도, 패배하지 않는다."

그 문장은 문학을 넘어, 한 인간의 태도였고, 곧 예술이 지닐 수 있는 최고의 품격이었다.

II. 본론

1. 작가적 생애: 부상한 인간, 침묵한 감정

어니스트 헤밍웨이의 생애는 그 자체로 하나의 문학적 장면이다. 그는 생의 전 과정에서 평온보다 전장을, 안락보다 극한을 택했다. 미국 일리노이의 평범한 교외에서 태어난 그는 열한 살 때 아버지에게 사냥과 낚시를 배웠고, 그 감각은 일평생 그의 문장을 구성하는 원초적 리듬이 되었다. 그는 전쟁의 서사에 끌렸고, 실제로도 전쟁에 자신을 던졌다. 제1차 세계대전 당시 적십자 구급대에 자원하여 이탈리아 전선에서 부상을 입고 쓰러진 18세의 소년은, 훗날 『무기여 잘 있거라』의 프레더릭 헨리로 살아났다.

그가 직접 겪은 전장의 참상은 단순한 전쟁 묘사가 아니라, '인간의 파괴 가능성과 그 속에서 지켜야 할 품위'에 대한 깊은 인식으로 이어졌다. 헤밍웨이는 인간이란 무엇인가를 묻기 위해, 먼저 '죽음과 삶의 경계'를 건너야 했다. 스페인 내전의 기자로, 제2차 세계대전의 참전자이자 목격자로서 그는 격동의 시대를 관찰하고 직접 관통했다. 그러나 아이러니하게도 그의 문장은 결코 격렬하거나 과장되지 않았다. 그는 전장의 굉음보다, 그 후의 침묵을 더 중요하게 여겼다.

그의 문체에서 가장 두드러지는 특징은 바로 절제다. 이것은 단순한 스타일의 문제가 아니라, 그가 믿는 인간 정신의 본질에 대한 태도였다. 그는 인간이 고통을 겪는 방식을 감상적으로 묘사하지 않았으며, 인물들이 흘리는 눈물보다 눈물이 끝난 뒤의 고요한 표정을 서술하는 데 집중했다. 감정이 폭발하는 대신 눌려 있고, 슬픔은 표현되지 않기에 더 뼈아프게 느껴진다. 이처럼 고통과 상실을 직접적으로 설명하지 않음으로써, 오히려 독자는 그 비어 있는 문장의 여백에서 더 깊은 공감을 얻는다.

이러한 문학적 태도는 그가 주창한 '얼음산 이론(Iceberg Theory)'에서 가장 명확하게 드러난다. 그는 문장 위에 드러나는 1/8만을 독자에게 보이고, 나머지 7/8은 감정의 심연 속에 묻어두었다. 헤밍웨이는 말한다. "진짜 글쓰기란, 알고 있는 것을 생략할 때에도 여전히 그것이 느껴지게 하는 것이다." 즉, 작가는 독자에게 직접 설명하기보다, 침묵과 생략의 방식으로 감정을 환기시켜야 하며, 그것이 바로 문학의 '미'라는 것이다. 이는 단지 기술적 장치가 아니라, 고통을 감내하는 방식에 대한 철학이었다.

그의 생은 문장처럼 간결하지만, 결코 가볍지 않았다. 네 번의 결혼, 반복되는 사랑과 상처, 수차례의 자살 충동, 그리고 끝내 이루어진 자구적 죽음은, 그가 얼마나 삶과 죽음의 경계를 끊임없이 응시하며 글을 썼는지를 보여준다. 그러나 그는 끝까지 자기 연민을 허락하지 않았다.

『노인과 바다』에서 산티아고가 고기를 잃고도 "나는 패배하지 않았다"고 말하듯, 헤밍웨이 자신도 삶의 마지막까지 "쓰는 자로 남는 것"을 선택했다. 그에게 글쓰기는 단순한 표현이 아니라, 고통을 견디기 위한 '기술이자 기도'였다.

헤밍웨이의 미의식은 이처럼 한 인간이 자신의 고통을 외치지 않고, 그 안에서 품위를 유지하는 데서 비롯된다. 침묵은 단지 말의 부재가 아니라, 내면의 확신이며, 절제는 단지 수사의 미학이 아니라 인간 존재의 존엄을 지키기 위한 윤리였다. 그는 불완전한 삶을 회피하지 않았고, 그 불완전함을 가장 정직하게 감싸안는 방식으로 문장을 썼다.

결국, 헤밍웨이의 생애는 '자기 감정을 끝까지 정직하게 견디는 글쓰기'였고, 그 침묵의 미학은 오늘날에도 여전히 유효하다. 그는 '부상한 인간'이었으며, 그 부상을 문장의 깊이로 전환시킨 작가였다. 그리고 그가 남긴 것은 사건이 아니라, 태도였다. 삶을 버티는 태도, 고통을 껴안는 품위, 감정을 말하지 않고 살아내는 힘—바로 그것이 헤밍웨이의 문학이 품은 영원한 미의식이다.

2. 대표작을 통해 본 미의식

1) 『노인과 바다』(The Old Man and the Sea): 품위 있는 패배, 절제의 정점

『노인과 바다』는 헤밍웨이 문학의 궁극적인 정제이며, 그가 일생 동안 천착해온 인간성과 존엄에 대한 철학적 응축이라 할 수 있다. 쿠바의 어부 산티아고는 오랜 불운 끝에 거대한 청새치를 낚아 올리지만, 상어 떼에 의해 고기 대부분을 잃는다. 그는 패배했는가? 헤밍웨이는 "인간은 파멸당할 수는 있어도 패배하지는 않는다"는 유명한 문장을 통해, 물리적 상실 너머의 정신적 승리를 드러낸다.

산티아고는 전형적인 '헤밍웨이적 인물'이다. 그는 말이 없고, 외롭고, 고집스럽다. 하지만 그의 침묵은 체념이 아니라, 고통을 품은 의연함이다. 그는 바다에 대해 경외감을 품고, 청새치와도 동지적 연민을 느낀다. 즉, 그는 싸우되 미워하지 않는다. 이 절제된 감정의 흐름이야말로 헤밍웨이 문체의 핵심이다.

작품 전체는 대단히 단순한 구조를 취하고 있지만, 그 속의 미학은 정교하다. 반복되는 단어, 간결한 문장, 상징의 층위들은 단단히 조율되어 있다. 청새치는 작가 자신이 극복하고자 했던 세계의 고통일 수도 있고, 창작 행위 자체일 수도 있다. 특히 상어 떼에게 갉아먹히는 거대한 물고기는 '손에 넣을 수 없었던 완전성'의 은유로 해석되며, 이는 모든 예술가의 숙명과도 맞닿아 있다.

이 소설이 노벨문학상 수상으로 이어진 데에는 문학적 성취뿐만 아니라 인간 존엄에 대한 진지한 통찰이 있었기 때문이다. 고독 속에서도 인간이 어떻게 품위를 유지할 수 있는가. 이 책은 그 물음에 가장 단순하고, 가장 깊은 방식으로 답한다.

2) 『무기여 잘 있거라』(A Farewell to Arms): 사랑과 전쟁, 그리고 상실의 미학

『무기여 잘 있거라』는 헤밍웨이의 전쟁 체험이 반영된 자전적 소설이자, 인간 감정의 극한에서 보여지는 '절제된 비극'의 교본이라 할 수 있다. 이 작품은 1차 세계대전을 배경으로, 이탈리아 전선의 미군 구급장교 프레더릭 헨리와 간호사 캐서린 바클리의 사랑과 상실을 그린다. 그러나 이 작품이 단순한 전쟁 연애소설로 분류되기 어려운 것은, 그 안에 내재된 '무너짐을 받아들이는 방식' 때문이다.

헤밍웨이는 이 작품에서 감정을 노골적으로 드러내지 않는다. 전쟁의 참혹함도, 사랑의 기쁨도, 출산의 희망도, 죽음의 절망도—그는 끝까지 침착한 언어로 끌고 간다. 그러나 독자는 오히려 그 절제 속에서 더 큰 파동을 느낀다.

특히 마지막 장면에서 캐서린이 죽고, 프레더릭이 병원을 나서는 순간은, 설명 없이도 삶의 허무와 체념, 사랑의 공허함이 깊게 각인된다. "비는 계속 내렸다." 이 마지막 문장은, 모든 것을 말하지 않으면서도 전부를 말한 문장으로 회자된다. 헤밍웨이의 진술은 체념이나 비관이 아니라, 고통을 온전히 수용하는 미학이다. 감정을 과장하지 않는 것이 오히려 감정의 진폭을 더 깊게 만드는 방식, 그것이 바로 이 작품이 보여주는 문학적 전략이다.

한편, 캐서린이라는 인물은 헤밍웨이 문학에서 드물게 순수하게 사랑을 실천하는 여성상이다. 그러나 그녀 역시 결국 삶 앞에서 무력하다. 이 설정은 단지 여성의 죽음이 아니라, '삶의 부조리에 대하여 인간이 할 수 있는 최후의 애도'가 무엇인가를 묻는다.

3) 『태양은 다시 떠오른다』(The Sun Also Rises): 상실의 시대, 삶의 리듬을 회복하다

『태양은 다시 떠오른다』는 '잃어버린 세대(Lost Generation)'를 대표하는 작품이자, 헤밍웨이 문학의 정체성을 가장 뚜렷하게 드러낸 초기 장편이다. 이 소설의 주인공 제이크 반스는 전쟁에서 심각한 부상을 입어 남성성을 상실한 인물이다. 그는 기자로 일하면서도 무력감과 상실감에 시달리며, 육체적으로는 살아 있으나 영혼은 부유하는 삶을 산다. 그러나 아이러니하게도, 그는 고통을 말하지 않음으로써 더욱 강한 인상을 남긴다.

제이크의 연인이자 욕망의 중심에 있는 브렛 애쉴리는 자유롭고, 방탕하며, 시대를 상징하는 인물이다. 그녀는 사랑을 갈망하지만, 결코 한 사람에게 속하지 않는다. 이들의 사랑은 불완전하고, 어쩌면 성립 자체가 불가능하다. 그러나 바로 그 불가능성 속에서, 인간적인 진실이 드러난다.

이 작품의 미학은 상실된 질서 속에서 어떻게 인간은 삶의 리듬을 회복해 나가는가에 있다. 투우와 피에스타, 와인과 여정—이 모든 것은 해체된 질서 속에서도 '삶은 계속된다'는 메시지를 은연중에 전한다. 그것은 체념도 낙관도 아닌, 지속에 대한 고요한 동의다. 헤밍웨이는 이 작품을 통해 '무의미한 시대를 살아가는 법' 자체를 문학의 주제로 끌어올린다.

제이크는 말한다. "그럴 수도 있었지." 이 문장은 실패에 대한 항변이 아니라, 받아들임의 미학이다. 이 소설은 젊은 날의 허무가 아니라, 허무를 지나는 방식에 대한 문학적 해답이다.

Ⅲ. 결론

말하지 않음의 미학, 살아내는 문학

어니스트 헤밍웨이의 문학은 침묵의 예술이다. 그는 말하지 않음으로써 말했고, 드러내지 않음으로써 더 깊이 새겼다. 언어란 고통을 완벽히 담을 수 없다는 한계를 누구보다 잘 알았기에, 그는 감정을 격렬하게 묘사하기 보다는, 절제된 문장 안에 그것을 '살게' 했다. 그 결과 그의 문장은 얼핏 단조롭게 보이지만, 그 침묵의 여백 속에는 인생의 폭풍과도 같은 고뇌가 조용히 깃들어 있다. 그는 말한다. "글쓰기란 자기를 속이지 않는 일"이라고. 그것은 단지 직업적 성실을 넘어서, 인간적 진실을 지키기 위한 윤리적 다짐이었다.

그가 구축한 문학적 세계는 단순한 고통의 기록이 아니었다. 그것은 고통을 견디는 방식에 대한 미학적 해석이었다. 『노인과 바다』의 산티아고는 실패한 노인이 아니라, 품위를 잃지 않는 인간의 상징이며, 『무기여 잘 있거라』의 프레더릭은 사랑과 전쟁 속에서 절망을 껴안고도 조용히 받아들이는 태도를 보여준다. 『태양은 다시 떠오른다』의 제이크는 상실을 넘어 지속을 택하고, 반복되는 피에스타의 리듬 안에서 삶의 의미를 조용히 되새긴다. 이처럼 헤밍웨이의 인물들은 말은 적지만, 삶을 깊이 견디며 살아낸다. 그것이 곧 그가 문학을 통해 보여주고자 한 인간상의 정수다.

그의 글은 오늘날에도 유효하다. 우리는 감정이 넘치고, 언어가 남용되는 시대를 살고 있다. SNS와 미디어 속에서 감탄사와 슬픔이 끊임없이 폭발하고, 그 감정은 오히려 소비되고 소멸된다. 그런 시대에 헤밍웨이의 글쓰기는 역설적으로 더욱 절실하다. 그는 보여주기보다 '비워두기'를 택했고, 감정을 소유하기보다 '살아내기'를 선택했다.

그의 문장은 독자에게 감정을 강요하지 않고, 조용히 동행하게 만든다. 말하자면, 그는 인간의 상처를 '말함으로써 봉합하려 하지 않고', '침묵함으로

써 감싸는' 방식의 작가였다.

 이러한 미의식은 단순히 글쓰기의 기법을 넘어, 삶을 대하는 태도 그 자체다. 그는 무너지지 않는 단단함을 강요하지 않았고, 오히려 무너지되 품위를 지키는 인간을 그렸다. 패배했으나 존엄을 잃지 않은 인간, 사랑했으나 소유하지 못한 인간, 상처 입었으나 침묵으로 버틴 인간—그 모든 존재들은 바로 헤밍웨이의 분신이자, 인간다움의 다른 이름이다.

 결국, 헤밍웨이는 화려한 승리가 아닌 조용한 저항의 미학을 문학으로 체현한 작가다. 그는 외침이 아닌 고요한 숨결로, 거대한 문장이 아닌 단단한 한 줄로, 독자에게 삶을 묻는다. "당신은 어떻게 견디고 있는가?" 그의 문학은 그 물음을 끝내 답하지 않는다. 대신 그 질문을 한 문장, 한 여백, 한 침묵으로 남긴다. 그것이 바로 말하지 않음 속에 깃든, 헤밍웨이 문학의 고결한 미학이다.

 그의 글은 결코 죽지 않는다. 왜냐하면 그는 문장을 쓰지 않은 곳에서도, 인간을 살아 있게 했기 때문이다. 그 고요한 문장 속에서 오늘도 우리는 배운다. 고통을 말하지 않고 견디는 힘, 삶을 쓰러지지 않고 살아내는 방식, 그리고 끝까지 자신을 속이지 않는 그 단 하나의 진실을.

참고문헌 및 인용 자료

1. Hemingway, Ernest. The Old Man and the Sea. Scribner, 1952.

2. Hemingway, Ernest. A Farewell to Arms. Charles Scribner's Sons, 1929.

3. Hemingway, Ernest. The Sun Also Rises. Charles Scribner's Sons, 1926.

4. Baker, Carlos. Ernest Hemingway: A Life Story. Scribner, 1969.

5. Bloom, Harold. Ernest Hemingway. Chelsea House Publishers, 2000.

6. Wagner-Martin, Linda. Hemingway: A Literary Life. Palgrave Macmillan, 2007.

7. 김병익, 『헤밍웨이의 인간학』, 창비, 1996.

8. 박형섭, 「침묵과 절제의 미학: 헤밍웨이의 문장과 인간」, 『현대문학비평』 제37호, 2014.

청람 시선

강문규   김완종   금문찬   권미현   배선희   박길동   김은심   변희자   백영호
박성진   박진우   서재용   안정선   안길근   안봉근   유숙희   이상엽   이오동
정해란   장상철   하봉도   허태기   이옥희   허 광   채선엽   노유정   모상철
박건옥

빈 수레 인생

시인 강문규

인생은 바람이고
흐르는 물이었다

어차피
맨몸으로 태어나
빈손으로 가는 것

왜 이리
부질없는 욕심과
욕망이 넘쳐
화를 범하였는가

수레 가득 실었던
탐욕과 시기 질투
모두 다 버리고

빈 수레 끌고 가는
참다운 인생이 되자

인생 살아 보니
별 거 없더라
욕심 버리고
마음 비우고
마음 가는 친구와
좋은 인연 맺으니
소리 없는 빈 수레더라

너와 나 사이

시인 김완종

너와 나사이에 날이 서 있는 칼이
가장 아프다.

너와 나 사이를 가로 서 있는 벽이
가장 높다.

너와 나 사이, 그 길 위에 핀 꽃이
가장 환하다

너와 나 사이
그 꽃이 그립다

여름이 가는 길목

시인 금문찬

저녁 해가 느릿하게 기운다, 나뭇잎 끝에 맺힌 숨결처럼
장마 지나간 골목엔 물비늘 자국이 눅진하다
매미 소리도 힘을 빼고, 울다 말다 한다

마당 구석 수박 껍질엔 벌레가 모여 앉고
아이들은 맨발을 털며 집으로 돌아간다
들길엔 바람이 먼저 와서 풀잎의 등을 쓸어준다

구름은 제 몸을 접어 하늘 한 켠에 기대고
볕은 짧아지고, 그림자는 길어진다
익을 듯 말 듯한 인연이 서로를 내려놓는다

찬 우물물 한 바가지에도 어쩐지 쓸쓸함이 감돈다
엄마는 부채질 멈춘 손으로 생각에 젖고
마루 끝에 나란히 놓인 고무신엔 하루가 묻어 있다

먼 데서 들리는 나팔꽃 종소리
문틈으로 스며드는 노을이 마음 한켠을 물들이고
여름은 말없이, 그대로 뒷모습을 남긴다

노을 속 가을

시인 권미현

가을은 하늘에서 내려온 편지처럼
가을의 깊이를 말없이 속삭인다

붉은 노을 사이
구름은 불타는 산맥처럼 흘러가고
그 아래 고요히 잠든 풍경은
한 폭의 꿈같은 순간으로 멈춘다

멀리서 들려오는 새들의 노랫소리
바람이 실어 나르는 가을 속에
노을은 하루의 끝을 새긴다

노을이 스러지면
짙푸른 세상이 어둠을 덮겠지만
찰나의 빛 속엔
계절의 영원함이 담겨있다

납월매臘月梅

시인 배선희

눈꽃이 나부끼는 속에
시린 얼굴을 내미는 설중매는
음력 마지막 달인 납월에 피어 *납월매臘月梅라 한다.

매화梅花는 흐드러지게 피는 것보다
한 송이 한 송이 귀한 자태를 드러내며
애타게 다가옴이 백미白眉라더니,
납월매臘月梅는 엄동설한에 꽃을 피우려 드니
한 송이 한 송이 바깥 날씨를 가늠하면서
견딜만하면 앞서 나와 낯을 붉힌다.

혹한酷寒이 어찌 예만 있으랴!
인생살이 언마디를 풀 일인들 없으랴!
동면冬眠을 깨려는 이들, 눈시울마저 시립다.

적막강산이라 산도 절도 잠든 밤에
깨인 잠을 홀로 지새우는 납월臘月 홍매에
연가슴 내려놓고 기대고 싶다.
아는지 모르는지 가냘픈 꽃송이를 흔들어
진한 향내음으로 감싸주는 납월매臘月梅!

납월매들이 손잡고 나와 환한 미소를 지면
벌들도 매화梅花 향에 취해 비틀거릴 만 하리.

*시인의 말
납월매臘月梅는
납월 즉, 음력 12월에 피는 꽃으로
납월매臘月梅는 붉은색을 피기 때문에
납월홍매라고 부른다.

우리나라에는   174종류 매화 중 납월매臘月梅는 가장 먼저 피는 매화꽃이
다.

납월매는 한 송이씩 피는 것이 특징이다.
날씨가 따뜻해야 피니까
잠자던 벌도 향기 찾아
잠깐 외출한다.

가을이 오는 소리

시인 石英 박길동

지루한 장마 끝나고
더위가 물러갔다

산들바람 불어와
밤이슬 차갑다

벼 이삭 고개 숙이고
코스모스 하늘하늘 손짓한다

처서處暑 지나니
모기는 입이 삐뚤어지고
매미 울음소리 멈추었다

울밑에 귀뚜라미 노랫소리에
무더위는 떠나가고

소슬바람에
그대가 오는 소리 들린다

갈대

시인 김은심

그대 물가 서성이면 내마음
그대 포근한 솜털에
따스함에 묻히고 싶어라

그대 물가 키 커서 흔들흔들
흔들림마다 내 맘도 흔들린다

그대 잎사귀 날선 듯한 맘
서걱거림

가을 귀뚜라미

시인 변희자

차디찬 저녁 기운에
가을 귀뚜라미 한 마리
따스한 기운 남은 부엌을 찾는다

쓸쓸한 이별가로 어둠을 가르니
뜰 앞 외로운 들국화
밤늦도록 몸을 뒤척인다

아침 햇살 찾아
바깥 나들이하는 귀뚜라미
밤잠 설친 탓에
더듬이가 길어졌다

다시 해 저물면
열한 개의 가시 달린 노래로
기나긴 십일월 가을밤을
밤새도록 찌르겠지

만추晩秋

늦가을
세월에 지친
늙은 감나무

뚝,
젖은 감 하나
떨어뜨렸다

떨어진 게
어찌 이 감뿐이랴

풍류

시인 박성진

속되지 않아라
자연을 즐기며
시와 노래를 읊으니
세상 근심 잊으리
가야금을 타고
거문고를 타자

비파와 춤을 추어
시를 토해내니
풍치 있고 신명 나게
놀아보자

멋스럽게 놀다 보면
세상 근심걱정
내려놓고 만추 속에
힐링하네

오늘이든 내일이든
기약하지 않으며
우리 함께 놀다 보면
지상천국 따로 없네

가을 나그네

시인 박진우

가을은 단풍으로 사랑을 시작한다
숲은 서로를 뜨겁게 껴안고
나뭇잎 하나하나마다
붉은 고백을 새긴다
고백은 햇살에 눈부신 파편 되어
시간의 천을 펼쳐 놓는다

구름은 저 멀리 흘러가고
텅 빈 하늘은 산소처럼
맑아 깨끗하다
다정히 흐르는 달빛은
나그네의 길을 비추어
하늘 아래 이 아름다운 순간을
가을은 뒤를 돌아보지 않고
떠나려 한다

가장 빛났던 잎은 결국
가지를 떠나
조용히 떨어져 땅으로 돌아가는
자연속 이치와 자신 삶의 의미를
순응하는 낙엽   가을 나그네
해는 멀리서 천천히 눈 감으며
나그네 발밑에 인장을 남기고
길어진 그림자는 묵묵히
땅으로 사라진다

인생은 아무리 뭐라 해도
빛났고
삶은 단풍이 지닌 사랑의
빛깔로 물들어 아름다웠다.

그리움 저편에

시인 서재용

화려한 꽃들 떠나고
푸르른 계절 열리니

무수한 삶의 이야기들
점점 멀어져 가도

오월 캠퍼스 낭만 속
고뇌의 젊은 그 시절

찬 바람 불던 날
아파하던 기억들

밀려오는 그리움
손짓하며 날 부르는데
후벼파는 아픔들

어둠이 내리는 창가에
별빛처럼 쏟아지는
그리움 그리움이여...

섶다리

시인 안정선

죽은 등걸 모아 기둥 세우고
나뭇가지 가로 엮어 만든 다리

한여름 폭우 계곡물 밀어닥치면
응당 떠내려가지 싶다

해마다 이별할 줄 아는 다리

트럭에 밟힌 들꽃

시인 안길근

길섶의 봄을 몰랐던 바퀴가
무심히 짓누른다, 햇살을 삼킨 줄기.
분홍빛 잎맥 사이로 흙먼지 일고,
상처 입은 향기만 허공에 흩어진다.

그 누구도 그 이름 불러주지 않았고
그 누구도 멈추어 손 내밀지 않았다.
꽃은 비명을 몰라 조용히 찢기고
하늘을 향한 염원은 바닥에 눕는다.

그러나 꺾인 줄기에서도
푸르른 생은 끝을 허락하지 않는다.
뿌리 깊은 자리,
지워지지 않는 시간의 기록처럼
이 작은 생은 다시 피어나리라.

밟히는 순간에도,
꽃은 여전히 꽃이었다.

생가 生家

시인 안봉근

아버지의 아버지는 아들이
분가分家할 때 품에 안고 싶어
그림자 집터에 집을 지었다

속 옷은 흰 구름으로 갈아입었지만
겉옷은 달빛 그대로
다섯 남매 태어나 떠나가고
어머니가 해님처럼 밝혀온 집

어깨동무 측백나무
옹이 진 소나무
장독대 돌절구만 한가롭다

잔디 깎고 풀 뽑으니
아스라한 그리움
산안개로 피어오른다

파우치 사랑

시인 유숙희

요즘 보기 드문
단정한 단발머리 여고생
등교하기 전 샵을 찾아온
여학생의 싱그러움
아침 공기가 상큼해졌다

귀여운 곰 두 마리가
살아 움직이는 듯이
무늬가 찍힌,
모서리가 닳아 해진
가방이 아닌 파우치,

수공값이 사는 것보다
더 비싸다 해도,
간절한 눈빛으로
작게 만들어 달랜다

유치원 때부터 사용했다니
그 애착이, 그 사랑이
곰 두 마리일까,
파우치일까,
곰 두 마리와 여학생 마음 담아 정성을 다 한 사랑스러운
파우치, 완성 예감한다.

고요의 기술

시인 이상엽

수술대 위,
나는 늘 말보다 손을 믿었다
뼈는 말을 하지 않기에
기억은 골절 부위에 숨어 있었기에

집도의로 산 세월,
단어는 늘 뼈처럼 단단하고
대화는 고통을 짜맞추는 핀셋이었다
침묵은 환자의 통증을 듣는 기술이었고

그러다 문득,
청람의 오후를 지나며
고요라는 단어가
내 마음속 가장 깊은 부위에 정착했다

고요는
우리가 태어나기 전,
관절도 숨 쉬지 않던 시간이고
삶을 접고 돌아갈 때,
다시 닿을 침묵의 무릎이다

나는 이제 고요 앞에 앉아
단어보다 깊은 해부도를 펼친다
말 없이 뼈를 돌보던 내 손이
이제는 내 영혼을 매만진다

고요는 종교가 되었고
나는 그 믿음의 신도다
낱말 대신 정적을 처방하는
은밀한 의술의 끝에서

황사黃沙

시인 이오동

창 밖 풍경들이 흐릿하다
건물과 건물의 경계마저 지워진다
사막의 각질이 이곳까지 날아와 하늘을 점령하고
거리에는 입과 코를 가린 침묵이 지나간다

뉴스에는 연일
황사주의보 미세먼지주의보 건조주의보 산불주의보
사람들 머리 위로 주위보가 쏟아진다

목소리로 사람을 낚는
보이스피싱이 밀려오고
눈을 가리는 가짜뉴스와 문자가 밀려오고

방심하면 우리를 낚아채는
위험주의보가 끝없이 밀려온다

황사가 날아오는 날
마스크 한 장에 숨을 밀어넣고
비상경보가 울리는 도시로
사람들은 밥을 벌러 나간다
우울한 봄날에도 꽃은 피고 있다

소리의 날

시인 정해란

날은 칼과 가위에만 머무르지 않는다
밤을 베어내는 시퍼런 날
모조리 토막 난 잠
코 고는 소리, 숨소리마저 날을 세우니
공기층마다 유유히 떠다니며
불면의 숨결을 층마다 베어낸다

토막 나 부유하는 의식의 편린
과거와 미래까지 떠다니며
불려 나온 온갖 사유
얼마나 긴 시간 떠다녔을까
잠그고 들어갈 수 없는 밤의 문

결국 박차고 나와 시(詩)의 문을 연다
하나둘 깨어나는 발효된 문장들
서서히 날개를 펴는 소리의 날

마음껏 유영하다 보니
꿈결인 듯 희미해지는 북극성
날 달린 시간들도 비로소
발 내린 채 몽롱한 꿈길로 간다

바람과 빛의 숨결

시인 장상철

바람 따라
길을 나서다.
샛별이 내려와
흔들리는 풀잎새의 향기에 머문다.

먼지바람에
허허롭게 떠오르는 풍선.
뭉게구름 그림자 안에
머물던
숲의 향기는
허공을 가르고,
풍선의 땅 그림자,
그 길 위에서
춤추던
투명한 소나기는
무지개와 만난다.

허공의 빛을 덜어내니
바람이
빈자리를 채워준다.
바람이 스쳐 지나가니
그림자가
그 자리에 머문다.
빛과 바람이
기대어 숨을 쉰다.
이 벅찬 호흡에
가슴 뛰는
오늘이 다가온다.

그리운 흔적

머물다
사라져 가는 것들이
그리운 것은
영원히 머물러볼 수 없어
그러하리라

꽃은 계절 따라 피고 지고
숲은 늘 푸르지만

생의 아름다운 인연들
머물다 간 흔적
지나간 모든 사랑과
흘러간 즐거운 추억들이
그러하리라

냇가에서

시인 청강 허태기

귀밑을 스치는 바람
하얀 물보라 흘리는 여울목
잔잔한 물결 씻어내리는 모래톱 언저리

잎새 접어
하늘거리는 갈대
뚝길 따라 나풀대는 갸날픈 풀잎이 바람을 노래하고

노란 금계국이
머리 조아리는 언덕
물소리 바람소리에
가만히 나를 비운다.

청양의 아침

시인 이옥희

동트기 전,
하늘은 새의 목소리로 깨어나고
이슬은 밤의 속삭임을 눈동자에 머금는다.

텃밭엔 어제의 손길이
땅속에서 싹틔운 감사처럼 숨 쉬고,
잎사귀 끝마다 맺힌 물방울은
마치 누군가의 기도를 닮았다.

물안개는 햇살의 고백을 숨기며
고요한 마음 하나,
수줍은 미소로 흐른다.

그 아침,
청양은 자연이 쓰는 한 편의 시였고
그대는 그 시의 첫 행이었다.

석양의 민들레

산의 숨결이 둘러싼 처마 밑,
봉당 위에 핀 노란 숨결 하나.
민들레는 바람 대신 햇살을 품고,
묵은 하루의 끝을 부드럽게 덮는다.

해는 뉘엿뉘엿 마음을 기울이고
그 기울임이 꽃잎에 머물면
석양은 꽃을 거울 삼아
자신의 빛을 조용히 비춘다.

그 빛은 말없이 퍼지고
노란 꿈이 봉당 위에 눕는다.
그 순간,
세상은 꽃잎만큼의 환상으로 물들고
나는 그 안에서 조용히 잊힌다.

엄마의 손

시인 채선엽

엄마의 젖가슴 차지하며
행복했던 어린 시절

오늘은 젖가슴 대신
엄마 손 꼭 잡고
나란히 누웠다.

힘든 삶 사시느라
감당하기 어려웠던
고통, 눈물, 한숨

허겁지겁 들로 나가
호미자루, 괭이자루 잡으시느라
혹사시켰던 손

울퉁불퉁 거북 등처럼
거칠고 딱딱한 굳은살 손
엄마 손 꼭 잡고
밤새도록 끄억끄억 눈물 삼킨다.

보리 바다

시인 노유정

언제부턴가 나는 눈이 시리도록 옥빛 물결 위에서 슬퍼도 슬프지 않은 척
애써 눈물 감추고 있다
청상靑孀의 어머니가 혹한으로 길러낸 남매 그 인고의 발자취 더듬으며

외갓집 앞
옥빛의 보리밭은 바람이 불 때마다 바다의 물결같이 유연하게 춤추었다 악
동들은 그 보리밭을 보리 바다라 이름 붙였다

청명한 5월 현해탄 출렁이는 파도를 타며
가없는 어머니 사랑에 겹쳐지는 환영幻影

가끔 어머니가 꺾어 불렸던 보리피리 노래 그 애달픈 음률音律 따라 내 영
혼은 어머니의 하얀 무명 저고리 그 다스한 가슴에 파묻히려
그리움의 춤사위 보리 바다로 달려간다

날아오른다

시인 모상철

염천의 햇볕이 쨍쨍한더
가을이 오는 그곳으로
서투른 날갯짓이지만 그래도
성급한 마중을 나가련다
파란 하늘로 힘차게 날아 보자

겨울의 찬가

시인 박건옥

하늘은 흐려 태양은 숨고
눈이 올 것 같이 사위가 조용하다.

뒷동산 밑으로 늘어선 마을에
긴 띠처럼 병풍을 치고 하늘을 오르는 쥐똥나무 숲.

긴 밤을 힘겹게 보낸 것 같이
찬서리는 논 위의 지푸라기에 달라붙어 오싹한 한기를 띄우고 햇살에 영롱
히 반짝거린다.

눈을 들어 개울 건너 들녘을 보니
논 사이로 굽이굽이 뻗어간 들길에 우뚝하니
키 큰 소나무가 외로워 보인다.

추운 겨울은 계절이 품는
묘미로 가득하다.
스산한 공허에 세상은 잠잠하고
새들은 떼지어 풀숲을 헤치고
뿌연 하늘 위로 부는 바람은

가슴에 흐르는 여울처럼 비상하는 새처럼
겨울 한기와 동고동락한다.

이 겨울이 짙어만 간다.
산을 덮은 무수한 병사들은
군복을 벗고 내한 훈련이 한창이다.
잎은 떨구고 헐벗은 가지만을 하늘을 찌르니
그 기상이 늠름하다.

겨울의 추위는 우리에게는
반면교사다.
긴 여름을 보내고 단풍철을 지나
태양을 돌아
어제의 고향으로 돌아온 우리의 친구다.

이 겨울은 토방에 장작불을 지펴 정다운 친구들을 부르자.
세월의 연륜이 얼굴에 가득한 초로의 동무들을 한데 모으자.
더 바랄 것도 없이 껄껄 웃는
호쾌한 웃음을 들어보자.

물 건너 산을 오르는 오솔길 옆 낙락장송은 오늘도 외롭다.
하늘 위를 떠가는 청둥오리 떼도 개울마다 얼음이 덮여
빈 배를 움켜쥐고 날아 다니니
겨울은 결단코 쉽지 않은 계절이다.
계곡을 흐르는 물길도 영하의 날씨에 흐름을 멎고
두꺼운 빙복氷服을 물 위에 띄워 계곡은 고요가 있어 한낮의 겨울은 느리
게 간다.

형설지공은 겨울의 고통이려니
옛적 선비의 한스런 족적이다.
눈 오고 바람 부는 날
황량한 들길을 외로이 걸어 보라.
차가운 바람에 귓볼이 얼고 차가워진 손을
덥히려 겨드랑이 사이에 끼우고
한낮의 겨울길을 걸어가 보라.
싸늘히 식어가는 발바닥 체온 그렇게 우리는 겨울로 갔다.
얇은 고무신 신고辛苦의 겨울길
걸어서 갔다.

도심에 뿌리는 함박눈을 바라보며 다방의 창가에 앉은 나의 청춘을 회상해
본다.
느닷없이 귓가를 스치는 톰 존스의 딜라일라를 듣던 까마득한 옛날을 소
환해 본다.

이 겨울은 찬연한 생이다.
바람 불고 눈이 내려
거리는 스산하지만 겨울은 계절의
끝자락이다.
겨울은 꿈속을 거니는 오후의 단잠이다.
이 겨울에 책상에 앉아 역사를 읽으라.
추운 겨울에 알프스 산맥을 넘은 단구短軀의 나폴레옹을 떠올리면 겨울은
용맹정진의 찬가를 부르며 보무도 당당히 앞으로 간다.

특집 2
우리는 청람 가족입니다

김창남 김완종 김동연 김윤미 오인순 이하현 정훈식 김영산 이오동
황경임 서 원 신윤주 김관숙 이영희 이승희 양행자 심영애 박진우
이상엽 이봉우 최영휘 박철언 전제현 이종식 김재관 김철삼 서지숙
이명자 김미동 주광일 김광오 백영호 노태숙 유숙희 권미현 김시온
안봉근 노영선 안최호 안혜초 박경숙 정용애 박건옥 변희자 함명자
금문찬 하봉도 최상희 이숲오 채선엽 모상철 안순보 윤봉한 장 원
장호권 조은비 신위식 이희국 허만길

김창남, 바름과 따뜻함 사이를 걷는 사람

김창남 선생을 이야기할 때 사람들은 흔히 "법원 사람인데 참 따뜻해요"라고 말한다. 이 말에는 반전이 있다. 법원이라 하면, 차갑고 딱딱한 권위의 공간을 떠올리기 쉽지만, 그 속에서 김 선생은 인간미와 온기를 잃지 않는 보기 드문 인물이다. 그는 법의 언어를 말하지만, 삶의 언어로 귀결되는 삶을 지향한다. 그의 미소는 습관이 아니라, 사람을 향한 태도이고, 그의 정직함은 전략이 아니라 본성이다.

김창남 선생은 한평생을 청렴한 공직자로 살아왔다. 누구는 "그 사람 앞에선 거짓말이 통하지 않아"라며 웃지만, 그 말엔 절로 고개를 끄덕이게 하는 무게가 있다. 그는 면도날처럼 날카롭되, 사람을 베지 않는다. 오히려 자신의 날을 갈아 세상을 바르게 세우는 데 쓰는 사람이다. 판단은 냉정하되, 말투는 언제나 푸근하고 따뜻하다. 그는 '미소를 품은 엄정함'이라는 역설을 품고 사는 공직자다.

김 선생은 정의를 말로 외치기보다 삶으로 실천하는 사람이다. 정도(正道)를 걷는 그에게는 윗사람도 쉽게 편해지지 않는다. 그것은 그가 고집스럽기 때문이 아니라, 기준을 흔들지 않기 때문이다. '이쯤이야'가 통하지 않는 사람. 눈 감을 줄 모르고, 말 돌릴 줄 모르는 사람. 그는 자리를 위해 양보하지 않고, 관계를 위해 진실을 굽히지 않는다. 그런 그를 주변 사람들은 "무서운 분"이라 하면서도, 가장 깊이 신뢰한다.

그의 신앙은 깊고도 조용하다. 그는 성경공부에 열심이지만, 그보다 더 열심인 것은 예수의 삶을 실천하는 일이다. 봉사의 자리를 찾아다니기보다, 눈에 띄지 않는 손길로 선행을 더한다. 형식에 치우치지 않고, 사랑을 삶의 방식으로 녹여내는 믿음의 사람이다. 그의 신앙은 누구에게도 강요되지 않지만, 누구에게나 전해진다. 그는 "하나님 앞에서는 정직하게, 사람 앞에서는 따뜻하게"라는 말을 몸으로 증명한다.

가정에서도 그는 언제나 중심이다. 노모에 대한 효심은 소문이 자자하고, 아내와 두 아들에 대한 사랑은 정중하고 따뜻하다. 결혼한 지 20년이 넘었지만, 여전히 아내를 보고 싶어 하는 그는 아내가 있는 봉화와 서울을 오가며 '주말 연애'를 즐긴다. 부부가 함께 머무는 영주의 언덕 위 하얀 집은 그 사랑의 안식처. 그곳은 바쁨을 내려놓는 쉼의 장소이자, 믿음과 삶이 맞닿는 성소 같은 곳이다.

그의 삶은 대단히 특별한 것이 아니다. 하지만 그 특별하지 않음이 그를 더욱 빛나게 한다. 그는 늘 같은 길을 걷는다. 바르고, 단정하고, 따뜻하게. 그 길 위에서 그는 법을 지키고, 신앙을 실천하며, 가족을 사랑한다. 그의 삶은 '한결같음'이라는 가치의 무게를 증명하고 있으며, '정도'와 '정성'이 결코 양립 불가능하지 않다는 사실을 보여준다.

그래서일까. 김창남 선생을 아는 사람들은 그를 존경한다. 나이가 많고 적음을 막론하고, 그의 말에 귀를 기울이고, 그의 삶에서 배운다. 그의 곁에 있으면, 마음이 다려진다. 누구나 한 번쯤은 '저런 사람이고 싶다'는 생각을 하게 되는 사람. 바로 그런 사람이다.

그는 대단한 업적을 세우지 않았지만, 그의 존재 자체가 하나의 업적이다. 김창남이라는 이름은, '진실하게 사는 것이 가장 고귀한 삶이다'라는 오래된 진리를 오늘에도 유효하게 만드는 증거다. 그의 삶은 법과 믿음, 사랑과 미소가 어우러진 한 폭의 정직한 그림이다. 그리고 그 그림은, 우리가 가야 할 길을 조용히 가리키고 있다.

질그릇에 담긴 지성의 신앙, 김완종 작가

 질그릇 김완종 작가는 한 사람의 인생이 어떻게 변화하고, 또 어떻게 성숙해지는지를 보여주는 삶의 증거이자, 신앙적 성찰의 여정을 묵묵히 걸어가는 순례자다. 그는 대그룹에서 중책을 맡아 일했던 이력이 증명하듯, 탁월한 지성과 치밀한 업무 능력을 겸비한 인물이다. 한치의 오차도 허용하지 않는 그의 성향은 한편으로는 탁월한 판단력과 책임감으로 빛났으나, 또 한편으로는 스스로를 조이게 하는 올가미로 작용하기도 했다. 완벽을 추구하는 성정은 조직 내에서 신뢰를 얻게 했지만, 그 안에서 자신이 놓쳐버린 것들—가정, 내면의 평안, 신앙의 깊이—을 뒤늦게 돌아보게 했다.

 그의 필명인 '질그릇'은 바로 그 깨달음에서 비롯되었을 것이다. 질그릇은 단단하지 않지만 온전한 형태를 갖추며, 가장 평범한 재료로 만들어졌지만 귀한 것을 담는 그릇이 될 수 있다. 이는 김완종 작가의 신앙관과 인생 철학을 상징한다. 그는 자신이 연약한 존재임을 깨닫고, 그 안에 하나님의 은혜와 진리를 담고자 한다. 화려한 경력 뒤에 숨겨진 빈틈, 세속적 기준에 가려졌던 영혼의 결핍을 채우기 위해 그는 지금, 작은 개척교회를 섬기며 조용히 자신을 비워가고 있다. 외형적 성공에서 내면의 평안으로, 효율과 성과 중심의 삶에서 신실함과 진정성의 삶으로 전환한 것이다.

 그는 단순히 신앙인의 자리에 안주하지 않는다. 그는 매 순간 자기 점검을 게을리하지 않으며, 기도의 자리에서 자신의 고집과 완고함을 내려놓고 가정을 회복하며, 인간관계를 다듬는 데 힘쓴다. 그의 글에서는 이러한 내면의 투쟁과 고백이 고스란히 느껴진다. 특히 '모든 것은 나로부터 다시 시작해야 합니다'라는 고백은, 스스로의 잘못을 인정하고 하나님 앞에 무릎 꿇는 겸허한 태도에서 비롯된다. 이는 단순한 종교적 언어가 아니라, 그의 삶에서 우러나온 진실이다.

김완종 작가는 '믿음은 삶으로 드러나야 한다'는 철학을 실천으로 옮기는 사람이다. 그는 정직한 행동으로 신망을 받고, 신중함과 꼼꼼함으로 타인의 신뢰를 산다. 이는 단지 성격의 산물이 아니라, 그가 세상을 대하는 태도이자 책임이기도 하다. 그는 자신의 삶을 통해 무엇이 진정한 성공인가를 묻고, 어떻게 살아야 의미 있는가를 고민한다. 그런 점에서 그의 삶은 신앙이 일상 속에서 구현되는 구체적 실천의 예이며, 신앙과 인격, 지성과 행위가 조화를 이루는 성숙한 인간상을 보여준다.

질그릇 김완종 작가의 삶은 외면의 화려함보다 내면의 충실함을, 속도의 경쟁보다 방향의 확신을, 성과의 무게보다 진실의 깊이를 추구하는 삶이다. 그는 오늘도 조용히 글을 쓰고, 기도하며, 작지만 단단한 그릇이 되어 자신을 비워가고 있다. 그 안에 담길 것은 더 크고 귀한 것임을 알기에. 그러한 그의 삶은 오늘날 흔들리는 시대 속에서 깊은 울림을 전한다.

경계 없는 예술혼, 김동연 관장을 말하다

　김동연 산수미술관 관장은 단순한 큐레이터가 아니다. 그는 그림을 그리고, 전시를 기획하며, 예술을 살아내는 사람이다. 예리한 시선과 폭넓은 감성, 그리고 정확한 판단력은 오랜 언론 현장에서 갈고닦은 힘이다. 문화일보 기자 시절 그는 예술과 문화의 흐름을 짚어내며 깊이 있는 통찰을 전했다. 이후 유명 잡지사들의 러브콜을 받아 표지를 도맡았고, 이는 곧 업계로부터 받은 신뢰와 실력의 증표였다. 그는 흐름을 읽고 미감을 포착하는 감각이 탁월하다.

　그러나 김 관장은 단순한 '기획자'나 '화가'로 정의되기 어렵다. 그는 삶 전체를 통해 예술의 본질을 탐구하고, 이를 실천하는 예술인이자 철학자다. 그의 그림은 프로페셔널한 기술에 머물지 않는다. 산수의 경계를 넘나드는 빛과 색, 공간과 침묵이 그의 붓 끝에서 살아 숨 쉬며 세계적 수준의 미감을 구현해낸다. 자연을 단순히 바라보는 데 그치지 않고, 자연과 하나 되어 느낀 진실을 화폭에 옮겨낸다. 그의 산수화는 풍경을 넘은 사유이며, 침묵 속의 울림이다.

　그는 산수미술관을 단지 전시 공간으로 만들지 않았다. 그곳은 세계 예술가들의 영혼이 머무는 '열린 무대'이다. 그는 외국 유명 화가들을 과감히 초대하고, 그들의 길을 넓히며 한국 미술계에 신선한 흐름을 이끌어왔다.

'컨택'이란 단어 너머에는 김동연 관장의 안목과 진정성, 그리고 예술에 대한 깊은 존중이 깃들어 있다. 그는 작가 한 사람 한 사람의 세계를 존중하며, 그들의 목소리를 전시장 안에 고스란히 살려낸다.

그의 외모 또한 예술가적이다. 적당히 기른 턱수염과 중절모, 외투 차림의 그는 마치 서양 배우 같은 풍모를 지녔다. 그러나 그 멋은 겉모습에서 그치지 않는다. 그의 말과 눈빛, 사려 깊은 침묵 속엔 예술과 삶을 통합해낸 한 사람의 철학이 묻어난다. 그는 화려함보다 본질을, 유행보다 진실을 선택한다. 그것이 김동연이라는 예술가이자 관장이 가진 진정한 아름다움이다.

그는 예술을 일상의 영역으로 끌어들이는 데 탁월한 감각을 지닌다. 전시 하나를 열어도, 그 안에는 시대적 고민과 인간의 내면에 대한 통찰이 자연스레 녹아든다. 삶과 예술을 별개의 것으로 보지 않기에, 그의 작품과 전시는 늘 감동을 동반한다. 관객은 단순한 시각적 향유를 넘어, 존재의 깊은 물음 앞에 서게 된다.

김동연 관장의 삶의 철학은 분명하다. 그는 본질을 향해 나아간다. 화려한 찰나보다 고요한 진심을 좇고, 겉이 아닌 속을 본다. 그는 언제나 예술을 통해 세계와 대화하고, 그 대화 속에 자신의 영혼을 담는다. 그의 삶은 곧 하나의 거대한 작품이며, 그 안에 담긴 철학은 묵직하고 따뜻하다.

김동연 관장은 자신만의 예술 세계를 지키면서도, 언제나 열린 자세로 새로운 예술가들과의 만남을 이어간다. 그는 예술을 하나의 언어로 보며, 국적도 장르도 초월한 공감의 세계를 만들어간다. 그가 만든 산수미술관은 단지 공간이 아닌, '대화의 장'이며 '숨 쉬는 미학'이다.

그의 그림, 그의 말, 그의 기획은 모두 하나의 가치로 수렴된다. 예술은 인간을 더 인간답게 만들 수 있어야 한다는 믿음. 그 믿음 아래 그는 오늘도 예술과 삶을 잇는 다리를 놓고 있다. 김동연 관장은 예술의 경계를 허물고, 진정한 삶의 아름다움을 전하는 이 시대의 진정한 미학자다.

감각의 여인 김윤미, 시와 차의 미학을 입다

  김윤미 선생에게는 또 하나의 이름이 있다. 자줏빛 구름처럼 고운 빛깔의 '자운(紫雲)'. 그녀를 처음 마주한 이라면 누구든, 그 이름처럼 고운 기품에 눈을 뗄 수 없다. 한 사람의 존재가 이토록 하나의 풍경이 될 수 있을까. 누구도 선뜻 소화하기 어려운 버디건 안경과 핑크빛 코트조차, 자운의 감각 안에서는 온전히 제 빛을 발한다. 그것은 타고난 미적 감각이면서도, 자기 자신을 예술로 가꾸려는 삶의 의지에서 비롯된 것. 김윤미 선생은 패션의 여왕이기 이전에, 삶을 시처럼 입고 차처럼 우리며 살아가는, 한 편의 우아한 시 그 자체다.
  그녀의 얼굴엔 늘 미소가 피어 있다. 억지로 지은 웃음이 아닌, 삶의 굴곡을 수없이 넘어온 자만이 품을 수 있는 따뜻하고 너그러운 미소. 그 미소 하나에 사람들이 마음을 열고, 말을 걸며, 기꺼이 자신을 내려놓는다. 김윤미 선생의 미소는 하나의 향기이자, 조용한 시 한 줄이다. 그녀는 차를 따를 때나 시를 낭송할 때나, 모든 손짓 하나하나로 타인을 어루만진다.
  시를 사랑하는 그녀는 시처럼 사람을 대하고, 시처럼 사유하며 살아간다. 낭송하는 목소리는 단순한 낭독이 아니라 마음의 결을 따라 흐르는 숨결 같다. 입는 옷처럼 절제된 언어, 찻잔의 온기처럼 따뜻한 울림. 그녀에게 시는 삶을 바라보는 창이며, 세상을 건너는 다리이다.

찻자리를 차리는 일 또한 그녀에게는 성스러운 의식이다. 꽃을 꽂고, 찻잔을 고르고, 끓는 물에 마음을 우려낸다. 그녀는 물의 온도에서 침묵을 읽고, 찻물의 빛에서 감정을 살핀다. 섬세하고 고요한 감각은 시인의 눈과 예인의 손끝이 만나 이룬 조화다. 그녀에게 차는 단순한 음료가 아닌, 사람과 사람 사이를 잇는 다리이자 쉼이요, 깊은 위로다.

김윤미 선생의 삶은 부드러우면서도 단단하다. 쉽게 흔들리지 않되, 언제나 유연하다. 세상의 거친 바람에도 결코 자기만의 중심을 놓지 않으며, 고요한 미소로 응답해왔다. 그것은 단순한 취향이 아니라, 삶에 대한 깊은 철학이다. 타인의 시선을 두려워하지 않고 오히려 자신의 감각을 삶의 형태로 빚어내는 그 모습은 진정한 자존의 미학을 보여준다.

그녀는 많은 말을 하지 않는다. 그러나 시를 낭송하고, 찻잔을 건네고, 눈빛을 마주하며 수많은 마음을 위로한다. 김윤미 선생은 감각의 여인이자 위로의 여인이다. 순간의 아름다움을 귀히 여기고, 사람의 결을 사랑하며, 삶의 품격을 실천하는 사람.

그녀의 삶은 눈부시지 않지만 깊고 은은하다. 시와 차, 그리고 조용한 미의식으로 가꾸어진 일상은 자운 김윤미 선생만의 고유한 향기를 품는다. 한 송이 꽃처럼, 한 잔의 찻물처럼, 김윤미 선생은 세상에 조용한 아름다움을 건넨다. 그것은 예인이라 불릴 수 있는 삶, 곧 진정한 미의 증명이 된다.

오인순, 살아 있는 별의 길

　오인순 권사의 삶은 조용하지만 단단한 빛으로 세상에 스며들었다. 그녀는 민족 시인 윤동주의 여동생인 윤혜원 선생의 따님으로, 말 그대로 한국 유일의 윤동주 직계 중 직계이다. 그러나 그녀는 외삼촌의 이름에 기대어 사는 이가 아니었다. 오히려 그의 정신을 일상의 삶으로 번역하고, 그 신앙과 정신을 실천으로 살아낸 이였다.

　어릴 적 넉넉한 환경 속에서 성장한 그녀는, 어머니로부터 들려오는 윤동주의 이야기 속에서 시인의 민족혼과 신앙을 가슴에 새겼다. 동주는 글로 나라를 지켰고, 인순 권사는 믿음으로 가정을 세웠다. 남편의 신학 유학 길에 동행하며 낯선 땅에서 고된 삶을 살아야 했지만, 그녀는 그 고생을 원망으로 바꾸지 않았다. 오히려 믿음의 눈으로 해석하며, 그것을 자녀 교육과 가정의 기초로 삼았다.

　삶은 수월하지 않았다. 그러나 오 권사는 세상의 기준이 아닌, 하늘의 가치를 품고 살았다. 신앙은 그녀에게 단순한 종교가 아니었다. 그것은 생활의 중심이자 판단의 기준, 사랑의 원천이었다. 자녀들을 향한 교육도 세상적 성공에만 머물지 않았다. 그녀는 기도로 자녀를 감싸고, 말씀으로 삶의 방향을 잡아주었다. 그 결과 두 자녀 모두 의학도로 성장해 인술을 실천하며, 선한 영향력을 세상에 전하고 있다.

그녀의 삶에는 겉으로 드러나는 화려함보다, 속 깊은 아름다움이 배어 있다. 윤동주의 시가 시대의 어둠 속에서도 별을 노래했다면, 오인순 권사의 삶은 그 별빛을 가족과 사회에 조용히 나누는 일이었다. 희생을 택하되 그 속에 원망이 없었고, 헌신을 실천하되 그 안에 교만이 없었다. 그녀는 자신이 받은 신앙과 문학의 유산을 단지 기억하는 데 그치지 않고, 그것을 삶의 철학으로 삼아 체화했다.

오 권사의 미의식은 화려한 장식보다 단정한 질서 속에 깃들어 있다. 침묵 속의 강함, 낮아짐 속의 고결함, 그리고 사랑 속의 절제는 그녀를 설명하는 또 다른 언어들이다. 그녀는 '보이지 않는 별'처럼 살아왔으나, 그 빛은 결코 작지 않다. 이 시대에 윤동주의 이름을 빛내는 이는 문학이 아니라 삶으로 그 정신을 이어가는 이들인데, 오 권사가 그 가장 중심에 있다.

그녀의 인생은 결국 신앙으로 엮인 한 편의 시이며, 윤동주의 정신을 현재형으로 증언하는 따뜻한 실천의 기록이다. 그녀는 시인의 피를 잇되, 그보다 더 빛나는 '살아 있는 별의 길'을 걷고 있는 것이다.

이하현, '겸손으로 피운 사랑, 가르침으로 잇는 삶'

  이하현 선생은 한 인간이 지닌 품성과 직업정신, 그리고 깊은 신앙심이 가정과 사회에 어떻게 아름답게 스며들 수 있는지를 보여주는 살아 있는 본보기다. 그는 가정에서는 한없이 따뜻한 남편이자 두 딸의 든든한 아버지로, 신앙 안에서 함께 예배드리는 믿음의 동반자로서 살아간다. 학교에서는 누구에게나 존경받는 국어교사로, 하나님 앞에서의 겸손과 사람을 향한 사랑으로 일관된 삶을 실천하고 있다.

  그의 삶에서 가장 돋보이는 점은 '가르침'이라는 가치를 신앙적 사명으로 받아들이며, 그 믿음이 가족 모두에게도 자연스럽게 이어졌다는 것이다. 부부가 모두 교사이며, 두 딸 역시 교사의 길을 선택했고, 앞으로 맞이할 사위 또한 같은 부르심을 품은 이라면, 이는 단순한 직업의 선택이 아니라 신앙의 유산이 세대를 넘어 전해진 결과라 할 수 있다. 교육을 직업이 아닌 소명으로 받아들이는 신앙적 가치관이 가족 안에 깊이 뿌리내린 것이다.

  특히 두 딸이 청람학교에서 수학하면서 이하현 선생은 이 학교와도 깊은 신앙적 인연을 맺게 되었다. 그는 십여 년 가까이 이곳을 단순한 교육의 공간이 아니라, 하나님 안에서 배우고 실천하는 공동체로 받아들이며 살아왔다. 이는 자녀의 신앙 교육을 넘어, 그 자신이 하나님 앞에서 끊임없이 배움을 구하는 겸손한 신자의 모습이다. 그는 교사라는 직함 너머, 신앙 안에서 '더 좋은 어른'이 되기 위한 삶의 여정을 이어가고 있다.

그의 겸손은 단지 성품을 넘어 하나님 앞에서 자신을 낮추고, 이웃을 섬기는 삶의 태도다. 자신을 내세우기보다, 공동체 안에서 섬김과 책임의 본을 보이며, 조용히 그러나 깊은 울림으로 삶의 신앙을 증명한다. 그는 제자들에게는 삶으로 가르치는 스승이며, 가족에게는 믿음의 기둥이자 사랑의 중심이다.

이하현 선생의 삶은 우리에게 묻는다. 신앙 안에서 좋은 교사란 어떤 존재인가? 믿음의 가장은 어떤 모습이어야 하는가? 그는 화려한 언변이나 과시 대신, 일상 속 성실함과 따뜻한 믿음으로 삶의 깊이를 증명한다. 그가 실천하는 삶의 가치는 '함께 자라는 믿음', '사랑으로 이어지는 교육', '섬김으로 완성되는 공동체'이다. 이는 곧 우리가 추구해야 할 진정한 신앙인의 모습이며, 교육의 참된 본질이기도 하다.

그는 자신이 속한 곳 어디에서든 따뜻한 등불 같은 존재다. 하나님의 은혜 안에서 작지만 꾸준한 빛으로 가정을 비추고, 교실을 밝히며, 신앙의 진실함으로 교육을 실천한다. 그러므로 이하현이라는 이름은 단지 한 사람을 넘어, 믿음의 공동체를 세워가는 신앙인의 모범이자, 겸손한 삶과 교육의 가치를 일상에서 살아내는 아름다운 상징이 된다.

만하(慢河) 정훈식, 느림의 철학자

  투박함 속에 빛나는 진주처럼, 정훈식 선생은 단순한 겉모습과 달리 깊고 너른 내면을 품은 인물이다. 강화도에서 태어나 강화도 도령이라 불렸고, 일부는 그를 금동이라 불렀다. 그의 삶은 언제나 장식 없는 진실함으로 흐른다. 서울 오산학교에서 사회를 가르쳤던 그는 어눌한 듯 우렁찬 목소리로 제자들의 가슴을 울렸고, 그 음성에는 삶을 대하는 단단한 철학이 배어 있다. 꾸밈없고, 서두르지 않으며, 바른 길을 걷고자 했던 그의 행보는 마치 대하처럼 느리게, 그러나 크고 깊게 흐른다.

  지인은 그의 이 같은 품성과 삶의 흐름을 '만하'라 불렀다. 빠른 세상이 추구하는 효율과는 거리를 두고, 그는 천천히, 그러나 분명한 방향으로 나아갔다. 명문이라 불리는 S대에서 마지막 학문 과정을 마친 그는 단지 학벌을 위한 길이 아니라, 문사철(文史哲)을 꿰뚫고 인간 삶의 근원에 다가서기 위한 노정을 밟아온 것이다. 공자와 맹자, 노자와 장자의 사상에 정통한 그는, 말만 하면 삼강오륜이 술술 흘러나온다.

  하지만 그것이 억압이나 도그마로 다가오지 않는다. 그는 꼰대가 아니며, '라떼는 말이야'로 치장하는 구세대의 전형과도 다르다. 진정성으로 가르치고, 인생의 무게를 안고 젊은 세대와 대화를 시도하는 그의 인문학 강의는 퇴직 후 더욱 깊어졌다. 전국의 노인들에게 삶의 가치를 전하는 그의 발걸음은 지식인의 책임감을 보여준다.

　더불어 그는 타고난 방송인이다. '황금 연못'이라는 프로그램에 출연하여, 말맛과 재치를 살려 시청자들에게 웃음과 감동을 전했다. 그의 글 또한 그러하다. 그의 수필은 어머니의 가슴처럼 몽실몽실하고 따스하다. 글 속에선 삶의 격과 눈물이 뒤섞여 있고, 무심한 듯 곁을 내어주는 문장이 독자를 위로한다. 수식 없는 문장은 오히려 더 많은 이야기를 품고 있다. 이는 그의 삶의 미의식과 철학이 그대로 녹아든 결과다. 삶은 다듬기보다 있는 그대로의 흐름 속에서 의미를 찾는 것. 바로 그것이 정훈식 선생이 추구한 삶의 미학이다.

　그는 지금도 한 마디 말보다, 한 걸음의 실천이 더 중요하다고 말하듯 그렇게 천천히, 그러나 깊이 세상과 사람 사이를 걸어가고 있다. 그 걸음이 바로 '만하'다.

김영산 교수, 말씀과 예술을 짓는 장인의 초상

　고신대학교 신학과의 김영산 교수는 단순히 '교수'라는 명칭으로는 다 담기지 않는 넉넉한 그릇을 지닌 인물이다. 그는 신학자이며 시인이요, 선교사이자 예술가다. 학문과 사역, 글과 말, 삶과 신앙의 경계를 자유롭게 넘나들며, 마치 시대의 연금술사처럼 하나님의 복음을 사람들의 마음 안에서 금으로 정련해낸다.

　그의 신앙은 이론 위에 세워지지 않았다. 그는 고딕 성당 안에서 신학을 가다듬기보다, 오히려 시장 골목, 이웃집 안방, 선교지 흙먼지 나는 언덕에서 복음을 체득한다. 그의 믿음은 앎보다 삶에서 증명된다. 그래서 김 교수의 설교는 단순한 전달이 아니라 '전염'에 가깝다. 그는 성도들의 마음에 말씀을 전파하는 것이 아니라 심는다. 그러면 말씀은 각자의 삶 안에서 자라난다. 단순히 '잘했다'는 말이 아니라, '살고 싶다'는 결심을 일으킨다.

　그의 설교는 대한민국 최고라는 찬사를 받을 만하다. 어렵지 않고, 포장하지 않는다. 오히려 진실되고 담백하다. 문맹자 어른도 쉽게 들을 수 있게, 하나님 나라의 비밀을 일상어로 번역해낸다. 그의 설교에는 신학적 깊이와 함께 서민적 감수성이 녹아들어 있어, 듣는 이는 마음의 빗장을 풀고 웃고 울다가 결국 "아, 주님이 나를 부르시는구나"를 깨닫게 된다.

　강의 시간에는 때로 눈물이 흐르고, 때로는 강의실이 온통 웃음바다가 된다. 청중은 귀를 쫑긋 세우고, 그는 한마디 한마디를 음악처럼 던진다. 마치 진리의 무도회, 은혜의 축제가 열린 듯한 순간이다. 이는 그가 지식을 단순히 나열하는 사람이 아니라, 지혜로 엮어내는 사람이라는 증거다. 그의 언변과 통찰은 솔로몬의 지혜를 엿보는 듯하다. 단숨에 관통하는 핵심, 그리고 사람을 살피는 눈. 그에게는 말의 칼보다 생각의 붓이 있다.

게다가 김 교수의 시와 수필을 읽다 보면 독자는 혼란에 빠진다. "문학 교수셨나?" 착각이 들 만큼 그의 언어는 섬세하고 아름답다. 시의 한 줄에는 하나님을 향한 그리움이 있고, 수필 한 꼭지에는 영혼의 숨결이 스며 있다. 그는 언어로 하나님을 그리는 화가요, 문장으로 복음을 짓는 목수다. 이쯤 되면 시인이 아니라 '말씀의 예술가'라는 표현이 더 적절하다.

그러나 그의 가장 큰 강점은 '사람을 향한 깊은 애정'이다. 나이나 신분을 막론하고, 그는 사람을 귀하게 여긴다. 시니어의 외로움을 헤아리고, 청년의 방황을 따뜻하게 감싸준다. 그는 사역자가 아닌 동행자로서, 진리의 안내자이기보다 삶의 친구로서 사람 곁에 머문다. 김 교수의 철학은 분명하다. "복음은, 사람의 언어로 사람의 삶 속에 심겨야 비로소 꽃을 피운다." 그가 전하는 복음은 그래서 아름답고, 그래서 생명이 있다.

오늘도 그는 세계 곳곳을 누비며 복음을 전하고, 강단에서 말씀을 전하며, 조용히 시를 쓰고 있다. 그의 삶은 '사명'이라는 단어보다 '헌신'이라는 말이 어울린다. 사람 속에서 하나님의 나라를 꿈꾸고, 그 속에서 미의 흔적을 남기는 이, 김영산 교수. 그는 단순히 교수가 아니라 시대가 간직해야 할 하나의 '작품'이다.

이오동, 세상이 질투한 남자

이오동이라는 이름을 들을 때, 사람들은 저마다 다른 수식어를 덧붙인다. 배우, 시인, 뮤지컬 스타, 연기자, 노래꾼, 철학자, 인간미 넘치는 약속의 사나이. 그러나 정작 그를 한 단어로 정의할 수 있는 이는 아무도 없다. 그는 그저 '이오동'이라는 단 하나의 고유명사로 완성된, 세상이 한 번쯤 빚어낸 불공평의 결정체이자 인간 완성본이라 해도 과언이 아니다.

휜칠한 키에 고운 피부, 그 위에 살포시 얹힌 치명적인 미소. 그 미소 한 번이면 대낮에도 가로등이 켜질 만큼 강렬하고, 그윽하게 웃으면 눈빛이 음표가 되어 노래처럼 들린다. 노래를 부르면 기성가수는 잠시 숨을 고르고, 연기를 하면 배우는 대사를 잊는다. 한 번 무대에 오르면 관객은 숨조차 쉬지 못하고, 커튼콜이 끝나고 나서야 비로소 자신의 심장이 뛰고 있었음을 깨닫는다. 단언컨대, 그는 천부적인 무대 체질이다.

그러나 외양과 재능만으로 이오동을 논할 수는 없다. 그를 진짜로 특별하게 만드는 것은 눈에 보이지 않는 세계, 곧 그의 내면이다. 약속을 생명처럼 여기는 그에게 신의는 단순한 덕목이 아니라 존재의 근간이다. 그래서 그는 한 번 말한 일은 반드시 지킨다.

반대로, 약속을 어긴 사람에게는 단호한 냉철함으로 돌아선다. 그의 명확한 사고체계는 일관되고 군더더기 없다. 불필요한 말은 하지 않고, 모호한 태도는 절대 없다. 그의 말은 직선이고, 그의 행동은 나침반처럼 정확하다.

하지만 아이러니하게도, 그 안에는 따뜻한 감성이 있다. 철두철미함 뒤에 숨은 인간미는 오히려 그를 더욱 입체적으로 만든다. 누군가 힘겨운 시간을 지나고 있다면, 그는 조용히 어깨를 내어준다. 그 무심한 듯한 말투 속에도 사람을 향한 진심이 배어 있고, 아무렇지 않은 듯 건네는 위로는 오래도록 가슴을 데운다.

그의 시는 그래서 특별하다. 삶을 관통하는 직관, 세상의 본질을 꿰뚫는 통찰력, 그리고 가만히 상처를 어루만지는 온기가 함께 공존한다. 그는 말한다. "먼지조차도 이야기를 품고 있다"고. 아무리 화려한 삶이라도 그 끝엔 먼지가 내려앉듯, 소유보다 존재의 진정성에 귀 기울이는 그의 철학은 결국 인간을 향해 있다. 그래서 그의 문장은 멋지고, 문장 너머의 침묵마저 울림이 된다.

사람들은 말한다. "세상은 불공평하다"고. 그러나 이오동은 증명한다. 탁월함은 단지 타고나는 것이 아니라, 지켜야 할 것을 끝까지 지키는 태도에서 비롯된다는 것을. 그는 사람들에게 부러움의 대상이 아니라, 닮고 싶은 존재로 남는다. 빼어난 외모와 넘치는 재능, 정확한 언어와 진실한 마음, 그리고 무엇보다 인간을 향한 따뜻한 시선까지.

이오동은 하나의 인물이라기보다, 하나의 가능성이다. 세상에 이런 사람도 존재할 수 있다는 가능성. 그러니 부디, 세상은 그를 질투하지 말고 기억하길 바란다. 진심이 아름다울 때, 삶은 얼마나 고귀해지는지를 그는 말이 아닌 삶으로 증명하고 있기 때문이다.

황톳길을 걷는 지성, 황경임 선생

　황경임 선생은 지성의 빛을 품은 사람이다. 사리분별력 하나로도 한 사람의 깊이를 가늠할 수 있다면, 그는 이미 그 어떤 철학자보다 단단한 사람이다. 불편부당함을 삶의 원칙으로 삼은 채, 언제나 중심을 지켜내는 태도는 그 자체로 존경스럽다. 중고등학교에서 법과 사회를 가르치며, 그는 지식을 전달하기보다 삶의 방향을 제시했다. 수업 한 시간에 며칠을 고민하는 그 성실함, 그것이야말로 학생을 사람으로 대하는 진정한 교육자의 자세였다.

　황 선생은 거짓이 없는 사람이다. 학생 앞에서도 자신을 숨기지 않는다. 모르는 것을 인정하고, 때로는 제자의 말에 귀 기울이며 배우기를 주저하지 않는다. '불치하문(不恥下問)'—자기보다 어린 이에게 배우기를 부끄러워하지 않는다는 말처럼, 그는 늘 겸허한 자세로 세상을 향해 열린 문을 지녔다. 고개를 높이 들기보단 고요히 숙이는 그의 모습은 말보다 더 깊은 가르침이었다.

　그런 그에게도 건강의 그늘이 드리웠던 때가 있었다. 하지만 그는 사계절을 가리지 않고 매일 맨발로 황톳길을 걸었다. 땅의 기운을 품고, 생명의 길을 다시 걸었다. 그것은 단지 운동이 아니었다. 자신의 한계를 넘어서는 의지의 의식이었고, 결국 그는 회복이라는 기적을 스스로 만들어냈다. 그 무서운 집념은 누구에게도 강요하지 않지만, 누구에게나 영감을 준다.

그의 삶은 말보다 행동으로 빛난다. 자녀 또한 반듯하게 자라 법조인 부부가 되었고, 그것은 단지 성취의 문제가 아니라 삶의 태도가 전해졌다는 증거다. 지식은 머리에만 머물지 않고 가슴으로 흘러들었고, 그것이 자녀 교육으로까지 이어진 것이다.

황 선생의 해박한 지식, 균형 잡힌 시각, 그리고 사람을 향한 겸손함은 곁에 있는 이들을 언제나 따뜻하게 만든다. 그리고 그 미소. 인생의 고비를 여럿 지나온 이만이 지을 수 있는 미소. 그것은 위로였고, 용기였으며, 때로는 말 없이 건네는 "괜찮다"는 다독임이었다. 그는 많은 말을 하지 않지만, 그의 존재가 이미 하나의 문장이다.

황경임 선생은 단지 '좋은 사람'이 아니다. 그는 '좋게 살아낸 사람'이다. 그의 삶은 지식이 지혜로, 철학이 실천으로 이어질 때 어떤 감동이 탄생하는지를 보여준다. 그를 떠올리면 삶은 여전히 존엄하다는 확신이 든다. 그의 이야기는 아직도 현재진행형이며, 그의 발자국은 여전히 황톳길 위에서 누군가의 길이 되어주고 있다.

투박한 선함, 묵묵한 그늘, 서원 선생

서원 선생은 투박한 사람이다. 그러나 그 투박함은 단순한 거칠음이 아니라, 본질을 향한 진실함이며, 꾸밈없음의 또 다른 이름이다. 경주라는 고장에서 나고 자란 그의 삶에는 전통과 뿌리에 대한 애정이 짙게 배어 있다. 그는 도시의 화려함보다 시골 이장의 수더분함과 정직함을 닮아 있으며, 말보다 행동으로 자신을 증명하는 사람이다.

명문 경주고등학교 출신인 그는 학문에 정진하여 고등학교 수학 교사로 교단에 섰고, 마침내 존경받는 교장으로서 교육 현장을 이끌었다. 그의 교육 철학은 성적 중심의 경쟁이 아니라, 학생 한 사람 한 사람을 존중하는 인격 교육에 있었다. 그는 교사로서의 권위보다 사람으로서의 품위를 먼저 실천했으며, '좋은 교사'이기 이전에 '좋은 어른'이 되고자 했다.

그의 삶은 한 방향에만 머무르지 않는다. 프로 사진작가로 전국을 돌며 카메라에 풍경과 사람들의 삶을 담고, 색소폰과 아코디언 등 다양한 악기를 연주하며 음악으로 감성을 나눈다. 예술은 그에게 취미가 아니라 사람과 삶을 이해하는 또 다른 방식이다. 그는 세상의 아름다움을 앵글로 기록하고, 음악으로 그 숨결을 불어넣는다.

또한 그는 침술을 연구하며 몸과 마음의 치유에까지 삶의 관심을 확장했다. 매일 호수공원을 맨발로 걷는 그의 모습은 자연과 삶, 그리고 건강이 얼마나 밀접한지를 몸소 보여주는 실천이다. 이는 단순한 건강 관리가 아니라, 생명을 소중히 여기는 철학의 한 표현이다.

그는 틈틈이 소외된 이들을 위해 봉사하며, 이웃과 함께 아파하고 함께 웃는다. 물질로 채울 수 없는 빈 곳에 온기를 불어넣는 사람, 서원 선생은 그런 사람이다. 독실한 천주교 신자로서 선행은 그에게 종교적 의무이기 이전에 인간으로서의 기본 자세다. 교회 안에서뿐 아니라 삶의 자리 어디서든, 그는 '선한 영향력'을 실천한다.

서원 선생의 삶은 조용하지만 깊은 울림을 준다. 그는 누구보다 평범해 보이지만, 그 속에 담긴 진실함과 겸손, 그리고 선의는 결코 흔하지 않다. 삶을 특별하게 만드는 것은 거창한 성취가 아니라, 일상 속에서 변함없이 실천하는 사랑과 진심이라는 것을 그는 스스로 증명하고 있다. 그의 인생은 투박하지만 단단한 나무와 같다. 바람에 흔들려도 뿌리 깊은 그 나무는 세상을 향해 묵묵히 그늘을 드리운다.

신윤주, 가방 속 미움짐을 비우는 법을 아는 사람

신윤주 작가의 세계는 가볍다. 그러나 그 '가벼움'은 결코 얕지 않다. 그것은 억지로 띄운 헛된 부유가 아니라, 오래된 마음의 무게를 덜어낸 사람만이 누릴 수 있는 경쾌함이다. 그의 동시와 시에는 어린이만이 아니라 어른의 마음까지 쓱 문지르며 "이것 좀 빼면 숨 쉬기 좋지 않을까요?" 하고 속삭이는 힘이 있다.

「여행가방」이라는 시는 단순한 짐 꾸리기의 풍경처럼 시작한다. 그러나 그 안에는 삶의 무게를 어떻게 정리하고, 무엇을 내려놓고, 무엇을 끝까지 안고 가야 할지에 대한 작가만의 철학이 고스란히 녹아 있다. 수건 세 장, 칫솔, 속옷처럼 평범한 것들 사이에 '경숙이 미워하는 마음'이란 덩어리가 튀어나오는 순간, 우리는 작가가 단지 시를 쓰는 사람이 아닌, 세상을 바라보는 새로운 눈을 가진 사람임을 깨닫게 된다.

신윤주 작가는 동화를 쓰는 사람이기도 하다. 그의 동화 속 세계는 언제나 따뜻한 웃음을 머금고 있다. 현실을 있는 그대로 반영하면서도, 거기에서 꿈과 사랑, 그리고 용서를 길어 올릴 줄 아는 힘이 있다. 그는 아이들처럼 말하지만, 어른도 잊고 지낸 순수함과 감동을 가르쳐준다. 이 작가의 동심은 단순히 어린이의 세계에 머물지 않고, 오히려 '어른도 잊지 말아야 할 어린 마음'을 향해 손을 내민다.

가령, 시 속 여행가방은 단순한 소품이 아니다. 그것은 우리가 늘 메고 다니는 인생의 축소판이다. 꼭 필요한 것들을 담는다면서도 정작 중요한 마음 하나쯤은 빠뜨리기 쉽고, 반대로 무거운 감정들을 굳이 꾹꾹 눌러 담는 게 인간이다. 작가는 그 점을 콕 집어낸다. 미움을 빼자 가방이 가벼워졌고, 사랑과 설렘이 여전히 남아 있다는 대목에서 우리는 깨닫는다. 삶은 버릴 줄 아는 사람이 가볍게 웃으며 걸어갈 수 있다는 것을. 이처럼 신윤주 작가는 일상의 소소한 장면 속에서도 삶의 본질을 끄집어내는 감각을 지녔다.

그의 작품은 결코 교훈을 강요하지 않는다. 대신 시처럼, 동화처럼 스며든다. 독자는 어느새 고개를 끄덕이며 자신의 가방을 열어보게 된다. '혹시 나도 무거운 짐을 들고 있진 않았을까?' 하고 말이다. 이는 동화작가 신윤주의 놀라운 재능이기도 하다. 누구에게도 흠잡히지 않게 다정하게, 그러나 정곡을 찌르며 웃게 하는 힘. 슬그머니 미움을 빼게 하고, 그 자리에 설렘을 다시 담게 만드는 손길 말이다.

신윤주 작가의 글에는 웃음이 있다. 그러나 그 웃음은 결코 가볍지 않다. 그것은 울음을 품은 웃음이고, 쓰라림을 품은 위트다. 누구보다 삶을 깊이 들여다본 사람이 쓸 수 있는 유머. 동심을 지켰다는 건 어린아이처럼 순진무구하다는 뜻이 아니다. 오히려 상처 입고, 주저앉고, 그래도 다시 일어선 사람들이야말로 진짜 동심을 회복할 수 있는 자격이 있는 것이다. 그리고 신윤주는 그런 동심의 세계를 오롯이 지켜낸 작가다.

세상엔 많은 이야기가 있다. 그러나 사람을 웃게 하면서도 울게 하고, 그 울음 끝에 다시 따뜻하게 안아주는 이야기는 많지 않다. 신윤주의 작품은 바로 그런 드문 이야기다. 단출한 말 속에 삶의 철학을 담고, 동화 속 장난기 뒤에 눈물 한 방울을 숨겨두는 사람. 미움을 꺼내고, 사랑을 남기는 법을 글로써 가르쳐주는 작가. 신윤주. 그 이름 하나만으로도, 우리는 가벼운 마음으로 삶을 다시 짊어질 수 있다. 그리고 더 이상은 짐으로 무너지지 않을 힘을 얻는다.

조용한 빛이 되는 사람, 김관숙 선생

　김관숙 선생은 마치 한 줄기 빛처럼 조용히 세상을 밝혀온 사람이다. 남도 섬마을에서 소박한 자연을 벗 삼아 자라며 그는 일찍부터 순수한 것들에 마음을 기울이는 사람이었다. 어린 시절 흙내음 밴 바닷길을 맨발로 달리며, 자연의 숨결 속에서 삶의 본질을 배워갔다. 그 순결한 마음은 교육자의 길을 걸으며 더욱 단단해졌고, 평생을 교단에 서며 아이들의 눈동자에서 희망의 싹을 길러낸 따스한 스승이었다.

　김 선생은 단지 교과서를 가르치는 교사가 아니었다. 아이들의 마음을 먼저 읽고, 삶의 태도를 일깨우며, 무엇이 진정한 인간다운 삶인가를 몸소 보여주는 교사였다. 땀에 젖은 손으로 건네던 제자들의 편지, 교실 한구석에서 나누던 순진한 웃음 속에서 그는 '행복'의 의미를 발견했다. 삶의 의미란 곧 사랑이고, 사랑이란 '나눔'임을 실천으로 증명한 사람이다.

　하지만 김 선생의 삶은 그리 넉넉하지만은 않았다. 정년 후엔 교직연금에 의존하며 검소한 삶을 살아가고 있다. 그럼에도 그는 남모르게 소외받는 이웃들을 위해 자신의 것을 내어주는 삶을 살아왔다. 지인이 갑작스러운 질병과 생활고로 고통받는 모습을 보고는, 망설임 없이 평생 모은 적금을 깨 매달 20만 원씩 정기적으로 보내고 있다. 누군가에게는 사소해 보일 수 있는 그 금액은, 사실 그의 삶의 안정을 흔들 수도 있는 큰 희생이다. 하지만 김 교장은 단 한 번도 그것을 내세우거나 자랑한 적이 없다. 단지 "그 마음이 조금이라도 위로가 되기를 바랄 뿐"이라고 말할 뿐이다.

그의 이러한 선행은 일시적인 감정에서 비롯된 것이 아니다. 평생을 통해 뿌리내린 신앙의 결과이자, 예수 그리스도의 사랑을 실천하려는 깊은 삶의 철학에서 비롯된 것이다. 김 교장은 독실한 크리스천으로서, 늘 예수의 삶을 본받고자 했다. 화려한 말이 아닌, 고요한 행동으로 사랑을 실천하는 그의 모습은 많은 이들에게 깊은 울림을 준다. 누가 보든 보지 않든 그는 늘 똑같이 사랑하고, 도우며, 기도한다.

그의 학문적 깊이도 빛난다. 그는 문학과 철학, 신학에 대한 꾸준한 탐구를 게을리하지 않으며, 배움에 대한 겸허한 자세를 평생 유지해왔다. 자연을 사랑하며 계절의 변화를 기도처럼 받아들이는 그의 글에는 언제나 삶에 대한 성찰과 감사가 담겨 있다. 그는 '행복은 작은 숨결처럼'이라는 글에서 "행복은 공기처럼 우리 곁에 있다"고 말했다. 그 말은 단순한 문장이 아니라, 그의 삶 그 자체다. 무언가를 움켜쥐지 않고도 베풀 수 있는 삶, 그것이 바로 그의 삶이 말하는 행복이다.

그의 행보는 조용하지만, 결코 작지 않다. 누구도 알아주지 않아도 피어나는 들꽃처럼, 그는 자신의 삶을 '희생'보다는 '기쁨'으로 여긴다. 나눔이란 줄어드는 것이 아니라, 더 깊어지는 것임을 그는 알고 있기 때문이다. 이웃과 제자, 자연과 신 앞에서 그는 언제나 겸허한 마음으로 섰다. 한 송이 꽃 앞에서도 감동하고, 작은 미소에도 감사하는 그의 마음은 곧 살아 있는 신앙이며, 사랑의 결정체다.

김관숙 선생은 교장이라는 직함보다 '사람'이라는 이름이 더 잘 어울리는 분이다. 세상의 기준으로 보면 그가 살아온 삶은 그리 화려하지 않을지도 모른다. 그러나 그의 삶은 누군가에게는 등불이었고, 또 누군가에게는 따뜻한 손이었다. 감춰진 사랑이 더 깊듯, 조용한 선행이 더 큰 울림을 준다. 오늘도 그는 말없이 기도하고, 어딘가에서 외로운 누군가를 향해 따뜻한 마음을 보내고 있을 것이다.

빛의 색채로 세상을 품는 이영희 화백

이영희 화백은 인체와 자연의 본능적 교감을 색채로 표현하며, 삶의 근원적 에너지를 화폭 위에 정제된 언어로 써 내려가는 예술가이다. 그의 작품세계는 단순히 아름다움을 묘사하는 데 그치지 않고, 인간 존재의 본질과 자연이 지닌 순수한 에너지를 탐색하고 성찰하는 깊은 사유의 결과물이다. 인체와 꽃, 자연을 소재로 삼은 BIO FLORAL 시리즈는 생명 그 자체에 대한 애정과 존중, 그리고 순환하는 우주의 이치를 섬세하면서도 강인하게 그려낸다.

그의 작품은 마치 점과 점이 연결되어 원을 이루듯, 세상의 조각난 고통과 아름다움을 하나의 에너지로 승화시킨다. 그 중심에는 색채가 있다. 따뜻하면서도 밀도 높은 색감, 기하학적이면서도 유기적인 구성이 조화를 이루며, 관람자의 감각을 일깨운다. 이영희 화백은 예술이 치유의 힘을 지녔음을 굳게 믿는다. 그래서 그녀의 작업은 고통받은 이들을 위로하고, 삶의 상처에 부드러운 빛을 비추는 통로가 된다.

그의 일상은 명상과 사색으로 채워져 있다. 오로라, 고요함, 일출, 자연의 소리 같은 섬세한 감각들이 화폭에 스며들기까지, 그는 끊임없이 자신 안의 내면의 소리를 들으려 애쓴다. 그 과정은 곧 작가로서의 성찰이자 인간으로서의 성장이다. 그의 그림이 단지 보는 것으로 그치지 않고 '느껴지는 예술'로 다가오는 이유가 여기에 있다.

이영희 화백은 예술가이기 이전에, 삶 자체를 예술로 살아가는 사람이다. 여성임에도 굵직한 선과 담대한 기운이 느껴지는 그는, 세밀함과 단단함을 동시에 지닌 보기 드문 예술인이다. 특히 한치의 오차도 허용하지 않는 작업 태도는 프로페셔널 그 자체다. 한 작품, 한 선에 쏟는 몰입과 진정성은 감탄을 넘어 경외의 마음을 불러일으킨다.

그는 개인적 예술 활동에 머무르지 않는다. 자신이 터득한 예술의 길 위에 동료 예술인들이 보다 자유롭게 설 수 있도록 인프라를 구축하고, 특히 장애인 예술가를 위한 단체를 설립하여 예술의 문턱을 낮추는 데 헌신한다. 이는 그가 가진 예술의 본질에 대한 깊은 이해, 그리고 인간과 사회에 대한 따뜻한 시선에서 비롯된 것이다. 이영희 화백은 예술을 통해 나만이 아닌 모두의 빛을 발견하려 한다.

2024년 12월, 일산 산수 갤러리에서 열린 개인전 '사색을 통한 내면의 소리'는 그의 철학이 가장 순도 높게 드러난 전시였다. 유럽의 언덕에 자리한 작은 미술관을 연상케 하는 산수 갤러리는, 김동연 관장의 섬세한 감각과 이영희 화백의 예술 세계가 절묘하게 어우러져 진정한 예술의 공간으로 재탄생했다. 전시 공간 전체에 흐르는 색의 파동, 선과 원의 균형, 그리고 고요한 사유의 빛은 관람자들로 하여금 자신의 내면을 되돌아보게 만들었다.

이영희 화백의 삶은, 예술은 감각 이전에 '철학'이어야 한다는 신념 위에 서 있다. 예술은 마음의 중심을 어루만지고, 인간의 본질을 향한 길을 열어야 하며, 그 길은 사랑과 아름다움, 그리고 치유로 향해야 한다고 그는 말한다. 그래서 그의 그림은 말이 없지만 많은 것을 전한다. 이영희 화백은 오늘도 색채의 점이 되어 바람을 타고 흐른다. 보랏빛 비구슬처럼 유영하며, 상처받은 이들의 마음에 조용히 내려앉는다. 그의 삶과 예술은 하나의 큰 원이 되어, 다시금 세상을 따뜻하게 감싸고 있다. 지금 이 순간에도 그의 화폭엔, 사랑과 사색과 생명의 이야기가 조용히 피어오르고 있다.

고사리 손의 빛나는 의지, 사랑이 된 삶, 이승희 선생

세상에는 조용히 기적을 이루는 사람들이 있다. 이승희 선생이 그러하다. 안동 성창여고 시절, 3년 내내 단 한 번도 1등을 놓치지 않은 '1.0'이라는 전설적 성적은 단순한 지능의 문제가 아니었다. 그의 천재성은 타고남을 넘어, 감내하고 견뎌낸 삶의 강도에서 비롯된 것이다. 지금은 김포의 한 초등학교 교단에 서 있지만, 그의 가슴에는 여전히 고된 어린 시절이, 그리고 그 시간을 품고 살아가는 넉넉한 사랑이 흐른다.

홀어머니 밑에서 자란 어린 승희는 초등학교에 들어가기 전부터 소녀가장이었다. 어른도 하기 힘든 빨래, 청소, 밥 차림을 그 작은 손으로 감당했다. 누구에게나 아침은 오지만, 그의 아침은 이른 새벽 눈물로 시작됐을 것이다. 그러나 그는 불평하지 않았다. 일상의 무게를 당연히 받아들이고, 삶을 탓하기보다 자신을 다잡았다. 누군가는 주어진 환경을 핑계로 삼지만, 그는 그 환경을 발판으로 삼았다.

사교육 하나 없이, 오직 교과서만으로 전교 1등을 놓치지 않은 이승희 선생의 삶은 교육의 진짜 본질이 무엇인지 되묻게 한다. 배움은 정보의 축적이 아니라, 자신을 이끌어내는 끈기의 예술임을 그는 삶으로 증명했다. 책한 권을 파고들며 스스로를 닦아낸 그 노력은 누구보다 깊은 성찰과 집중을 길러주었고, 그 바탕 위에 그의 다재다능함이 빛을 발하게 되었다.

스포츠, 그림, 글쓰기. 그는 단 하나도 허투루 하지 않는다. 마주한 모든 것에 최선을 다하는 성실함은 그를 전인적 인간으로 빚어냈다. 그는 지금도 교단에서 그 옛 마음 그대로, 따뜻한 손길과 말로 아이들을 품고 있다. 어린 날의 자신처럼 힘겨운 아이들에게 그는 말 없이 다가간다. "괜찮아. 나도 그랬어." 그 말 속엔 위로가 있고, 삶의 가능성이 있다.

이승희 선생의 삶은 우리에게 묻는다. '진짜 교육은 무엇인가?', '행복은 어디에서 오는가?' 그의 대답은 분명하다. 힘겨운 삶을 사랑으로 녹이고, 그 사랑을 다시 나누는 것. 그것이 그의 가치철학이다. 이승희 선생은 단지 똑똑한 사람이 아니라, 인생을 품고 가르치는 사람이다. 그가 교단에 선다는 사실만으로도 세상은 이미 조금 더 따뜻해졌다.

마음에 흔적을 남긴 사람, 양행자 선생

양행자, 그 이름은 바람결에도 향기를 묻히고, 햇살에도 미소를 번지게 하는 존재다. 선생이기 이전에 사람으로서의 고귀함을 지닌 이, 그 곱고 맑은 품성은 마치 갓 내린 첫눈처럼 투명하여 감히 범접할 수 없는 아우라를 풍긴다. 사람들은 종종 그녀를 두고 "백설공주급"이라 부른다. 단지 얼굴이 고와서가 아니라, 누군가의 불행 앞에 진심으로 눈물을 흘릴 줄 아는 마음 때문이며, 그 고운 외모 안에 담긴 따뜻한 심성 때문이다.

이는 우연한 조합이 아니라, 오래도록 삶을 단련하고 사랑으로 빚어낸 인격의 결정체다. 그녀의 교단은 지식을 전하는 자리가 아니라, 사랑을 실천하는 공간이었다. 아이들이 잘 자라길 바라는 간절한 눈빛과 조곤조곤한 말씨는 수업이 아니라 위로였고, 훈육이 아니라 이해였다. 그 반에 배당된 학생들은 축제를 맞이한 듯 환호했고, 부모들 또한 그 이름을 듣고 안도했다. 마치 복권에 당첨된 듯한 기쁨이라니, 이 얼마나 놀라운 교육자란 말인가.

그러나 세상은 균형을 맞추려는 본능이 있다. 찬란한 빛이 있으면 그림자도 있는 법. 그녀의 독보적인 인기는 동료 교사들의 부러움을 넘어 질투로 이어지곤 했다. 하지만 그조차도 아름다운 시기였다. 그녀를 향한 시기는 험담이 아니라 감탄에서 비롯된 애증의 고백이었다. 모두가 알고 있었기 때문이다. 그녀를 흉내 낼 수는 있어도 따라잡을 수는 없다는 것을.

 삶은 단순한 생존의 반복이 아니라, 누구와 어떻게 살아가는가에 따라 깊이가 달라진다. 그녀는 그 답을 안 사람이다. '나'가 아닌 '너'를 중심에 두는 삶, 자신의 빛으로 남을 비추는 삶. 그런 철학이 그녀의 일상 속에 녹아 있었다. 말보다는 실천이었고, 원칙보다는 사람을 우선했다. 그것이 양행자라는 한 인간의 가치였다.

 자녀 또한 어머니의 품성과 철학을 고스란히 이어받아, 의술을 행하면서도 인술을 우선한다. 사람을 살리는 일에는 기술보다도 마음이 앞서야 한다는 진리를, 그 역시 몸소 실천하고 있다. 어머니를 보고 자란 자식이니, 당연한 귀결일지도 모른다.

 양행자의 삶은 우리가 잊기 쉬운 진리를 일깨운다. 진정한 아름다움은 외모가 아니라 태도에서 비롯되며, 위대한 스승은 지식을 가르치는 자가 아니라 사랑을 실천하는 사람이라는 것. 그녀는 묻지 않고도 대답을 주는 삶을 살았다. 사람들은 그런 그녀를 잊지 않을 것이다. 그녀는 칠판 위에 분필로 글을 쓰기보다, 마음 위에 사랑으로 흔적을 남겼다.

그 흔적은, 시대가 지나도 지워지지 않는다.

심영애, 들꽃처럼 웃는 어른 소녀의 철학

심영애 작가를 말할 때 가장 먼저 떠오르는 단어는 '들꽃'이다. 이름난 정원의 화려한 꽃이 아니라, 바위 틈에서 피어나는 작고 수줍은 들꽃. 그 소박한 아름다움과 생명력을 닮은 사람이 바로 그녀다. 세상을 향해 꾸미지 않고 웃으며, 삶의 무게를 가볍게 걷는 사람. 그래서 사람들은 그녀를 '어른 소녀'라 부른다. 나이는 어른이지만, 마음은 여전히 순수한 소녀 그대로다.

그녀는 삶을 가볍게 여기지 않는다. 오히려 깊이 들여다보고, 그 안에서 발견한 아름다움을 꺼내어 사람들과 나눈다. 다만 그 방식이 다를 뿐이다. 누군가는 인생을 큰소리로 외치지만, 그는 조용히, 아주 조용히 속삭인다. 들꽃 이름 하나, 바위 틈 풀잎 하나도 그냥 지나치지 않고 그 안에서 생명의 이야기를 읽어낸다. 그녀의 세계에서는 모든 생명이 시가 되고 노래가 된다. 그 섬세한 관찰력과 부지런함은 그녀를 걷는 식물도감으로 만들었다. 이름 없는 들풀도 그녀의 눈길 앞에서는 이름을 얻는다.

하지만 그녀의 삶은 단순한 자연 예찬에 머무르지 않는다. 자연은 그녀에게 노래를 주고, 시를 주고, 사람을 잇는 다리가 되어 준다. 매주 인사동 '시가연'에 들러 동요를 부르고 시를 나누는 시간은 그녀 삶의 작은 축제다. 순수한 감성과 유쾌한 웃음, 그리고 묵직한 인생의 단면들이 그곳에서 노래로 흘러나온다. 그녀는 마치 "가사 없는 노래도 부를 줄 아는 사람"처럼, 삶 자체를 가락 삼아 흥얼거리는 존재다.

심영애 작가의 가치 철학은 이렇다. "세상이 복잡하다고 나까지 복잡할 필요는 없잖아요." 이것이 그녀가 어른 소녀로 남을 수 있었던 비결이다. 그녀는 세상의 무게에 눌리지 않되, 그 무게를 모르는 척하지 않는다. 삶의 버거움을 알고, 자연 속으로 그 무게를 살짝 내려놓을 줄 안다. 그래서 그녀가 노래하면 사람들은 눈을 감고 듣는다. 거기엔 과장도, 허세도 없다. 오직 진심과 유머가 섞인 따뜻한 울림만이 있다.

무엇보다 그녀는 삶을 너무 심각하게 굴지 않는다. 들꽃처럼 웃고, 낙엽처럼 사뿐히 내려앉는 삶을 추구한다. 어떤 이는 그것을 가벼움이라 말하지만, 진짜 가벼움은 가장 무거운 것들을 품은 사람만이 가질 수 있는 것임을 그녀는 증명한다. 어쩌면 진정한 지혜란 삶을 비틀지 않고, 그냥 있는 그대로 끌어안는 데 있다는 걸 그녀는 오래전부터 알고 있었는지도 모른다.

심영애 작가는 나이를 먹는 대신 이야기를 키운다. 여행을 하며 마음속에 씨앗을 심고, 시를 쓰며 꽃을 피운다. 그녀의 여정은 결국 삶을 아름답게 만드는 '느린 혁명'이다. 그 길을 따라가다 보면, 우리도 조금씩 순수해진다. 그녀가 우리에게 보여주는 것은 거창한 교훈이 아니다. 다만 이렇게 말한다. "하루 한 번은 들꽃처럼 웃고, 별빛처럼 노래하세요."

바로 그 말 한마디가, 가장 심영애다운 철학이자 그녀 삶의 위트다.

소년처럼 사는 어른, 박진우

  박진우 작가는 살아 있는 '소년'이다. 1948년생으로 올해 일흔여덟이 되었지만, 누구나 그를 마주하면 놀란다. 단정한 모습, 반짝이는 눈빛, 미소 짓는 얼굴에는 세월의 주름 대신 동심의 빛깔이 어려 있다. 나이는 숫자에 불과하다는 말이 있지만, 그에게는 그 말조차 진부하다. 그는 숫자마저 뛰어넘는 존재, 삶을 예술로 살아낸 한 사람이다.

  운동을 하여 동안이 되었을 것 같지만, 그 비결은 따로 있다. 마음이 곧 소년이기 때문이다. 언제나 맑고 천진한 심성으로 사람과 세상을 대한다. 어릴 적 쪽마루에 떨어져도 낙엽처럼 일어나던 기억은 이제도 그의 몸짓과 마음짓 속에 남아 있다. 그는 어릴 적 고독을 외로움이 아닌 침묵 속 소통으로 받아들이며, 내면을 더욱 깊고 따뜻하게 키워왔다. 덕분에 오늘의 그는 지혜로운 성인인 동시에 웃음 많은 아이로 살아간다.

  이 청년 같은 작가는 놀랍게도 다방면의 재능을 펼친다. 수필가이자 뮤지컬 배우, 시 낭송가이며 성악가로도 활동한다. 목소리에는 서정과 열정이 담기고, 말투에는 유머와 배려가 넘친다. 그에게 시를 낭송해 달라고 부탁하면, 이내 공연장이 된다. 노래 한 곡 청하면, 감미로운 음성이 공간을 채운다. 그의 예술은 기술이 아니라 삶의 발현이며, 그 진심은 사람의 마음을 움직인다.

그는 또한 중견기업의 부사장이다. 예술과 경영, 감성과 이성을 모두 품에 안은 보기 드문 인물이다. 일터에서도 그는 웃음을 잃지 않고, 직원들의 이름을 기억하며 따뜻한 인사말로 하루를 시작한다. 그에게 '리더십'은 명령이 아니라 모범이고, '권위'는 지시가 아니라 품격이다. 그래서 사람들은 그를 존경하고, 또 좋아한다.

그러나 박진우 작가의 가장 빛나는 역할은 남편으로서의 자리다. 그의 아내 사랑은 하나의 전설이다. 그는 아내의 손을 잡고 걷고, 대화하며 웃고, 모든 일정에 아내를 최우선으로 배려한다. 그 정성과 애틋함에 주위 사람들은 감탄을 넘어서, 종종 시기와 질투를 표한다. 이처럼 진심은 드러날 수밖에 없고, 그 진심은 어느 순간 '문제'가 되기도 한다. 다만, 누구도 미워할 수 없는 문제일 뿐.

박진우 작가의 삶의 철학은 단순하다. "침묵은 나와 나누는 대화이자 소통입니다." 그는 외로움을 피해 도망치기보다, 고독을 맞이하고 그 안에서 진정한 자기를 만나는 법을 택했다. 그 고독은 고요한 깊이로 그를 단련시켰고, 세상과 타인을 품을 수 있는 넉넉한 사람으로 만들어 주었다. 고독은 그의 친구이며, 삶의 교사다. 그로 인해 그는 언제나 자신과 대화하고, 타인과 소통할 줄 안다.

그는 오늘도 사람 냄새를 품은 하늘 같은 사람으로 살아간다. 바람처럼 유쾌하고, 강물처럼 깊으며, 햇살처럼 따뜻하다. 나이를 잊은 채 살아가는 그 모습이야말로 많은 이에게 용기와 희망이 된다. '삶은 나이에 있는 것이 아니라, 마음의 밝기와 깊이에 있다'는 것을 그가 몸소 증명하고 있기 때문이다.

박진우 작가는 '가장 인간다운 삶'을 살아가는 사람이다. 외로움을 고독으로, 고독을 성숙으로, 성숙을 사랑으로 변화시키며 살아온 그의 여정은 위트 있고 단단하다. 그래서 그의 미소는 단지 얼굴의 표정이 아니라, 마음의 상태이며, 삶의 진실이다. 누군가 그에게 청춘의 비결을 묻는다면, 그는 아마 이렇게 대답할 것이다. "그냥, 소년처럼 살면 됩니다."

시와 인술 사이, 사람을 품은 삶, 이상엽 박사를 말하다

이상엽 박사는 정형외과 전문의다. 그러나 단순히 뛰어난 의학 지식과 수술 기술로 기억되기엔, 그의 삶은 훨씬 더 깊고 넓다. 정형외과 분야에서 특히 무릎 관절 치료에 탁월한 성과를 이뤄내며 '명의'로 불려왔다. 그의 손을 거친 수많은 무릎이 다시 일어섰고, 절망하던 이들의 삶에 다시 희망이 스며들었다. 사람의 관절을 바로 세우는 일은 단지 뼈와 연골의 조정이 아니라, 무너진 삶의 균형을 되돌리는 일이기도 하다. 그는 이 사실을 누구보다 잘 아는 의사였다.

그의 진료실에는 늘 환자들이 줄을 잇는다. 그것은 단지 치료 성과 때문만은 아니다. 환자 한 사람 한 사람을 부모처럼, 형제처럼 대하는 그 마음이 사람들을 모으는 힘이다. 설명 하나에도 온기가 있다. 그는 수술보다 말이 더 큰 위력을 발휘할 때가 있다는 것을 안다. 환자의 두려움을 먼저 껴안고, 그 마음의 주름까지 펴주는 그의 태도는 진정한 '인술'이라 할 만하다. 몸을 고치되 마음을 놓치지 않는 그의 진료는, 그 자체로 하나의 문학이고 철학이다.

그런 그가 요즘 문학의 세계로 조용히 걸어 들어왔다. 청람 문학회의 문을 두드린 이상엽 박사는, 매일 시를 읽고 느끼고, 때로는 글로 자신의 진심을 전한다. 그는 자신을 '천생 이과 출신'이라 겸손하게 표현하지만, 과학의 세계를 살아온 사람에게도 시는 길이 열린다는 것을 스스로 증명하고 있다. 진료실에서 수많은 사연을 마주한 그의 눈은 이미 시인의 눈이다. 단어를 다루는 손길조차 의사의 섬세함을 닮아 있다. 그는 문학 속에서도 사람을 진료한다. 다친 마음, 흐릿해진 감정의 관절을, 시를 통해 다시 세운다.

이상엽 박사의 삶은 단순히 '성공한 전문직'으로 정의되지 않는다. 그는 끊임없이 배우고 나누며, 자신이 받은 것을 돌려줄 줄 아는 사람이다. 경제적으로 어려운 환자에게는 무료 진료를 마다하지 않고, 그들의 고통에 귀를 기울인다. 병이란 몸에만 있는 것이 아니라 삶 전체에 스며든다는 것을 알기에, 그는 치료의 경계를 넓혀왔다. 이것은 그가 걸어온 삶의 철학, 즉 사람을 중심에 둔 삶의 태도에서 비롯된다.

그에게 의술은 직업이 아니라 사명이고, 문학은 취미가 아니라 또 하나의 치료다. 인술과 시심, 과학과 감성이라는 두 세계를 잇는 다리 위에서 그는 묵묵히 자신의 길을 걷는다. 아픔을 낫게 하는 손, 글로 마음을 건네는 손. 이 두 손이 만나 만들어내는 삶의 향기는 많은 이들에게 치유와 평화를 건넨다.

이상엽 박사는 사람을 고치는 의사이자, 사람을 품는 사람이다. 시를 읽는 마음으로 환자를 보고, 환자를 대하듯 시를 마주하는 그의 삶은 결국 하나의 큰 시이며, 곧 철학이다. 그의 존재가 문학과 인술 사이에 놓인 다리처럼, 세상과 사람을 잇는 따뜻한 길이 되기를 소망한다.

이봉우 장로, 빛은 언제나 안에서부터 시작된다

　이봉우 장로는 외유내강의 진면목을 지닌 인물이다. 첫인상은 깔끔하고 단정하다. 훤칠한 키, 댄디한 네이비 싱글 정장, 윤기 나는 검정 구두, 언제나 미소를 머금은 얼굴. 그러나 그보다 더 인상적인 것은, 그의 내면에서 흘러나오는 신념의 향기다. 겉으로는 온화하되 속으로는 누구보다 단단한 가치 기준을 품은 이. 그가 살아온 길은 '신념'이라는 하나의 키워드로 관통된다.

　이봉우 장로의 삶은 고요한 시냇물처럼 조용하지만, 그 흐름은 깊고도 강하다. 충청도 하늘 아래 첫 동네에서 태어나 독실한 크리스천 부모의 품에서 자란 그는, 모태신앙인으로서 신앙을 일상의 기초로 삼았다. 그의 신앙은 단순히 종교적 행위로 끝나지 않고, 사람을 대하는 태도, 일을 처리하는 방식, 사회 속 자신의 역할에 대한 태도에까지 깊숙이 영향을 미쳤다. 신앙은 그에게 '사람답게 사는 법'이었고, '올곧게 서는 법'이었다.

　그가 국영기업체에서 중역으로 일할 당시, 누구도 감히 쉽게 흉내낼 수 없던 '불편부당함'은 그의 삶의 철학이 드러난 지점이다. 업무를 공정하게 처리한다는 것은 단지 실무 능력을 넘어, 양심의 영역에 발을 딛는 일이다. 그는 타협하지 않았다. 불의에는 단호했고, 투명함으로 스스로를 증명했다. 회사 대표의 두터운 신뢰는 그런 그의 본질을 꿰뚫어본 결과였다.

그러나 이봉우 장로는 성공이나 명예를 삶의 목적으로 삼지 않았다. 그는 세상의 기준이 아닌, 하나님 앞에서의 바른 자세를 삶의 기준으로 삼았다. 서울 세검정중앙교회의 장로로서 그는 헌신과 책임을 조용히, 그러나 꾸준히 실천해 나갔다. 교회와 세상 사이, 성도와 시민 사이에서 그는 동일한 사람으로 존재했다. 말과 삶이 일치하는 사람, 이것이 바로 이봉우 장로의 모습이다.

작가로서 바라보는 그의 삶은 한 편의 산문이자 시다. 문장은 절제되어 있으나 내용은 진하고, 행간은 고요하나 의미는 깊다. 그는 거창한 구호보다 묵묵한 실천을 택했고, 순간의 이익보다 영원한 가치를 좇았다. 그리고 그것이야말로 진정한 품격이자, 사람의 크기라는 것을 보여주었다.

이봉우 장로는 시대의 혼탁함 속에서 흔들리지 않는 나침반과도 같은 존재다. 그의 삶을 통해 작가는 다시금 삶의 방향을 되묻는다. '어떻게 살 것인가', '무엇을 지키며 살아야 하는가'. 그는 대답하지 않지만, 그의 삶이 그 모든 물음에 응답하고 있다. 삶의 격을 높이는 것은 지위가 아니라 자세이며, 빛은 언제나 안에서부터 시작된다는 진실을, 이봉우 장로는 조용히 일러준다.

그는 오늘도 미소를 머금은 얼굴로 묵묵히 걸어간다. 정의와 신념, 사랑과 진실로 다져진 그 길은 결코 사라지지 않을 것이다. 그것이 진정, 신념으로 빛나는 길이다.

하늘이 내린 작은 예수, 최영휘 원장

최영휘 원장은 하늘이 내린 사람이다. 아니, 그보다 더 정확히 말하면 '하늘이 내려준 작은 예수'라 불릴 만한 삶을 살아온 사람이다. 그는 금수저로 태어나 세상의 부러움과 시선을 한 몸에 받으며, 젊은 시절에는 원하는 것을 모두 소유할 수 있었다. 그러나 그 화려한 청춘의 정점에서 찾아온 교통사고는 그의 인생을 송두리째 바꾸는 전환점이 되었다.

45일간의 의식 불명. 그것은 단순한 혼수상태가 아닌, 죽음과 삶의 경계에서 하나님의 손길을 경험한 성스러운 시간이었는지도 모른다. 깨어난 그는 목발을 짚고 다시 걷기 시작했지만, 그 발걸음은 이전과 전혀 다른 방향을 향했다.

그는 몸이 불편한 상황에서도 지금까지 20년 동안 하루도 빠짐없이 지하철에서 복음을 전하고 있다. 쉽지 않은 일이다. 그늘지고 소외된 이들에게 먼저 다가가며, 세상이 외면한 영혼을 따뜻하게 품어주는 그의 전도는 말보다 삶으로 보여주는 메시지였다. 그의 목발은 단순한 보행 도구가 아니라, 고통 속에서도 예수의 길을 따라 걷겠다는 믿음의 상징이었다.

복음 사역과 병행하여 그는 피부관리사로 일하며 생계를 꾸렸고, 낮에는 일하고 밤에는 경희사이버대학교에서 한방의학을 공부했다. 그가 택한 전공은 단순한 기술 습득이 아니라, 사람을 살리고 치유하겠다는 또 하나의 사명이었다. 지금 그는 졸업을 앞두고 있으며, 한층 더 성숙한 지성과 숙련된 기술로 고객을 대하고 있다. 단지 직업인이 아닌, 마음과 몸을 동시에 돌보는 이 시대의 진정한 치유자로 살아가고 있다.

그는 물질보다 가치를 좇고, 성공보다 섬김을 택했다. 소외된 이웃과 사회적 약자를 위한 활동에 늘 앞장서며, 자신의 고통을 자산 삼아 누군가의 아픔에 더욱 깊이 공감하는 삶을 살고 있다. 그런 점에서 그의 철학은 분명하다. 삶이란 내 안의 예수로 살아가는 것, 나누고 섬기며 회복시키는 것이다.

최영휘 원장은 세상의 기준으로는 평범하지 않다. 그는 고난을 특권으로 바꾸고, 상처를 사랑으로 승화시킨 사람이다. 그의 존재 자체가 하나의 복음이며, 살아 있는 설교다. 그는 누구보다 낮은 자리에서 누구보다 높은 사랑을 실천하고 있다. 그야말로 하늘이 내려준 작은 예수이다.

겸손으로 빚은 삶, 시로 드러난 진심, 청민 박철언 시인

  청민 박철언 시인은 한 시대를 풍미했던 인물이다. 그는 강직한 검사로서, 유능한 행정가로서, 그리고 경륜 깊은 정치인으로서 국가의 주요 순간마다 중대한 역할을 해왔다. 정무장관과 체육청소년부 장관, 3선 국회의원 등 굵직한 이력을 지닌 그는, 한국 현대사의 한 축을 온몸으로 지탱한 주역이라 할 수 있다.

  하지만 그가 참으로 빛나는 지점은 이러한 외형적 업적 너머에 있다. 그는 자신의 이름을 앞세우지 않고, 늘 조용히 뒤에서 헌신해온 겸손의 상징이다. 언제나 따뜻하고 부드러운 사람으로, 삶의 권좌보다 사람의 마음을 귀하게 여겨온 인물이다.

  그의 삶은 문학과 결코 떨어질 수 없다. 박 시인은 경북고 시절부터 '청맥'이라는 문학동인에서 활동했고, 서울법대 진학 후에도 시와 문학에 대한 열정을 놓지 않았다. 법과 권력의 길을 걸으면서도 내면의 언어를 잃지 않았던 그는, 삶의 풍파 속에서도 시를 통해 자아를 다잡고 세계를 성찰해왔다. 이는 단순한 취미나 여가의 차원이 아니라, 인간 존재의 본질을 향한 끊임없는 탐구였고, 고단한 세월 속에서 자신을 지탱해온 정신적 중심축이었다.

  그러한 오랜 문학적 열정과 성취는 마침내 우리나라에서 가장 권위 있는 문학상 중 하나인 '윤동주문학상' 수상으로 이어졌다. 윤동주문학상은 단지 시를 잘 쓰는 이에게 주어지는 상이 아니다. 시대를 읽는 통찰력, 인간을 향한 따뜻한 시선, 그리고 깊은 내면의 울림이 함께 어우러진 이에게 수여된다. 박 시인은 이러한 기준을 고스란히 충족한 인물로, 그의 시는 단순한 감상의 영역을 넘어 독자에게 존재의 진실을 되묻고, 사회적 책임을 일깨운다.

그의 시에는 세상과 인간에 대한 깊은 애정이 배어 있다. 현실을 살아가는 사람들의 고통과 상처를 끌어안으며, 그의 언어는 늘 낮은 자리에서 흐른다. 장관이었지만 군림하지 않았고, 국회의원이었지만 권위보다 소통을 택했다. 지금은 변호사로서 조용히 법률 상담을 해주며, 여전히 사람 곁에서 따뜻한 조언자가 되어준다. 그 모든 이력이 하나의 지향으로 모인다. "사람을 향한 삶, 진실을 향한 글."

그의 문학은 경륜에서 비롯된 통찰로 더욱 깊어진다. 화려한 외적 성취에 비해 결코 교만하지 않았고, 늘 자신의 내면을 다듬는 데 더 많은 시간을 들였다. 그는 시를 통해 자신을 비우고, 타인의 삶에 귀 기울이며, 세상의 격랑을 넘어서려 했다. 그러기에 그의 문학은 고통 속에 핀 연꽃처럼, 고요한 감동과 위안을 독자에게 안겨준다.

박철언 시인의 삶의 철학은 겸손과 진심, 그리고 지속적인 성찰에 있다. 그는 권력보다 사람을, 성공보다 진실을, 명예보다 문학을 가까이 했다. 그런 삶의 궤적이야말로 오늘날 우리에게 가장 필요한 길이며, 윤동주문학상이 그의 손에 쥐어진 것은 너무도 자연스러운 귀결이다. 겸손과 온기로 다져진 그의 노정은 문학과 인생이 어떻게 하나로 이어질 수 있는지를 보여주는 소중한 본보기다.

영원의 교육자, 말의 집을 세우신 분께, 전제현 선생님

한 사람의 말이 세상을 바꾸는 일은 드물지만, 한 사람의 '삶'이 다른 이의 운명을 바꾸는 일은 오래 남습니다. 말보다 깊게 스며드는 눈빛, 지식보다 온전히 전해지는 인격, 그리고 침묵 속에서 빛나는 격려로 누군가의 미래를 밝혀준 존재. 바로 그분이, 전제현 교장 선생님이십니다.

1929년 평북 정주에서 태어나신 선생님은 올해 아흔여섯의 시간을 품고 계십니다. 군인이셨고, 교육자셨으며, 문필가로서의 겸허한 지성도 잃지 않으셨던 분. 선생님은 단지 서울 오산고등학교의 교장이셨던 것이 아니라, 문(文)과 무(武)를 아우른 이 시대의 드문 덕장이셨으며, 무엇보다 하나님을 삶으로 섬기신 참된 신앙인이셨습니다.

저는 군 생활 중, 전제현 장군님의 당번병이었습니다. 스무 살 무렵, 운명처럼 그분의 곁에 서게 되었고, 3년 동안 곁에서 차를 따르고 구두를 닦으며, 단지 병사로서가 아니라 사람으로서의 품격과 자세를 배웠습니다. 제대를 앞두고 선생님은 조용히 제 손을 잡고 말씀하셨습니다. "듣기에, 자네 아버지가 안 계신데, 내가 자네 아버지가 되면 안 되겠나! "
그것은 혈연보다 깊은 은혜이자, 한 생을 바꾼 조용한 입양의 언어였습니다.

저는 세 살 때 친아버지를 여의고 아버지의 얼굴조차 기억하지 못하는 아이였습니다. 그런 제게 선생님은 육신의 아버지 그 이상으로, 삶의 길을 보여주신 분이셨습니다. 말보다 앞서 삶으로 가르치셨고, 훈육보다 기도로 이끄셨습니다. 선생님의 등 뒤에서 저는 '사람이 된다는 것'이 무엇인지를 배웠습니다.

그로부터 수년 후, 제가 서울 오산고등학교의 국어교사로 부임했을 때, 선생님은 그곳의 교장이셨습니다. 젊은 교사가 학생들과 문예반을 꾸리고 윤동주와 백석을 가르치며 교실을 시의 온기로 채우는 모습을, 선생님은 한없이 따뜻하게 바라봐 주셨습니다. 그때도 선생님은 말 없이 등을 내어주셨고, 멀리서 묵묵히 지켜보시며 용기를 보내주셨습니다.

오늘날 저는 『한국청람문학』이라는 이름으로 문학의 공간을 세웠습니다. 그리고 그 첫 창간호에, 아흔을 훌쩍 넘긴 선생님께서 친히 축사를 보내주셨습니다. 그 문장은 단지 축하의 글이 아니었습니다. 문학의 본질을 다시 묻는 철학이었고, 언어 위에 인간이 어떻게 살아야 하는지를 밝히는 인격의 윤곽이었습니다. 고요하지만 강했고, 짧지만 깊었습니다.

전제현 선생님은 지금도 90대 중반의 사모님과 함께 천천히 백 년을 향해 나아가고 계십니다. 그 부부의 삶은 한 편의 시이며, 더 나아가 삶으로 완성된 한 권의 경전입니다. 선생님은 김형석 선생께서 106세의 지성으로 시대를 비추듯, 96세의 믿음과 겸손으로 우리 곁에 조용히 진리를 증언하시는 분이십니다.

문학은 결국 '기억될 사람'이 남긴 말의 집입니다. 저는 『청람문학』이라는 조용한 공동체 안에 선생님의 품격과 인격, 신앙과 침묵의 사랑을 담겠습니다. 그 말씀과 삶을 더 오래, 더 깊이 새기겠습니다.

선생님, 하나님이 당신 안에 계셨기에, 우리는 당신 곁에서 '사람이 되는 연습'을 지금도 하고 있습니다. 제가 문학으로 갚을 수 있는 은혜는 결코 충분치 않겠지만, 그 길의 정성을 멈추지 않겠습니다.

이종식 작가, 웃기지만 진지한, 진지하지만 웃기는

　이종식 작가는 한마디로 정의하기 어려운 사람이다. 리처드 기어나 클린트 이스트우드를 닮았다는 말이 종종 들려오는데, 본인도 그 이야기를 꽤 즐기는 눈치다. 누군가 그렇게 말해주면 민망한 듯 웃지만, 속으론 "뭐, 닮은 구석이 없진 않지"라고 스스로 수긍하는 듯하다. 외모만큼이나 성격도 다채롭다. 무심한 농담으로 사람들을 웃게 만들다가도, 어느 순간 깊은 이야기를 꺼내며 분위기를 단숨에 바꾼다. 그 안에는 유쾌함과 진중함이 공존하며 묘한 매력을 자아낸다.

　학창 시절엔 공부에 특별히 매달리는 모습을 보기 어려웠다. 교과서보다 세상과 친구에 더 관심이 많았고, 책상보다는 운동장이나 복도에 더 익숙해 보였다. 하지만 막상 시험을 보면 늘 상위권에 이름을 올렸다. 밤새워 벼락치기한 친구들은 그를 보며 허탈해했고, 선생님들은 "언제 공부한 거냐"며 갸우뚱하셨다. 그의 대답은 늘 간단했다. "그냥 느낌으로 했지." 그 말은 농담 같지만, 어쩌면 직관과 감각에 대한 자신감이 담긴 삶의 방식이었는지도 모른다.

　사업 역시 그런 감각과 뚝심으로 이끌어왔다. 경영학을 정식으로 배우진 않았지만, 실전에서는 누구보다 냉철하고 빠르게 판단한다. 사람을 대하는 태도 또한 탁월하다. 한 번 마음을 준 사람에겐 끝까지 의리를 지키고, 무슨 일이 있어도 함께한다. 그래서 '조폭보다 의리가 강한 사람'이라는 별명이 따라붙는다. 물론 그는 결코 무서운 사람이 아니다. 다만, 곁에 있으면 괜히 든든해지는 사람, 말보다 행동이 먼저인 사람이다. 큰소리 없이도 큰일을 해내는, 묵묵한 추진력의 소유자다.

청람 문학회에서도 그는 묵묵한 기둥이다. 회의가 싸하게 흘러갈 때면 뜻밖의 한마디 농담으로 모두를 웃게 만들고, 분위기를 부드럽게 바꾼다. 누구 하나 지쳐 있는 기색이 보이면, 티 내지 않고 조용히 다가가 위로를 건넨다. 그의 유머는 결코 가볍지 않다. 삶을 살아본 사람만이 가질 수 있는 여유에서 비롯된 것이며, 사람을 향한 애정에서 우러난 따뜻한 농이다.

이종식 작가는 사람을 있는 그대로 받아들인다. 겉모습이나 배경보다 그 사람의 속마음을 보려 한다. 그의 철학은 대단한 이론서가 아니라, 평범한 일상에서 묻어나는 실천 속에 담겨 있다. 말로 훈계하지 않고, 행동으로 보여주는 사람. 그래서 그의 곁에 있는 이들은 자연스레 그의 태도를 닮아간다. 조용히, 꾸준히, 그리고 유쾌하게.

그의 존재는 '앞에 나서지 않아도 중심을 잡는 사람'이라는 말로 요약할 수 있다. 스포트라이트는 멀리하면서도, 그 자리에 있는 것만으로도 모두를 안정시키는 힘이 있다. 청람 문학회가 더욱 끈끈하고 단단하게 이어질 수 있는 이유도, 그가 한걸음 물러서서 중심을 지켜주고 있기 때문이다.

결국 이종식 작가의 삶은 보여주기 위한 인생이 아니라, 스스로 살아내는 인생이다. 누군가는 유쾌함으로 기억하고, 누군가는 진중함으로 기억하지만, 모두가 공통적으로 느끼는 건 '함께 있으면 괜히 마음이 따뜻해진다'는 감정이다. 웃기지만 진지하고, 진지하지만 또 웃기는, 이종식 작가는 그런 인생의 멋을 아는 사람이다. 그리고 그 멋은 주변을 자연스럽게 물들인다. 함께할수록 삶이 괜히 좋아진다.

조용히 깊어지는 사람, 김재관

김재관은 눈에 띄는 사람이 아니다. 그러나 오래 두고 바라볼수록 진가를 드러내는 사람이다. 시끄럽게 자신을 드러내지 않고, 늘 한 발 물러서 있지만, 그의 존재는 사람들 사이에서 조용히 중심을 잡는다. 말보다 마음이 먼저 앞서고, 주장보다 경청을 먼저 실천하며, 앞에 서기보다 곁에 머무르기를 택하는 사람. 그는 삶의 소음을 경계하며, 진심과 신뢰라는 단단한 바탕 위에 조용한 관계의 집을 지어온 이다.

그는 인간 관계의 본질이 무엇인지를 몸으로 증명해온 사람이다. 맑은 눈빛 속엔 고요한 생각이 흐르고, 타인의 말에 쉽게 흔들리지 않으며, 언제나 따뜻한 질서를 지켜낸다. 단순히 성실하다는 표현으로는 다 담기지 않는다. 그는 언제나 관계를 정성스럽게 가꾸고, 한 사람 한 사람을 소중히 기억하며, 오랜 시간 함께한다는 것이 어떤 의미인지 삶으로 말해왔다. 그에게 있어 친구란 한순간의 친밀감이 아니라, 시간을 견디며 함께 늙어가는 존재다.

그가 만들어내는 분위기에는 자연스러운 신뢰가 깃든다. 사람들은 그의 말보다는 그의 침묵에서 안심을 얻고, 그의 조용한 배려 속에서 위로를 받는다. 화려한 언변이나 인위적인 친절 없이도 그는 언제나 공동체 안에서 중심을 이룬다. 그 중심은 명령하거나 이끄는 중심이 아니라, 묵묵히 받쳐

주는 중심이며, 기댈 수 있는 사람이라는 존재의 무게에서 비롯된다.

김재관의 또 다른 미덕은 변함없는 자세다. 세월이 흘러도 그는 자리를 지키고, 시대가 바뀌어도 자신의 태도를 바꾸지 않는다. 삶의 격류 속에서도 중심을 잃지 않고, 흔들리지 않는 자세로 자신과 타인을 품는다. 청람문학회라는 공간 안에서 그는 단순히 문학의 동인이 아니라, 진실한 사람됨을 드러내는 증인이다. 글보다 앞서는 인품, 언어보다 깊은 묵상, 그가 지닌 문학성은 결국 그의 삶 그 자체에서 비롯된다.

이제 그는 '문우'라는 이름으로 또 하나의 길을 걷고 있다. 문학을 삶의 마지막 여백이 아니라, 새로운 시작의 도구로 삼으며, 친구와 함께 '정직한 집 한 채'를 짓고자 한다. 이것이 그가 문학을 대하는 태도이자, 인생을 대하는 태도다. 허망한 명예나 외적인 성취보다, 진심을 담은 한 문장, 신뢰를 담은 한 구절로 사람과 사람을 잇는 것이 그가 지향하는 길이다.

김재관은 삶을 떠들지 않지만, 그 삶의 울림은 깊고 길다. 그는 사람 사이의 고요한 물줄기처럼 흐르며, 마르지 않는 관계의 강을 만든다. 사람됨이 문학보다 앞설 수 있음을, 그리고 진실한 관계가야말로 가장 아름다운 기록이 될 수 있음을 그는 증명하고 있다.

그와 함께하는 삶은 언제나 담백하고, 깊으며, 따뜻하다. 이보다 더 귀한 인물평이 있을까. 김재관은, 그렇게 조용히, 그러나 확고하게 자신의 길을 걷고 있는 중이다.

보이지 않는 울림을 좇는 사람, 김철삼

김철삼 교수는 다채로운 삶의 궤적 속에서도 일관된 철학을 지켜온 인물이다. 경복고등학교 시절부터 그는 총명하고 다재다능한 학생이었다. 학문에 뛰어났을 뿐 아니라, 역도반 활동을 통해 '미스터 경복'이라는 별칭을 얻을 만큼 남다른 체력을 자랑했다. 동시에 예술적 감성도 풍부하여 신촌골 '독수리' 터전에서 음악 콘서트 대상 수상이라는 이력을 남겼고, 그 실력으로 황인용의 '밤을 잊은 그대에게' 로고송을 1년간 부른 프로 가수로 활동하며 수많은 청중의 마음을 사로잡았다.

그러나 부모님의 뜻을 존중하며 음악의 길을 뒤로하고, 미국 유학을 통해 국제금융학 박사 학위를 취득한 그는, 지금은 모교에서 경제대학원 교수로서 후학을 양성하고 있다.

이러한 이력만 놓고 보아도, 김 교수는 한 영역에 안주하지 않고 학문과 예술, 육체적 훈련까지 두루 통달한 전인적 인물이다. 하지만 그를 더욱 빛나게 하는 것은, 그런 외형적 성취 너머에 있는 '삶의 태도'이다. 그는 여전히 순수한 동심을 간직한 채 자전거를 타고 두물머리와 교외를 돌며 삶을 관조한다.

말, 글, 그리고 파장'이라는 산문에서 드러나듯, 김 교수는 인간과 세계를 보는 시선을 섬세하게 다듬어왔다. 겉으로 보이는 말과 글을 넘어서, 그 속에 숨어 있는 미세한 진동, 곧 파장을 읽어내는 능력은 그의 깊은 성찰과 감수성에서 비롯된다.

학생의 답안지 속에서 드러난 작고 흔들리는 감정선, 의도치 않은 고민의 자취를 감지해내고, 그것을 진심 어린 말 한마디로 위로하는 김 교수의 모습은 단순히 지식을 가르치는 교수를 넘어 삶을 가르치는 스승의 표상이라 할 만하다. 그는 언어가 전달하는 정보 그 이상의 것을 믿는다. 말과 글이 머무는 자리에 생기는 여운, 그 흔적을 통해 진정한 소통이 이루어진다고 여긴다.

그의 철학은 곧 '보이지 않는 것의 중요성'이다. 파장은 물리적 실체가 없지만, 마음을 움직이는 가장 본질적인 진동이다. 김 교수는 바로 이 파장의 감도를 예민하게 유지한 채 살아간다. 누군가의 침묵 속에도, 망설임 속에도, 문장 너머의 떨림 속에도 마음을 여는 사람이 김철삼 교수다.

결국, 김철삼 교수의 삶은 '울림'이라는 단어로 요약될 수 있다. 학자로서, 예술가로서, 또 사색가로서 그는 자신이 쓰는 말과 글이 어떤 파장을 남길지 항상 고민한다. 단 한 문장, 한마디 말이 누군가의 삶을 바꿀 수 있다는 믿음을 지닌 그는, 오늘도 세상 속의 작고 고요한 파장에 귀 기울이며 자신의 길을 묵묵히 걷는다. 그것이 그가 가르치고 살아내는 삶의 철학이며, 우리 모두가 배우고 닮고 싶은 인간의 모습일 것이다.

천사의 마음으로 피워낸 사랑의 식탁, 서지숙 사모님

　한 여인이 있다. 미스코리아조차 고개를 숙일만한 아름다움을 지녔지만, 그녀의 진짜 빛은 얼굴이 아닌 마음에서 피어난다. 서지숙 사모님. 큰사랑교회를 섬기시는 이인수 목사님의 사모이며, 누구보다 겸손하게 하나님의 사랑을 삶으로 실천해 온 분이다.

　지하의 작은 공간, 햇살조차 아껴 비추던 개척교회에서 그녀의 신앙은 시작되었다. 화려함과는 거리가 먼 그 자리에서, 사모님은 작은 것 하나에도 감사하며, 한결같은 믿음으로 교회를 지켰다. 추운 겨울이면 낡은 전기장판 위에서 기도했고, 무더운 여름에는 찬 바닥을 닦으며 성도들을 맞이했다. 사모님의 헌신은 말없이 흐르던 눈물 속에서도, 조용히 건네는 따뜻한 밥 한 공기 속에서도 진하게 묻어난다.

　열악한 환경 속에서도 시댁 어르신을 정성껏 섬기고, 성도들의 필요를 누구보다 먼저 헤아리는 그 마음은 천사의 마음이다. 작은 일에도 정성을 다하며, 자신보다 남을 먼저 생각하는 삶. 사랑이란 이름이 사람의 형체를 입는다면 바로 그런 모습일 것이다.

　예배가 끝난 후, 사모님이 손수 준비한 식탁은 그야말로 성찬이다. 메뉴가 특별해서가 아니라, 그 안에 담긴 정성과 기도가 남다르기 때문이다. 밥과 국, 반찬 하나하나에 담긴 사랑은 배고픔을 채우는 것을 넘어 마음까지 따뜻하게 만든다. 한 끼 식사가 곧 하나님의 위로요, 복음의 증거가 된다.

사모님의 삶은 사람의 눈에 띄기보다는 하나님 앞에서 더욱 빛난다. 외모의 아름다움은 시간이 지나며 흐려지지만, 그분의 신실한 믿음과 섬김의 발자취는 세월이 갈수록 더 또렷해진다. 교회의 구석구석, 성도의 가정마다 그녀의 기도와 사랑이 스며 있다.

세상이 보기엔 작은 여정일 수 있으나, 하나님께는 위대한 여정이다. 그런 여정을 묵묵히 걸어오신 서지숙 사모님. 그 이름 석 자는 곧 사랑이며, 헌신이며, 믿음이다. 그리고 오늘도 그녀는 말없이 누군가의 손을 잡아주고 있을 것이다. 그 손끝에 닿는 온기는 바로 천국의 온도일지 모른다.

탁구채 대신 국자를 든 챔피언 이명자

물 한 바가지 퍼올려 밥 짓고, 김치 썰어 찌개 끓이고, 밥상 펴는 손길이 천하장사다. 이명자 선생님, 주방의 여왕이자 살림의 달인. "못하는 게 뭐예요?"라고 물으면, 그녀는 잠시 눈을 굴리고는 대답한다.

"글쎄… 놀 줄은 좀 모른다?" 그 말이 농담인지 진담인지 알 수 없지만, 어쨌든 그녀는 일당백이다. 수십 명의 손님이 와도 당황하지 않고 솥뚜껑 열고, 주걱 돌리며 한 상 가득 차려낸다. 상다리가 부러질까 염려될 만큼 푸짐하다. 그녀의 손은 재주 많은 마술사 손이요, 그녀의 미소는 "이 정도쯤이야"라는 대장부의 여유다.

늘 사람들에게 묻는다. "아니, 어떻게 그렇게 혼자 다 하세요?" 그녀는 어깨를 한번 으쓱하고 대답한다. "까짓 것, 간단하게 멋지게 해결하지 뭐." 그 한마디가 마치 구호처럼 들린다. 혼잣말처럼 중얼거리지만, 듣는 사람은 자신도 모르게 용기가 난다. 어려운 일 앞에서 움츠러들 틈도 없이 "명자 선생님처럼만 하자!" 하고 다짐하게 된다.

이토록 멋진 품성은 어디서 나왔을까? 사실 그녀는 한때 국가대표급 탁구 선수였다. 합숙훈련 중 다친 부상이 아니었다면, 지금쯤 세계 무대에서 태극마크를 달고 활약했을 인물이다. 그녀와 함께 훈련하던 동기들은 진짜 국가대표가 되어, 국제대회에서 대한민국의 이름을 알렸다. 그때 그녀가 선택한 건 원망이 아니라 축하였다. "나는 여기까지였던 거지, 너희는 끝까지 갔으니 잘됐다." 그 말은 담담하지만, 쉽게 할 수 있는 말이 아니다. 진짜 큰 사람만이 남의 빛나는 자리 앞에서 진심으로 박수칠 수 있다.

그녀는 지금도 살아 있는 효의 표본이다. 90 넘으신 아버지를 모시며, 하루도 허투루 보내지 않는다. 밥 한 끼, 옷 한 벌, 병원 한 번—모든 것에 정성을 다한다. 단순한 책임감이 아니다. 진심이고 사랑이다. 누구는 효도라 하면 부담부터 느끼지만, 그녀는 "당연한 거지, 누가 안 해?" 하며, 오늘도 아버지 약 봉투를 챙기고, 반찬통을 쌓는다.

그녀를 설명하려면, 탁구선수, 살림 고수, 효녀, 강철 체력의 주부, 이 모든 단어가 다 필요하다. 그러나 무엇보다, 그녀는 '대인배'다. 자신이 못 이룬 꿈을 남의 성공으로 완성시키고, 아무리 힘들어도 미소로 마무리짓는 사람. 어떤 일이든 "간단하게 멋지게" 해결해내는 그녀에게 사람들은 오늘도 감탄한다.

이명자 선생님, 그녀의 이름 앞엔 어떤 수식어도 모자라다. 살아 있는 명문(名文)이다.

겸손이라는 아름다움을 가장 잘 입은 사람, 김미동

김미동 선생님을 처음 만나는 사람은 으레 이렇게 말하곤 한다. "선생님, 소녀 같으세요." 세월이 흐르며 많은 것이 바뀌고 사라져도, 선생님께서만은 예쁜 소녀의 미소가 여전히 머물러 있다. 주름 사이로 번지는 그 미소에는 세월이 덧입힌 깊이가 있어 더 귀하고 아름답다. 단아한 말투와 조용한 몸가짐, 사람을 편하게 하는 눈빛. 그 모두가 합쳐져 '소녀 같은 분'이라는 말을 더욱 설득력 있게 만든다.

하지만 선생님의 진짜 아름다움은 그 겉모습에만 머물지 않는다. 마음은 비단결처럼 고와서, 누군가 옆에 다가가기만 해도 조심스러워질 만큼 섬세하다. 무언가를 부탁드리면 "내가 뭘요" 하며 손사래를 치시지만, 정작 필요한 손길은 가장 먼저 내밀어 주시는 분이다. 그런 온기 어린 마음은 사람을 편안하게 녹이고, 때로는 지친 마음을 말없이 감싸준다.

선생님은 영문학을 전공하고, 오랫동안 학교에서 아이들을 가르치셨다. 영어라는 낯설고 딱딱한 언어를 누구보다 따뜻하고 정감 있게 풀어내며, 지식을 전달하는 동시에 마음까지 살뜰히 돌보았다. 교과서는 차가운 활자로 가득했지만, 선생님의 수업은 늘 따뜻한 온기를 머금고 있었다. 아이들에게는 단순한 영어 선생님이 아니라, 인생을 함께 걸어주는 따뜻한 동반자였다.

그런 선생님의 또 다른 얼굴은 '집사님'이다. 교회 안팎으로 묵묵히 자신의 자리를 지키며, 하나님 앞에서 언제나 겸손한 자세로 살아가신다. 겉으로 드러내지는 않지만, 그 믿음은 삶의 구석구석에서 자연스럽게 빛난다. 새벽 예배의 어둠 속에서도, 조용한 봉사의 자리에서도, 선생님은 늘 자신보다 이웃을 먼저 생각하며 행동하신다.

가정에서도 선생님은 모범이 되신다. 따뜻한 남편과의 평화로운 동행, 서로를 향한 배려와 존중, 그리고 소소한 일상을 소중히 여기는 마음까지. 무엇 하나 과하거나 모자람 없이, 꼭 필요한 만큼의 행복을 정갈하게 가꿔오셨다. 그런 일상이야말로 진정한 부유함이 아닐까 싶다.

놀라운 것은 이 모든 것을 지니고 계시면서도 선생님은 결코 자신을 드러내지 않는다는 점이다. 언제나 조용히, 낮은 곳에서 웃으며 사람들을 섬기신다. 누군가의 아픔에 가장 먼저 다가가고, 누군가의 기쁨에 진심으로 박수쳐 주는 사람. 그 모습은 흡사 오랜 시간 바람과 햇살을 받아 스스로 빛을 내는 들꽃 같다.

김미동 선생님.
겸손이라는 아름다움을 가장 잘 입은 사람.
소녀의 웃음에 학자의 눈빛을 가진 분.
그런 선생님이 있어 이 세상이 훨씬 더 따뜻하다.

한 편의 시처럼 살아온 사람, 주광일

　세상에는 말보다 침묵으로 더 많은 것을 전하는 사람이 있다. 높이보다는 깊이로, 권위보다는 온기로 사람의 마음을 움직이는 존재가 있다. 주광일 시인은 바로 그런 사람이다. 그는 시인 이전에, 법조인이기 이전에, 한 사람의 온전한 인간으로서 이미 그 자체로 하나의 시가 되었다.

　주광일이라는 이름은 권위와 명망의 상징일 수 있다. 서울고검장, 고충처리위원장 등 누구나 부러워할 자리를 두루 거쳤지만, 그는 그 모든 타이틀을 가볍게 벗어던질 줄 아는 사람이다. 그는 세속의 무게를 품되 결코 그 무게에 기대지 않았다. 오히려 삶의 구체적인 장면들 속에서 누구보다 낮은 자리에 앉아, 타인을 섬기는 삶을 살아왔다.

　그의 문학적 기원은 남다르다. 경기고 시절부터 이미 이어령 선생에게 '문학 귀재'라 불리며 시인의 혼을 인정받았고, 서울법대 시절에도 그 불꽃을 꺼뜨리지 않았다. 법조인의 길을 걸으면서도 그는 펜을 놓지 않았다. 그에게 글쓰기는 사치가 아니라 존재의 방식이었다. 법과 정의를 따르며도, 인간의 고통을 시로 노래하는 눈을 잃지 않았다.

　그러나 그 무엇보다도 그를 존경하게 하는 것은, 바로 그의 '사람됨'이다. 어느 모임에서든 그는 결코 앞자리를 차지하지 않는다. 후배가 다리를 다쳐 힘들어할 때, 조용히 짐을 들어주고 이부자리를 마련해주며, 말없이 곁을 지키는 사람이다. 그것은 단순한 친절이나 배려를 넘어선 행위다. 그것은 품격의 증명이며, 인격의 무게다.

그는 후배를 자식처럼 여기고, 문우를 가족처럼 아낀다. 나이 열여섯 차이나는 후배에게도 '함께 걷는 동행'으로 손을 내밀고, 그 손을 잡아주는 사람이다. 그는 스승보다 더 큰 울림으로, 부모보다 더 다정한 마음으로 다가와준다. 말 한마디보다 손짓 하나가, 미소 하나가 더 깊은 교훈이 되는 사람이다.

그와 함께한 시간 속에서 나는 '인간의 품격'이라는 말의 뜻을 비로소 체득한다. 그의 곁에 서면, 사람은 자신도 모르게 고개를 숙인다. 그 숙임은 단지 존경의 표현이 아니다. 그 앞에 서면 누구나 본래의 자신을 성찰하게 되고, 사람으로서 마땅히 지켜야 할 무언가를 떠올리게 된다.

주광일 시인은 글을 통해 시를 쓰는 사람이 아니다. 그는 살아 있는 모든 시간 속에서 이미 시를 살고 있다. 그의 침묵은 하나의 행간이 되고, 그의 발걸음은 한 편의 운율이 된다. 그는 다만 쓰는 시인이 아니라, 존재로서 시가 된 사람이다.

이 시대는 많은 말을 하지만, 진정성은 드물다. 많은 글이 넘쳐나지만, 진실은 희박하다. 그런 세상에서 주광일 시인은 조용히 살아낸다. 빛나기보다는 따스하고, 드러나기보다는 스며든다. 그의 삶은 등불처럼 곁에 놓이고, 바람처럼 조용히 곁을 어루만진다.

주광일이라는 사람을 만났다는 사실, 그 자체가 이미 하나의 문학이 된다. 그는 시처럼 와서, 시처럼 살아가고, 시처럼 남는다. 그리고 나는 오늘도 마음속에 한 줄을 새긴다.

"그는 단지 시를 쓴 사람이 아니라, 한 편의 시로 살아낸 사람이다."

삼국지에 통달한 후덕한 지혜인, 김광오

김광오 선생을 말하려면 먼저 삼국지를 말해야 한다. 혹자는 말한다. "삼국지를 일곱 번 읽은 사람과는 말을 하지 말라"라고.

그는 삼국지를 수십 이상 읽었다.

하여, 그의 말은 허세가 아니라, 삶을 꿰뚫는 전략과 전술의 깊이를 체득한 사람만이 나눌 수 있는 지혜의 언어다. 그에게 삼국지는 단순한 고전이 아닌 삶의 교과서이며, 시대를 꿰뚫는 인간 통찰의 보고이다.

조조의 결단력, 유비의 인의 정신, 손권의 균형 감각. 그는 이 세 인물과 동시대를 살아가는 사람처럼 그들의 사고방식과 처세, 인간관계를 몸으로 체화했다. 그가 삼국지를 거듭 읽으며 얻은 것은 단지 지식이 아니다. 그것은 사람을 대하고, 상황을 판단하고, 조직을 이끄는 데 있어 흔들림 없는 중심을 형성해주었다. 그 중심은 '사람을 품는 일'에 닿아 있다.

김광오 선생의 인간됨은 그가 삼국지에서 길어 올린 덕목의 집약체다. 그는 후덕하다. 마음이 바다처럼 넓고, 누구의 말도 끝까지 들어준다. 자신과 생각이 다르더라도 배척하지 않고, 늘 "그럴 수도 있지"라며 품어내는 너그러움이 있다. 그래서 사람들은 그를 시골 마을의 이장 같다고 부른다. 실제로도 그 별명이 그의 삶을 설명한다.

마치 낡은 잠바에 새마을 모자, 구겨진 넥타이 하나 걸친 수더분한 이장의 바로 그 모습이다. 그것이 김 선생이 세상과 마주하는 방식이다.

 그러나 그의 삶은 단순한 소탈함으로 끝나지 않는다. 그는 유수 공기업 KT에서 중역으로 재직하며 굵직한 책임을 맡았고, 그 자리에서도 삼국지의 전략과 통찰을 실천에 옮겼다. 그는 조직의 균형을 유지하면서도 구성원을 품는 리더였다. 권위보다 공감을 우선했고, 실적보다 사람을 중시했다. 그래서 그를 따르던 이들은 그를 리더가 아닌 '어른'으로 기억한다.

 김광오 선생의 삶은 우리에게 한 가지 철학을 던진다. '리더는 사람을 이끄는 자가 아니라 품는 자'라는 가르침이다. 이는 삼국지의 시대를 관통했던 진정한 영웅의 모습이자, 오늘의 시대에도 필요한 리더십의 본보기다. 김 선생은 지금도 삼국지를 곁에 두고, 매일의 삶을 그 안에서 배우며 살아간다. 세상이 변해도 본질은 바뀌지 않는다는 믿음으로, 오늘도 그는 사람을 품고 길을 내고 있다.

청람 문학회의 청지기, 백영호 선생의 문학과 삶

  청람 문학회에는 늘 조용히 중심을 잡아주는 한 사람이 있다. 궂은일을 마다하지 않고 묵묵히 헌신하며 회원들을 따뜻하게 맞이하는 이, 바로 백영호 선생이다. 그는 청람 문학회의 살림꾼이자 기둥이며, 보이지 않는 곳에서 회를 지탱하는 진정한 청지기다. 그의 행보는 단지 문학회의 운영에 그치지 않는다. 문학에 대한 열정과 헌신이 그의 삶 전반에 걸쳐 고스란히 배어 있다.

  백영호 선생의 시는 마치 자연의 숨결처럼 스며든다. 그가 한 작품을 완성하는 데는 시간이 오래 걸리지 않는다. 단박에 써내려가는 솜씨는 그만의 직관과 통찰, 그리고 삶 속에서 길어올린 언어의 힘 덕분이다. 아침에 눈을 뜨면 서너 편의 시가 청람문학회 밥상에 차려지고, 회원들은 그의 시로 하루를 연다. 그에게 시는 일상이자 호흡이며, 자연과의 교감 속에서 피어나는 생명의 언어다.

  자연은 그의 삶의 일부다. 조경학을 전공한 그는 대학에서 후학을 양성하며, 자연과 인간이 조화를 이루는 삶의 가치를 가르쳐왔다. 그는 단순히 나무와 꽃을 가꾸는 기술자가 아니라, 그 속에서 삶의 철학을 읽어내는 시인이다. 계절의 순환 속에서 아름다움과 무상함을, 잎사귀의 떨림 속에서 존재의 의미를 발견해낸다. 그래서 그의 시는 소박하면서도 깊고, 평범한 말

속에서도 큰 울림을 전한다.

　백영호 선생의 삶의 철학은 '겸손한 헌신'에 있다. 그는 앞에 나서기보다는 뒤에서 조용히 이끌고, 자신의 수고를 드러내기보다는 남의 수고를 먼저 알아본다. 그의 문학은 영웅적 희생정신이 스며 있는 고요한 기술이며, 그 정성과 성실함은 청람문학회라는 공동체를 더욱 따뜻하게 만든다. 문학이라는 밭을 묵묵히 일구는 농부처럼, 그는 시의 씨앗을 뿌리고, 마음을 다해 가꾸어간다.

　이제 우리는 질문한다. 이런 분을 그저 지나쳐도 되는가? 그의 헌신과 문학적 기여는 충분히 존경받고 조명받아야 한다. 그래서 우리는 백영호 선생을 문화예술 위원회 위원장 수상자로 상신하고자 한다. 그가 걸어온 길은 단지 한 사람의 문학 인생을 넘어, 시대의 정직하고 따뜻한 예술혼을 보여주는 귀한 기록이기 때문이다.

　청람 문학회의 청지기, 백영호 선생. 그의 시와 삶은 오늘도 우리에게 고요한 울림을 준다.

노태숙, 따뜻한 예술혼과 삶의 철학이 빛나는 존재

노태숙 선생은 단지 글을 잘 쓰는 문학인이 아니다. 그는 성악가로 무대에 올라 관객의 가슴을 울리고, 펜화 작가로서 섬세한 감성과 치밀한 시선을 그림에 담아낸다. 그의 예술은 장르를 넘나들고, 감동은 경계를 허문다. 이처럼 노태숙 선생은 음악과 미술, 문학을 아우르는 예술의 종합체이자, 그 모든 활동 속에 인간에 대한 애정과 철학을 실천하는 '살아 있는 예술가'다. 그의 삶은 언제나 예술과 함께였고, 예술은 곧 그의 인격이었다.

그의 글은 처음엔 유머와 위트로 독자의 마음을 연다. 그러나 곧 깊은 울림을 남기는 사색과 공감으로 이어지며, 무심한 듯 따뜻한 손길로 독자의 내면을 어루만진다. 이는 단지 문장력의 문제가 아니다. 그는 삶을 진심으로 대하는 사람이다. 언어를 삶의 숨결처럼 다루며, 말보다 마음을 앞세운다. 무심한 농담조차 철저한 배려와 공동체에 대한 애정에서 비롯되며, 글은 그 자체로 관계 맺기의 도구이자 살아 있는 예술로 작용한다.

그는 자신을 내세우지 않으면서도 늘 주변을 빛나게 한다. 말보다 침묵을, 설명보다 행위를 중시하고, 스스로 한 발 물러나 타인을 환하게 조명해준다. 청람 공동체 안에서 그는 시끌벅적한 말 뒤에 고요히 미소 짓는 존재이며, 남들이 놓친 아름다움을 조용히 가리키는 손끝이다. 이러한 태도는 그의 확고한 삶의 철학에서 비롯된다. "인간은 서로를 따뜻하게 해야 한다"

는 단순하지만 실천하기 어려운 진리를 그는 일상으로 살아낸다.

노태숙 선생의 품성은 단단하면서도 부드럽고, 정중하면서도 자유롭다. 예술과 공동체, 인간관계를 별개의 것으로 보지 않고, 그것들이 모두 연결되어 있다는 깊은 통찰을 지닌다. 그에게 있어 문학은 삶의 연장이며, 예술은 이웃을 사랑하는 방법이다. 그가 말하고 쓰는 모든 언어의 중심에는 '사람'이 있다. 그는 경계를 짓지 않고, 차이를 내세우지 않으며, 누구든 있는 그대로 품는다. 그것이 그를 특별한 존재로 만든다.

그의 예술혼은 아들에게도 이어졌다. 선생의 아들은 국내 최고의 대학에서 성악을 전공하며, 대한민국을 대표하는 성악가로 성장하고 있다. 이는 단순한 재능의 유전이 아니다. 그것은 따뜻하고 정직한 예술관, 진실을 말하고 사람을 향하는 노태숙 선생의 삶이 고스란히 물려진 결과다. 모친의 곧은 삶과 예술에 대한 사랑이 자식에게 자연스레 스며들었고, 그것이 한 사람의 예술가를 만들어냈다.

이처럼 노태숙 선생은 혼자 빛나는 이가 아니다. 그는 주변을 밝히는 이다. 공동체의 지붕이자 기둥이고, 문장의 어머니이며, 따뜻한 마음으로 사람들을 잇는 다리다. 무대 위의 주인공이기보다는 무대를 따뜻하게 조명해주는 조명사에 가까운 그는, 늘 중심에 있으면서도 중심을 내어주는 미덕을 지녔다.

노태숙 선생을 아는 것은, 사람이 얼마나 고운 존재일 수 있는지를 아는 일이다. 그의 삶은 곧 하나의 수필이며, 그의 존재는 예술 그 자체다.

천상 한국의 어머니, 시인 유숙희

유숙희 시인은 천상 한국의 어머니다. 바느질로 삶을 곱게 수놓고, 그 수놓은 삶을 다시 시로 엮는 사람이다. 그녀는 매일매일 한 땀 한 땀 바늘을 들어 천 위에 선을 그리듯, 정성스럽게 글을 쓴다. 어떤 날은 사람의 마음을 덧대고, 어떤 날은 추억의 실을 꿰어 간다. 그렇게 지어진 시편들은 늘 사람 냄새가 난다.

그녀의 시를 읽고 나면 왠지 따뜻한 국물이 그리워지고, 굽은 어머니의 손등이 떠오르며, 잊고 지낸 고향집 뒷마당이 생각난다. 유숙희 시인의 삶의 철학은 소박하고 투명하다. 화려함보다는 따뜻함을 택하고, 정제된 언어보다 진심을 중시한다.

그녀의 시 속에 등장하는 인물들은 대체로 특별한 사람이 아니다. 길가의 노점상, 단골 손님, 옷을 줄여 입는 아이, 손때 묻은 도구들처럼 그녀의 시는 늘 일상의 주변부에서 조용히 살아가는 사람들에게 시선을 보낸다. 그 시선은 낮지 않고, 높지도 않으며, 언제나 다정하고도 평등하다. 그것은 시인이 오랜 세월 사람을 가슴으로 품고, 삶의 골짜기를 지나며 터득한 인생의 품격에서 비롯된 것이다.

그녀는 말보다 마음을 앞세운다. 직접 만난 사람은 알 것이다. 유숙희 시인은 처음 만나는 이에게도 마치 오래전부터 알고 지낸 사람처럼 따뜻하게 안부를 건넨다. 시 속에서, 글 속에서, 그리고 현실의 삶에서도 그녀는 언제나 보듬는 사람으로 존재한다. 누구든 힘겨울 때 그녀 곁에 가면, 묻지 않고 기다려주는 시선과 손길이 있고, 조용히 말해주는 문장 하나에 큰 위로를 받게 된다.

그녀는 단순히 '쓰는 사람'이 아니라 '짓는 사람'이다. '시를 짓는다'는 말처럼, 그녀는 시를 지을 때도, 사람을 대할 때도 손수 밥을 짓는 정성으로 임한다. 그래서 그녀의 시는 잔잔한 듯해도 깊고, 수수한 듯해도 향기가 오래 간다. 삶을 향한 애정이, 사람을 향한 믿음이, 언어를 향한 경외가 그녀의 모든 시에 녹아 있다. 그 마음은 정성이라는 이름으로 발효되고, 시라는 이름으로 완성된다.

유숙희 시인을 따르는 이들은 많다. 그녀의 말 한 마디, 시 한 줄에 위로받은 이들이 다시 그녀를 기억하고, 찾고, 기꺼이 곁을 내준다. 그녀가 사람들의 마음에 심어놓은 것은 시 이상의 것이며, 그것은 곧 사랑이고 정성이고 신뢰이다. 그래서 그녀는 시인으로서뿐만 아니라 한 사람의 어머니, 누이, 친구로서 오래도록 기억될 존재다.

유숙희 시인은 삶을 시로 엮고, 시로 사람을 감싼다. 그 따뜻한 문장들 속에는 이 시대가 놓치고 있는 진심의 미학이 깃들어 있다. 그녀는 화려함보다는 정직한 언어로, 기교보다는 다정한 마음으로 세상을 꿰매는 시인이다. 천상 한국의 어머니로서, 그녀는 오늘도 조용히 삶을 수놓고 있다. 그 곱고도 견고한 문장들 속에서 사람들은 위로를 얻고, 다시 살아갈 힘을 얻는다.

삶이 노래가 되고, 시가 되는 사람, 권미현

　권미현 선생님은 나이의 경계를 초월한 분이다. 사위를 두었음에도, 얼핏 뵈면 여전히 싱그러운 청춘의 기운이 감돌아 마치 골드미스처럼 느껴진다. 이는 단순히 외모나 분위기 때문이 아니다. 선생님 안에 여전히 고이 간직된 동심과 맑은 감성이 삶을 빛나게 하기 때문이다. 세월의 흐름에도 물들지 않고 본연의 맑음을 간직하고 살아가는 사람, 그것이 바로 권미현 선생님이다.

　선생님은 성악가 출신으로, 무대 위에서 수많은 사람들에게 울림을 전하던 진정한 소프라노였다. 그러나 음악에만 머물지 않았다. 삶의 또 다른 무대인 문학 속으로 조용히 발을 들이셨다. 그리고 그 세계에서도 선생님은 이미 단단한 자리를 만들어 가고 있다.

　시와 수필, 그 어느 장르에서도 선생님의 글은 품위와 깊이를 잃지 않는다. 표현 하나하나가 섬세하고 절제되어 있으면서도, 그 안에는 따뜻한 인간애와 삶에 대한 철학이 녹아 있다.

　권미현 선생님의 글을 읽다 보면 문학이란 결국 사람을 향한 것임을 깨닫게 된다. 문학은 인간을 이해하려는 끊임없는 시도이며, 삶의 조각을 주워 담아 하나의 언어로 엮어내는 일이라는 것을 선생님은 몸소 보여주신다. 중년의 시간을 걷고 계시지만, 그 시간이 결코 쇠퇴나 저물어감이 아님을 선생님은 증명해 보이신다. 오히려 그 시간은 더 깊고 넓어진 감성과 통찰력으로 채워져, 더욱 성숙한 삶의 노래로 피어나고 있다.

선생님의 시편과 수필은 삶과 문학, 예술과 존재에 대한 사유로 가득하다. 그것은 단지 아름답기만 한 글이 아니다. 세상과 사람을 바라보는 따뜻한 시선, 인생의 흐름을 자연의 이치처럼 받아들이는 성찰, 그리고 스스로를 사랑하고 존중하는 태도까지—선생님의 글은 독자에게 그러한 삶의 철학을 조용히 전해준다.

"오늘이 지나면 내일은 또다시 해가 뜬다"는 선생님의 믿음처럼, 삶은 어둠을 지나도 반드시 다시 빛을 맞이하게 되어 있다. 그 순환 속에서 기대와 희망을 놓지 않는 태도야말로 선생님의 삶이 전하는 가장 큰 메시지다. 늘 자연의 질서를 따르며, 흐름을 거스르지 않으면서도 자신만의 고운 결을 지켜내는 사람. 권미현 선생님은 바로 그러한 조화로운 삶을 살아내는 존재다.

문학과 음악, 삶과 철학이 하나로 어우러진 선생님의 모습은 오늘을 살아가는 우리에게 큰 울림을 준다. 선생님의 존재 자체가 한 편의 시요, 한 곡의 아름다운 노래이다.

조용히 피워낸 향기, 김시온의 삶

  김시온 선생의 이름에서부터 느껴지는 '시온'은 단순한 지명이 아니라 믿음의 상징이며, 그 삶의 바탕이 곧 신앙임을 암시한다. 실제로 김 선생은 독실한 크리스천으로서 하나님께 삶을 온전히 의탁하며 살아왔다. 그러나 신앙의 길이 평탄하지만은 않다. 김 선생의 인생은 찬란함보다는 고단함과 외로움이 먼저 다가온다.

  혼자의 몸으로 자녀를 길러야 했고, 삶의 자락은 언제나 빠듯했다. 세상은 냉랭했지만, 김 선생의 마음만은 늘 따스했다. 자녀를 오롯이 길러낸 그 손길에는 단순한 육아가 아닌, 존재 자체를 책임지는 깊은 사랑과 인내가 담겨 있다. 홀로의 양육이란 말처럼 쉬운 일이 아니기에, 그 안에는 얼마나 많은 눈물과 기도가 있었을지 헤아릴 수 없다.

  자신조차 돌보기 벅찬 현실 속에서도 김 선생은 더 약한 존재인 독거노인들을 돌보았다. 자신보다 더 외로운 이들의 손을 잡아준 것이다. 이 희생은 단순한 봉사가 아니라, 삶 자체가 곧 누군가를 위한 향기임을 증명하는 행위다.

  김 선생의 삶은 물질적으로 풍요롭지는 않지만, 그 속에서 피어난 정직함과 따뜻함은 어떤 값비싼 향수보다도 은은하고 진하다. 이 분의 내면에는 고통을 미화하거나 감추는 대신, 그것을 사랑으로 전환하려는 신념이 있다.

고난을 지나며 피어난 그 향기는 세상의 먼지를 품고도 오히려 더 깊은 향을 낸다. 김 선생이 걸어온 길은 눈에 띄는 업적이나 화려한 이력으로 채워져 있지 않다. 그러나 그 자리에 놓인 희생과 사랑의 기록은 조용한 위엄을 지닌다.

김 선생의 미의식은 평범한 일상 속에서 피어난다. 화려하지 않아도 단출한 밥상에 감사하고, 누군가를 위한 짧은 기도 속에서 생의 의미를 되새긴다. 이는 크리스천으로서의 믿음이 삶 전반을 지탱하는 기둥이 되었기 때문이다. 하나님 앞에서 낮아짐을 택한 겸손한 태도, 자녀를 위하는 어미의 마음, 그리고 이웃을 향한 사랑의 손길은 김 선생을 하나의 '향기로운 삶'으로 빚어냈다.

김시온 선생은 고단한 현실을 탓하지 않고, 그 안에서 더 낮은 곳을 향한다. 물 흐르듯이 흘러가되, 그 물이 메마른 땅을 적시는 은혜가 된다. 선생의 인생은 '위로부터 오는 사랑'을 삶으로 번역한 길이며, 고난의 그림자마저도 따뜻한 빛으로 물들이는, 참된 삶의 예술이다. 이처럼 김시온 선생은 희생과 사랑의 미학을 몸소 실천하며, 조용히 그러나 깊게 세상에 향을 풍기고 있다.

자연과 사람을 향한 귀의, 안봉근의 삶의 가치철학

안봉근의 삶은 겉으로 보기에 조용하고 담백하다. 그러나 그 속을 들여다보면 뚜렷한 철학과 단단한 삶의 태도가 숨겨져 있다. 그는 출세를 좇지도 않고, 세속적 성공에 안주하지도 않았다. 그의 삶의 중심에는 '자연과 함께, 사람과 함께'라는 철학이 흐른다.

그는 서하리 작은 산자락, 해공 신익희 선생 생가 앞 배산임수의 명당에서 태어났다. 그 땅이 지닌 풍수의 기운처럼, 그는 천성과도 같이 자연을 품고 자랐다. 어린 시절엔 논과 밭이 놀이터였고, 제비꽃과 민들레가 친구였다. 하지만 그는 그곳에만 머물지 않았다. 삶의 터전을 넓히기 위해 읍내로 나가 공부했고, 자수성가형의 전형이라 할 수 있는 '입지전적인 삶'을 걸었다.

한국 산업 발전의 핵심 기업인 현대에서 평생을 근무하며 철저한 '현대맨'으로 살아온 그의 전력은, 단순히 경제적 성공을 위한 것이 아니었다. 그는 맡은 일에 책임을 다했고, 조직과 사회의 발전에 기여하고자 했다. 그 과정에서 체득한 것은 '사람은 무엇을 이루느냐보다 어떻게 살아가느냐가 중요하다'는 깨달음이었다.

퇴직 후, 그는 미련 없이 도시를 떠나 고향 서하리로 돌아왔다. 많은 이들이 화려한 도시의 삶을 놓지 못하는 반면, 그는 자신의 삶을 조용히 거두어 자연 속으로 귀의했다. 여기서 그의 철학이 더욱 명확해진다.

안봉근은 말한다. "자연은 가장 진실한 스승이다." 그는 새벽이면 시골길을 걸으며 자신을 관조하고, 낮이면 작은 텃밭을 일구며 흙의 숨결과 대화한다. 그의 앞마당에는 제비꽃과 민들레가 피어나는데, 그는 그 꽃들을 '보듬는다'. 누군가는 잡초로 여길 그 존재를, 그는 조용히 껴안고 소중히 여긴다. 이는 곧 그의 미의식이기도 하다. 작고 평범한 것에 담긴 존재의 아름다움을 보는 눈, 그것이 그의 세계관을 지탱한다.

하지만 안봉근의 철학은 자연에만 머물지 않는다. 그는 이타적 삶의 실천자이기도 하다. 암 투병 중인 친구를 위해 매일같이 찾아가 말벗이 되어주는 것, 외로운 이웃에게 먼저 손 내미는 것, 마을 사람들과 삶을 나누는 것. 이런 행위는 단순한 친절을 넘어선 철학적 실천이다. 그는 인간이 인간다울 수 있는 이유를 '함께 살아가는 존재'라는 데서 찾는다.

그는 자주 '속삭인다'. 친구에게, 꽃에게, 땅에게. 이 속삭임에는 강요도, 지시도 없다. 대신 존중과 공감, 그리고 섬세한 배려가 있다. 그것이 그가 사람을 대하는 방식이며, 자연을 마주하는 태도다.

또한 그의 새벽 산책은 단순한 운동이 아니다. 그것은 자신의 내면을 들여다보는 시간이며, 어제를 돌아보고 오늘을 다지는 성찰의 길이다. 스스로를 돌아보고, 작은 변화에도 귀 기울이는 그 시간은 그가 평생 쌓아온 삶의 지혜가 응축된 실천이다.

결국, 안봉근의 삶은 조용한 듯 깊고, 단순한 듯 고귀하다. 그는 자연 속에서 자아를 찾고, 사람 속에서 의미를 찾는다. 부나 명예보다 중요한 것은 함께 숨 쉬고, 함께 웃는 삶이라는 것을 몸소 증명하며 살아간다.

그의 삶의 철학은 이렇게 정리될 수 있다. "천천히, 그러나 진실하게. 혼자가 아니라 함께. 자연을 닮아, 사람을 품어." 이 철학은 더디지만 단단한 길을 걷는 이 시대의 지혜이며, 우리가 놓쳐온 삶의 본질을 다시금 일깨운다.

노영선 선생님과 아이들의 브이자

초등학교의 아침은 언제나 분주하다. 운동장 한쪽에는 교복을 정리하는 아이들이 있고, 다른 한쪽에는 삼삼오오 모여 친구들과 수다를 나누는 아이들로 가득하다. 월요일이면 국기 게양식이 열리고, 아이들은 조용히 줄을 맞춰 선다. 교장 선생님의 구령에 맞춰 오른손을 왼쪽 가슴에 얹고 국기에 대한 맹세를 하는 것이 전교생의 모습이다. 하지만 1학년 3반의 아이들만큼은 조금 다르다. 그들은 엄지와 검지를 모아 브이(V)자를 만들어 가슴에 댄다.

이 모습을 본 다른 학급 교사들은 고개를 갸웃거렸다. "1학년 3반은 정말 독특하네요. 그 브이자는 어디서 나온 걸까요?" 누군가는 웃으며, 누군가는 궁금한 눈빛으로 묻곤 했다. 그러나 이 작고도 특별한 행동은 우연이 아니었다. 그것은 바로 담임 선생님, 노영선의 조용한 영향이었다.

노영선 선생님은 언제나 환한 미소로 아이들을 맞았다. 친근한 말투와 따뜻한 눈빛은 아이들에게 안정감을 주었다. 하지만 그녀에겐 한 가지 눈에 띄는 습관이 있었다. 국기에 대한 맹세를 할 때, 다른 이들과 달리 손바닥을 펴지 않고 브이자를 만들어 가슴에 댄 것이다.

처음 이 모습을 본 아이들은 신기해하며 따라 했다. "선생님처럼 하면 멋있어요!" 어느새 1학년 3반 아이들 모두가 같은 동작으로 국기에 대한 맹세를 하게 되었다. 그들의 브이자에는 장난이 아닌 존경이 담겨 있었다. 다른 반 아이들도 그 모습을 보고 따라 하기도 했다.

그러던 어느 날, 몇몇 학부모들 사이에서 소문이 퍼지기 시작했다. "우리 아이가 국기에 대한 맹세를 하면서 브이자를 만든다네요." "그거 선생님이 가르친 거래요. 무슨 뜻인지 아세요?" 호기심이 커진 몇몇 부모는 학교를 찾아 직접 담임을 만났다.

"선생님, 아이들이 브이자로 국기에 대한 맹세를 하던데, 혹시 특별한 이유가 있나요?" 한 학부모가 조심스레 물었다.

잠시 침묵하던 노영선 선생님은 천천히 오른손을 들어 보였다. 순간, 마주 앉은 부모들의 눈이 커졌다. 그녀의 손에는 엄지와 검지만 남아 있었다. 나머지 세 손가락은 과거의 사고로 잃었다고 했다. 선생님은 담담한 미소로 말했다. "손가락은 두 개뿐이지만, 저는 여전히 아이들을 사랑하고 가르칠 수 있어요. 이 브이자는 제 방식으로 아이들에게 존중과 사랑을 전하는 방법이에요."

그녀의 두 손가락 끝에는 분홍빛 매니큐어가 발라져 있었다. "아이들이 제 손을 이상하게 보지 않도록 예쁘게 꾸며봤어요. 오히려 아이들이 이 손을 좋아하게 됐어요." 그 말에 한 어머니는 끝내 눈시울을 붉혔다. "선생님, 정말 감사해요. 우리 아이가 그런 분께 배운다는 게 얼마나 큰 축복인지 모르겠어요."

이후 노영선 선생님의 이야기는 조용히 학부모들 사이에 퍼졌다. 아이들에게는 아무 말도 하지 않았지만, 부모들은 그녀의 따뜻한 마음을 이해하게 되었고 깊은 존경을 품게 되었다. 아이들은 여전히 선생님의 손을 따라 브이자를 만들었다.

"선생님, 저도 매니큐어 발랐어요!"

"선생님, 제 손톱도 브이자처럼 칠해 주세요!"

아이들은 선생님의 손을 아무렇지 않게 바라보았고, 그 안에 담긴 사랑을 자연스럽게 느꼈다. 노영선 선생님은 아이들의 손을 다정히 잡으며 말했다.

"여러분은 세상을 밝히는 빛이에요. 여러분의 브이자는 세상에 전하는 특별한 마음이랍니다."

세월이 흐르고, 아이들은 하나둘 선생님을 '학교에서 만난 또 하나의 엄마'라고 불렀다. 그녀의 두 손가락은 사고의 흔적이 아니라, 사랑의 상징이자 아이들에게 희망을 심어주는 빛이었다.

아이들의 브이자처럼, 노영선 선생님은 모두의 가슴에 따뜻한 울림을 남겼다.

안최호, 자연의 숨결을 품은 사나이

 안최호, 그는 진정한 자연이다. 대자연이 숨 쉬는 그곳, 바람과 물, 나무와 하늘이 어우러지는 삶 속에서 그는 자연 그 자체로 살아간다. 그의 존재는 마치 온 우주의 새벽을 깨우는 첫 빛과 같다. 어둠이 물러가고 새벽이 밝아올 때, 그는 이미 하루를 시작한 지 오래다. 세상이 아직 잠든 시간, 그는 조용히 일어나 세상을 깨우는 준비를 한다. 그가 움직이는 순간, 마치 우주의 숨결이 다시 흐르기 시작하는 듯하다.

새벽은 그의 발걸음 따라
어둠을 걷어낸다
고요한 하늘 끝에
첫 빛이 번지고
그는 이미 먼 길을 떠난다

 그는 트럭 운전사로서 한국의 곳곳을 누비며 세상을 호령한다. 도로 위를 달리는 그의 트럭은 단순한 운송 수단이 아니다. 그것은 자연과 인간, 도시와 시골을 잇는 다리이며, 그의 삶을 관통하는 또 다른 자연의 일부다. 엔진의 굉음조차 그의 손길 아래선 마치 바람이 나무 사이를 스치는 소리처럼 부드럽게 들린다. 그는 차창 너머로 스쳐 지나가는 산과 들, 하늘과 구름을 눈에 담으며 길 위에서 시를 쓴다. 그의 시는 흙냄새가 나고, 바람이 머물며, 별빛이 스며든다.

　자연인으로서의 그의 삶은 소박하지만 그 안에 담긴 철학은 깊다. 그는 텃밭을 일군다. 손끝으로 흙을 만지며 땅의 온기를 느끼고, 돌틈에서 피어나는 작은 새싹을 보듬는다. 그에게 새싹은 단순한 식물이 아니다. 그것은 생명의 신비, 자연의 순환, 그리고 삶의 기쁨을 상징한다. 그는 새싹과 속삭인다. 그들의 여린 숨결에 귀 기울이며 대화하고, 사랑을 나눈다. 새싹 하나에도 생명의 위대함을 느끼고, 그 속에서 자신을 발견한다.

돌틈 사이
머리 내민 새싹 하나
그 앞에 무릎 꿇는다
작디작은 숨결 속
내가 있다, 네가 있다

　그동안 새벽을 지켜온 수탉조차 안최호를 두려워한다. 새벽을 깨우는 일이 수탉의 몫이라면, 안최호는 새벽 그 자체이기 때문이다. 그의 발걸음이 닿는 곳마다 어둠은 물러나고, 새로운 하루가 시작된다. 그는 자연의 일부분으로, 자연의 리듬에 따라 살아간다. 해가 뜨면 일어나고, 해가 지면 잠든다. 하지만 그의 마음속에는 언제나 밝은 빛이 머문다.

　그는 자연의 음성에 귀 기울인다. 바람이 나뭇잎 사이를 스치는 소리, 빗방울이 지붕을 두드리는 소리, 새들의 지저귐, 그리고 풀벌레의 노랫소리까지. 모든 소리가 그에게는 하나의 시, 하나의 노래다. 그는 눈으로만 자연을 바라보지 않는다. 귀로 듣고, 손으로 만지고, 마음으로 느낀다. 바람 소리조차 그의 마음속에선 하나의 풍경으로 피어난다.

바람이 분다
잎사귀 사이를 비집고
내 마음속으로
그 소리 따라 걸어가면
어느새 나도 바람이다

  안최호는 자연을 완상하는 진정한 자연인이다. 그는 자연 속에서 자신을 찾고, 자연과 더불어 살아간다. 그의 삶은 화려하지 않지만, 그 소박함 속에 진정한 아름다움이 깃들어 있다. 그는 자연과 함께 숨 쉬며, 자연의 순리에 따라 살아가는 상남자다. 그의 삶은 마치 한 편의 시와 같다. 꾸미지 않아도 아름답고, 설명하지 않아도 마음에 와닿는 그런 시.

  그의 손길이 닿은 땅은 생명을 품고, 그의 발걸음이 닿은 곳은 이야기를 남긴다. 그는 자신만의 방식으로 세상을 살아간다. 자연의 법칙에 따라, 삶의 진리를 따르며. 그에게 삶은 거창한 것이 아니다. 흙을 만지고, 새싹을 보듬으며, 바람의 소리에 귀 기울이는 것. 그것이 그의 삶의 전부이자, 전부가 아닌 것이다.

  안최호. 그는 진정한 자연이다. 자연과 함께 숨 쉬며, 자연과 더불어 살아가는 그의 삶은 우리 모두에게 자연의 소중함을 일깨운다. 그의 삶을 통해 우리는 진정한 삶의 의미를 발견하게 된다. 그것은 바로 자연과 하나 되어 살아가는 것, 그리고 그 속에서 자신을 찾는 것이다.

고요한 품격, 안혜초라는 이름

　안혜초 선생은 우리 문단의 보석처럼 반짝이는 존재이자, 한 시대 여성 지성의 품격을 상징하는 인물이다. 단순히 '여류 작가'라는 수식어로는 그를 온전히 담을 수 없다. 그는 한 인간이 어떻게 삶을 견디고, 글을 쓰며, 그 언어로 빛을 낼 수 있는지를 조용히 증명해온 문필의 장인이다.

　그는 전형적인 '이화인'이다. 이화여고와 이화여대 영문과를 거치며, 이화의 지적 전통과 교양의 결을 체득했다. 더 감동적인 사실은 그의 어머니 또한 이화여대 출신이었다는 점이다.

　두 세대를 관통하는 여성 지성의 계보가 단아한 한 편의 수필처럼 살아 있다. 시대가 여성에게 요구했던 침묵을 당당한 언어로 바꿔낸 모녀의 삶은 이미 그 자체로도 문학이다. 안혜초 선생은 그 고귀한 전통 위에, 자신만의 언어와 감각을 덧입혀, 우아한 문학의 옷을 지어냈다.

　기자의 길에서 시작된 그의 문필력은 정제되고 단단하다. 그는 주요 일간지 기자로 오랜 세월 활동하며, 글쓰기의 기본을 삶 속에서 단련했다. 그 활자 하나하나에는 '사실의 깊이'와 '감성의 결'이 절묘하게 녹아 있다.

　차가운 뉴스의 문장 속에도 따뜻한 시선과 고요한 울림을 잃지 않았고, 그 눈길은 마침내 문학의 품으로 이끌려 왔다. 그의 생애는 겉보기에 소란스럽지 않지만, 속은 누구보다도 충만하고 단단하다. 외유내강—그에게 이

보다 더 정확한 표현이 있을까.

그의 글은 조용한 감탄을 부른다. 길게 말하지 않는다. 짧고 단정한 문장 안에 삶의 진실과 온기가 숨 쉬고 있다. 말수 적은 산사의 노승이 툭 던지는 한마디처럼, 그의 문장은 여운으로 남는다. 때로는 눈물 한 방울처럼, 때로는 미소 한 줄기처럼 독자의 마음에 스며든다. 세상의 소란을 멀리 두고, 삶의 본질에 더 가까이 다가가려는 그의 시적 감각은 독자에게 쉼이자 깨달음이다.

그의 글에는 감동만 있는 것이 아니다. 고요하고 품격 있는 위트도 있다. 고운 비단 옷자락 사이로 슬쩍 보이는 언어의 유희, 그것이야말로 진짜 고수의 여유다. 안 선생은 허튼소리를 하지 않는다. 그러나 딱 한 마디, 그 절묘한 한 문장으로 독자의 긴장을 풀고, 마음을 환하게 만든다. 그건 오직 오랜 삶과 글의 내공에서 우러나는 것이다.

이제 그의 얼굴을 보면, 단정한 머릿결과 그윽한 눈매에서 청춘의 단아함이 여전히 흐른다. 세월이 흘렀어도 그의 눈빛은 고전의 페이지처럼 또렷하고 고요하다. 그것은 삶을 견디고, 글을 쓰고, 사랑을 품어낸 사람만이 지닐 수 있는 빛이다. 그는 단지 한 사람의 작가가 아니다. 시대가 품은 여성 지성의 상징이며, 문학이 도달할 수 있는 고요한 아름다움의 표상이다.

안혜초, 그 이름은 우리 문단의 한 구절처럼, 언제나 단정하고 오래도록 남을 것이다.

소엽 박경숙, 찻물 위에 피어난 천의 얼굴

소엽 박경숙 선생은 단순히 찻집 '사발沙鉢'의 주인이 아니다. 그녀는 차 한 잔에 삶의 깊이와 철학을 담아내는 예술인이자, 자신의 존재로 공간을 빛나게 하는 품격의 사람이다. 그녀의 삶은 빠르게 흘러가는 시대의 격랑 속에서도 조용히 피어나는 한 송이 들꽃 같고, 바람마저 쉬어가는 뜨락 같은 따스함을 지녔다.

그녀의 자태는 조용하면서도 우아하다. '곱게 쪽진 머리결엔 바람마저 머물다 가고'라는 시구처럼, 그녀의 외면은 절제의 미를 간직하고 있고, 내면은 고요 속에서 더욱 깊은 향기를 머금는다. 그녀의 미소는 가을 이파리처럼 잔잔하며, 그 따스한 기운은 찻물처럼 사람의 마음을 덥힌다. 손끝에서 피어오르는 다관의 김 속에는 그녀가 살아온 세월의 정성과 품성이 녹아 있다.

'사발'은 그녀가 가꾸어낸 단순한 찻집이 아니다. 그곳은 세월과 기억이 머무는 곳이며, 삶의 안식과 치유가 피어나는 공간이다. 누구나 들어설 수 있으나, 아무나 스쳐 지나갈 수는 없는 깊은 여운이 깃든다. 그 이유는 찻집이 가진 고즈넉한 분위기가 아니라, 그 공간을 품고 있는 박경숙 선생의 고요한 인격, 절제된 언어, 따뜻한 눈빛 때문이다. 그녀의 존재 자체가 '사발'의 향기이자 정수다.

그녀의 삶의 철학은 '차(茶)'라는 조용한 행위를 통해 구현된다. 차는 물을 데우는 일에서 시작되지만, 결국 사람을 데우는 일로 완성된다. 그녀는 단순히 차를 따르는 이가 아니라, 사람의 마음에 따뜻함을 건네는 이다. 그녀가 따르는 삶의 가치는 '비움'과 '머묾'이다. 드러내기보다 숨기고, 다다름보다 덜어냄으로써 더욱 깊은 울림을 전하는 삶. 그녀는 그런 삶을 조용히 실천한다.

이처럼 조신하고도 정갈한 그녀의 면모는 마치 조선의 사임당을 떠올리게 한다. 단정하고 절제된 품위, 말없이 삶을 가꾸는 손길, 그리고 타인을 위하는 따뜻한 마음. 하지만 그녀의 세계는 그 단아함에만 머무르지 않는다. 박경숙 선생은 천의 얼굴을 가진 이다.

시낭송 대회 왕중왕전 대상 수상자이기도 한 그녀는, 정적인 차 문화 속에서도 시의 감성과 예술적 열정을 꽃피운다. 그녀의 목소리는 단순한 낭송을 넘어서, 시의 맥박을 사람들의 마음속으로 전하는 진정한 울림이다. 그 목소리에는 단련된 무대 감각이 숨어 있다. 젊은 시절 연극배우로 활동했던 그녀는, 말의 호흡과 감정의 결을 정확히 이해하고 전달할 줄 아는 능력을 지녔다. 그녀가 무대 위에 섰을 때, 조용한 기품은 빛나는 생명력으로 변하고, 그녀는 또 다른 얼굴로 관객과 호흡한다.

이처럼 그녀는 찻자리에서 정숙미를 발하고, 무대 위에서는 예술가로서 열정을 피운다. 어느 한 면에 머물지 않고, 삶의 각 층위에서 자신만의 방식으로 꽃을 피우는 그녀는 팔방미인이란 표현에 가장 어울리는 인물이다. 그녀에게는 도무지 하지 못하는 일이 없고, 어떤 상황에서도 자신의 정체성과 품위를 잃지 않는 단단함이 있다.

그러나 그녀의 진정한 빛은 그 모든 다재다능함을 결코 자랑하지 않는 데 있다. 그녀는 자신의 예술적 성취를 앞세우지 않고, 늘 고요히 차를 데우듯 삶을 가꾸고 타인을 맞이한다. 그러기에 그녀를 만나는 사람들은 겉모습보다 더 깊은 감동을 받는다. 그것은 진정한 인격에서 오는 울림이며, 진심에서 비롯된 여운이다.

박경숙 선생은 빠르고 요란한 세상 속에서도 느리게, 그리고 깊게 살아가는 법을 알고 있는 사람이다. 차 한 잔에 담긴 고요한 시간, 시 한 구절에 담긴 생의 진실, 연극의 숨결 속에 담긴 존재의 떨림. 그녀는 그 모든 것을 지니고 있으되 과시하지 않으며, 자신을 드러내지 않되 사람을 감동시킨다.
　오늘도 그녀는 찻물을 끓이며 누군가를 맞을 준비를 하고 있을 것이다. 그 손끝에서 피어나는 온기, 그 눈빛에서 전해지는 평온, 그 목소리에서 울려 나오는 시의 향기. 소엽 박경숙 선생은 그러한 사람이다. 한 사람의 삶이 곧 한 편의 시이자 예술이 되는 사람. 그녀의 존재는 곧 한 잔의 차처럼, 조용히 그러나 깊게, 오래도록 사람들의 마음을 데우고 있다.

동심으로 피워낸 섬의 시심, 정용애

　정용애 작가는 '천상 섬처녀'라는 수식어가 무색하지 않은 사람이다. 그의 삶은 한결같이 자연과 순수함에 뿌리내리고 있으며, 그 중심에는 동심의 시선으로 세상을 바라보는 따뜻한 마음이 자리하고 있다. 세상이 점점 빠르고 복잡해지는 시대에, 정용애는 외려 그 흐름을 거스르듯 섬처럼 고요한 삶을 택했다. 이는 단순히 외적 환경의 선택이 아니라, 그의 삶 전체를 관통하는 가치철학에서 비롯된 결과다.

　그는 동심 속에서 산다. 여기서 말하는 동심이란 단지 아이 같은 천진함이나 유희의 감각만을 뜻하지 않는다. 그것은 타락하지 않은 마음, 본질을 꿰뚫는 눈, 작고 여린 생명을 향한 무한한 애정을 의미한다. 오봉산 아래에서 들려준 그의 수필 속 병아리 부화 장면은 이러한 그의 내면세계를 상징적으로 보여준다.

　계란에서 병아리가 나오는 장면 하나에도 경이로움을 느끼고 감동을 받는 사람, 생명을 존귀히 여기는 이의 시선이 그곳에 있다. 정용애의 글은 대개 이런 시선을 통해 탄생한다. 자연과 생명, 사람과의 관계를 통해 자신을 끊임없이 돌아보고, 그 속에서 조용히 답을 찾아가는 자세는 그의 글에 깊이를 더한다.

　정용애는 소녀다. 이 말은 단지 나이를 거슬러 순수함을 간직했다는 뜻만이 아니다. 그는 여전히 큰 꿈을 꾸고 있으며, 그 꿈을 진심으로 믿고 살아 간다. 어린 시절부터 손글씨로 써내려간 글들을 오롯이 모아 작품집을 준 비하고 있다는 사실은, 그의 문학이 단순한 취미나 유희가 아님을 보여준 다. 오랜 시간 자신의 감정과 사유를 손끝에 담아온 한 사람의 성실한 작 가정신이 거기에는 담겨 있다.

　작품을 통해 세상과 소통하고자 하는 그의 바람은, 결국 타인에게도 따뜻 함을 전하고 싶은 삶의 태도와 맞닿아 있다. 삶의 철학에서도 정용애는 일 관된다. 그는 삶을 자연 속에서 찾고, 그 안에서 자신을 다듬으며 살아간 다. 자연은 그에게 단순한 배경이 아니라 삶의 교사이며 동반자다.

　계절이 바뀌면 마음도 다르게 물들고, 들판이 변화하면 일상의 태도도 달 라진다. 그에게 있어 사계절의 변화는 삶의 본질을 묻는 철학적 질문이기 도 하다. 그래서 그는 늘 자신에게 묻는다. "이렇게 살면 되는 줄 알았는 디…" 그리고 다시 답을 찾아나선다. 이처럼 정용애는 자연의 소리와 계절 의 빛을 삶의 언어로 번역해낸다.

　무엇보다 정용애의 글이 감동적인 이유는, 그가 그려내는 세상이 단순한 이상향이 아니라, 고된 현실 속에서 마주한 진실이기 때문이다. 외로움도 있었고, 허전함도 있었고, 부서진 밭을 보며 웃어야 했던 날도 있었다. 하 지만 그는 그 모든 감정 앞에서 도망치지 않았다. 묵묵히 바라보고, 그 속 에서 따뜻함을 길어내어 글로 승화시켰다.

　결국 그는 깨닫는다. 사람은 자연만 바라보며 살아갈 수 없는 존재이며, 사람 속에서 함께 웃고 나눌 때 삶은 비로소 온전해진다고. 그의 철학은 바로 여기에 있다. 자연에 뿌리내리되, 사람과 더불어 살아가는 것. 침묵과 고요 속에서 얻은 통찰을, 다시 따뜻한 관계로 나아가려는 용기.

　정용애는 '섬처녀'다. 섬은 고요하고 단단하며, 외롭지만 스스로 완전한 세계를 품고 있다. 그의 내면도 그러하다. 세상의 소음에 흔들리지 않고, 스스로의 글을 써내려가는 정용애는 이 시대에 보기 드문 작가다. 그의 작 품은 세속에 찌든 독자들의 마음에 잔잔한 물결을 일으키며, 자연과 사람의 진정한 관계를 다시금 돌아보게 만든다. 동심을 지키며, 소녀처럼 꿈꾸는 그의 삶은, 우리가 잊고 살던 순수의 가치를 상기시키는 등불과도 같다. 그가 써 내려갈 앞으로의 작품들이 더욱 기대되는 이유는 바로 여기에 있다. 그는 이미 삶 그 자체로 한 편의 시이며, 글을 통해 사람과 사람을 이어주는 다리가 되고 있기 때문이다.

깊은 수맥을 품은 사유의 사람, 박건욱

박건욱, 그는 고요한 심연과 같다. 눈에 보이지 않되, 깊이를 가늠키 어렵고, 닿을 수는 없으나 늘 그 존재를 느낄 수 있는 사람이다. 한평생 이공계통의 길을 걸었음에도 그의 정신의 기저에는 문학과 역사, 철학을 가로지르는 인문학적 사유가 뿌리처럼 견고히 자리하고 있다. 기술과 수치의 세계 속에서 머물면서도, 그가 진정으로 닿고자 했던 세계는 인간의 마음과 도리, 그리고 그로부터 피어나는 덕과 예의의 세계였다.

그는 말보다는 행으로, 외침보다는 침묵으로, 삶의 바탕을 다졌다. '인간은 무엇으로 사는가'라는 물음 앞에서 그는 늘 충과 효, 그리고 정의와 덕을 삶의 핵심으로 삼았다.

급변하는 시대 속에서도 그의 사유는 쉽게 흔들리지 않았다. 오히려 세상이 빠르게 무너질수록 그는 더욱 천천히, 더욱 단단히 그 자리에 섰다. 매너를 잃지 않는 신사로서의 품격, 인간됨의 바탕 위에 쌓아 올린 삶의 윤리는 그를 한국 감리계의 대부로 자리매김하게 하였다.

그의 글은 격조 높다. 장황하거나 수사적이지 않다. 조용한 말투로 꺼내지만, 그 안에는 오랜 사색이 스며 있고, 인간과 자연을 하나로 보는 깊은 통찰이 녹아 있다. 자연은 인간의 자양분이며, 예술은 그 자연을 통과한 인간의 감성이라는 그의 세계관은, 곧 휴머니스트로서의 철학을 드러낸다. 그는 늘 묻는다. "서정의 주인은 누구인가?" 그 물음은 결국 "삶의 주인은 누구인가?"라는 보다 근본적인 질문으로 이어진다.

박건옥은 단지 글을 쓰는 이가 아니다. 그는 삶을 쓰는 사람이다. 자기 자신을 속이지 않으며, 타인을 존중하고, 무엇보다 시대를 향해 바른 중심을 세우는 이다. 그의 글은 강변하지 않는다. 그러나 읽는 이로 하여금 자신을 성찰하게 만드는 힘이 있다. 예술이란, 인간과 자연 사이의 감성의 다리라 했던가. 그의 사유는 언제나 자연과 인간, 그리고 예술을 가로질러 결국 삶의 본질을 묻는다.

그를 따를 자가 없다는 말은 그가 홀로 고고하다는 뜻이 아니다. 그는 누구보다 시대를 사랑했고, 사람을 사랑했고, 글을 사랑했다. 그러나 그 사랑은 열광이 아니라 침묵이며, 흥분이 아니라 절제다. 그는 한결같이 낮은 자리를 택했으며, 말 대신 삶으로 가르쳤다.

박건옥의 인생은 하나의 철학이다. 계산과 효율이 중심이 된 세상 속에서 그는 오히려 쓸모보다 의미를 따졌고, 성공보다 인간됨을 선택했다. 그의 사유는 시대를 비껴 있지 않지만, 결코 시대에 휘둘리지도 않았다. 그가 고집한 것은 단순한 보수성이나 관념이 아니라, 인간 본연의 도리와 생명에 대한 예의였다.

그래서 그는 진정한 휴머니스트다. 자연 앞에서 감동할 줄 알고, 인간 앞에서 경건할 줄 아는 사람. 박건옥은 말하진 않았지만 이미 오래 전부터 삶으로 외치고 있었다. 인간은 자연에 기대어 살아야 하며, 자연은 인간의 거울이 되어야 한다고.

그는 멀리 가지 않았다. 언제나 자기 자리에서, 바르게 서 있었다. 그리고 그 자리에서 삶의 가치를 묻고, 실천했다. 오늘 우리에게 필요한 인물, 바로 그런 사람이다.

고결함을 삶으로 짓는 시인, 변희자

변희자 시인은 시대를 거슬러 온 사람이다. 그녀를 처음 만난 이라면 누구나 조선의 마지막 여인이 아직도 이 땅을 밟고 있음을 실감하게 된다. 그 품성과 자태, 언행과 마음씀씀이에서 풍겨나는 고아함은 사임당을 떠올리게 하고도 남는다. 그러나 그녀는 단지 누군가의 그림자를 닮은 존재가 아니다. 그는 독자적인 품격과 깊이를 가진 이 시대의 진정한 여성 시인이다.

그녀는 딸이자 아내이며, 어머니이자 며느리이고, 제자이자 스승이다. 어느 하나의 역할에 갇히지 않으면서도 모든 자리에서 절제된 사랑과 충직한 책임을 다해낸다. 그 자세는 단지 정숙함을 넘는다. 그녀의 삶은 말보다 묵묵함으로 다져진 고결함이며, 그 고결함은 시간을 만나 빛나는 향기가 되었다.

세상은 때때로 빠름과 요란함을 미덕처럼 내세운다. 하지만 변희자 시인은 조용히, 그러나 결코 흐릿하지 않게 살아간다. 그 조용함 안에는 장애인과 노인복지관 어르신들과 함께한 수십 년의 세월이 담겨 있다. 누군가는 봉사라 부르겠지만, 그녀에게는 그것이 일상이자 사람이 사람으로서 해야 할 최소한의 예의였다. 그 손길은 결코 드러내지 않으며, 오직 따뜻함으로만 기억된다.

그녀의 시와 수필은 삶의 태도에서 피어난다. 글이란 결국 사람의 마음에서 비롯되는 것이기에, 그녀의 글은 읽는 이에게 깊고 조용한 울림을 준다. 시선은 낮고 언어는 담백하다. 그러나 그 안에는 오래 곱씹을수록 더욱 깊어지는 삶의 진실이 담겨 있다. 그것은 강요하지 않고, 다그치지 않으며, 묵묵히 독자의 곁에 앉아 등을 토닥인다.

강원도 홍천, 남향으로 창을 낸 작은 집. 그녀는 그곳을 정성스레 가꾼다. 텃밭을 일구고, 하늘을 올려다보며, 마른 잎의 이파리 하나에서도 시심을 발견한다. 한 달에 한두 번, 그 천국 같은 집에 들러 그녀는 조용히 펜을 든다. 바람결 닮은 문장, 풀꽃 같은 시.

스승을 섬기는 그녀의 모습도 유별나다. 60여 년 전 고등학교 시절 인연을 맺은 스승을 지금까지도 잊지 않고, 마치 효녀처럼 공경하고 따른다. 그 태도는 단지 예의의 차원을 넘어서며, 인간과 인간 사이의 깊은 도리를 보여주는 귀한 본보기다.

변희자 시인은 거창하지 않다. 그러나 그의 존재는 크다. 그 따뜻하고 단단한 생애는 우리가 잊고 지냈던 아름다움과 고요한 힘을 다시 떠올리게 한다. 사람됨이 곧 문학이고, 삶의 태도가 시가 되는 이 여인을 통해, 우리는 진정한 품격이란 무엇인지 되묻게 된다.

그녀는 오늘도 묻지 않고, 주장하지 않고, 다만 한 그루 나무처럼 서서, 말없이 누군가를 감싸 안는다. 그 그늘 아래 머문 이들은 말한다.

"그 사람, 참 좋은 사람이야."

그 말 한마디면, 그녀에 대한 모든 찬사는 족하다.

가장 낮은 자리에서 가장 큰 삶을 써내려가는, 함명자

 일흔을 앞둔 한 여인이 대학 교정에 발을 디뎠다. 머리카락엔 세월이 하얗게 내려앉았고, 손등에는 굵은 주름이 삶의 결을 새겨놓았다. 사람들은 그 나이면 쉬어야 한다고 말하지만, 그녀는 펜을 들고 다시 배움의 문을 두드렸다. 대학을 마치면 대학원을 가겠노라 말하는 그녀의 눈빛은, 이 세상 어떤 청춘보다 더 빛나고 맑았다.

 그녀는 함명자 작가다. 세상은 그녀를 '늦깎이 만학도'라 부른다. 그러나 그녀에게 인생의 '늦음'은 없다. 오히려 오래 기다렸기에 더 깊고 단단한 공부를 시작할 수 있었다. 지금 그녀의 강의실은 단순히 지식을 쌓는 공간이 아니다. 그것은 그동안 눌러왔던 이야기, 감춰왔던 마음, 참고 견뎌온 시간을 문장으로 되살리는 고요한 재탄생의 자리가 된다.

 그녀의 본업은 장례지도사이며 교수다. 수많은 이들의 마지막 길을 정성껏 준비해주는 사람. 슬픔이 가득한 공간에서, 그녀는 결코 무너지지 않는다. 망자의 옷깃을 곧게 여미고, 마지막 얼굴을 정갈하게 다듬으며, 떠나는 이에게 예의를 다한다. 그 손길엔 사람을 보내는 일이 아니라, 남은 사람의 슬픔까지 어루만지는 깊은 위로가 깃들어 있다.

 그러나 그녀의 하루는 이 일로 끝나지 않는다. 낮에는 동네 작은 수선집을 지키며 바느질을 한다. 낡은 옷의 단추를 다시 달고, 해어진 옷자락을 곱게 꿰매며 생계를 잇는다. 밤이면 요양원으로 달려간다. 수년째 병상에 누운 남편을 위해 매일같이 수발을 들고, 따뜻한 손을 맞잡는다. 그것은 누가 시켜서가 아니라, 한 사람을 끝까지 지키겠다는 사랑의 묵언이다. 말하지 않아도 빛나는 사랑, 함명자 작가의 하루는 그렇게 흐른다.

봉사는 그녀에게 자연스러움이었다. 적십자 봉사단원으로 평생을 살아왔고, 늘 가장 낮은 곳에서 가장 힘든 이들의 손을 붙잡아 주었다. 이름 없이, 기록 없이 흘러간 시간들이지만, 그녀는 한 번도 그것을 헛되이 여기지 않았다. 그 손길 하나하나가 사람을 살렸고, 마음을 살렸고, 마침내 자신을 글로 살려냈다.

이제 그녀는 펜을 든다. 단정한 문장, 화려하지 않지만 따뜻한 언어. 그녀의 글에는 삶이 있다. 시련도 있고, 고통도 있고, 그럼에도 다시 일어서는 희망이 있다. 화려한 수식어보다 소박한 진심이 그녀의 문장에서는 더 눈부시다.

어떤 이는 삶이 고단하다고 말한다. 하지만 그녀는 그 고단함을 사랑으로 바꾸고, 무게를 글로 승화시켰다. 누구도 대신 써주지 않은 생의 페이지를, 자신만의 속도로 써 내려가는 사람. 그는 이제 대학을 넘어, 대학원 진학을 꿈꾼다. 글을 통해 누군가를 살리고 싶다는 그 바람은, 이미 누군가의 가슴에 조용히 와 닿았다.

'함명자'라는 이름은 이제 하나의 이야기다. 조용하지만 강하고, 낮지만 깊은 이야기. 거창한 무대는 없었지만, 그녀의 삶은 무대 그 자체였다. 환호가 없어도, 박수가 없어도, 그녀는 흔들림 없이 자신의 하루를 걸었다.

"나는 여전히 배우고, 여전히 사랑하며, 여전히 살아가는 사람입니다."

그 문장, 곧 그녀의 인생이다. 누군가는 이 문장을 읽으며 고개를 끄덕일 것이다. 누군가는 이 문장 앞에서 조용히 울 것이다. 그리고 누군가는, 그렇게 다시 살아갈 힘을 얻을 것이다.

뚝심의 사나이 금문찬, 묵묵한 별이 되어 빛나는 사람

　세상에는 말없이 길을 내는 사람이 있다. 자신보다 타인을 먼저 돕고, 자신보다 공동체를 먼저 생각하는 사람. 금문찬 작가는 그런 사람이다. 단단하고 곧은 인품, 치밀한 지성, 창의적인 기질이 오롯이 어우러진 그의 삶은, 고요하지만 누구보다 깊은 울림을 준다.

　젊은 날 그는 고시생이었다. 대학 시절, 법전을 끼고 하루도 거르지 않고 독서실로 향했다. 지적인 열정과 냉철한 분석력, 그리고 그 누구보다 철저한 자기관리. 함께 공부하던 이들은 그를 중심으로 삼았다. 언제나 가장 먼저 이해하고, 가장 정확하게 설명해주는 동료. 그래서 함께 공부했던 친구들은 하나둘 합격의 문턱을 넘었다. 모두가 인정했다. "문찬이 덕분이었다"고.

　하지만 정작 그는 2차 시험의 문턱에서 번번이 고개를 숙여야 했다. 1차 합격을 두세 번 해냈지만, 최종 관문은 늘 그를 비껴갔다. 능력이 부족했던 것이 아니라, 아마도 하늘이 그의 다른 길을 예비해둔 것이었을 것이다. 운명이 그를 붙잡고, 삶은 새로운 길을 열었다.

　그는 교육으로 방향을 틀었다. 본래부터 남을 가르치고 돕는 데에 탁월했던 그는 학원가에서 탁월한 능력을 발휘했고, 이내 일산의 대표 교육기관 중 하나인 '영재산실'을 설립했다. 이름처럼 영재가 태어나는 터전이 되었다. 실력과 인품, 책임감으로 똘똘 뭉친 그는 교사이자 경영자, 멘토이자 친구로서 학생들과 학부모들의 두터운 신뢰를 받는다.

그는 가정에서도 따뜻하다. 남편으로서, 아버지로서 언제나 든든한 기둥이 되어준다. 가족과의 식사를 소중히 여기고, 아이들과의 대화를 놓치지 않으며, 아내에게는 진심을 다해 존중과 사랑을 표현한다. 그의 주변에는 '사람 냄새'가 난다. 따뜻한 차 한 잔 같은 사람, 금문찬.

그런 그에게 또 하나의 매력이 있다. 바로 '음악'이다. 젊은 날 기타를 배우고, 직접 작곡을 하며 노래를 만들었다. 지금도 종종 아카데미 교무실에서 흥얼거리는 모습이 포착된다. 최근엔 "내가 시니어 노래자랑에 나가볼까 해"라고 말해 주위를 놀라게 했다. 모두가 순간 정적에 빠졌지만, 이내 웃음을 터뜨렸다. 그의 '음악적 자의식'은 실로 대단하다. 누가 뭐래도 그는 자신이 음색과 감성 면에서 나훈아와 큰 차이 없다고 믿는다.

사실 객관적으로 평가하면, 음정은 자유롭고 박자는 개성적이다. 때로 멜로디보다 열정이 앞서기도 한다. 그러나 노래하는 그의 표정은 누구보다 진지하고 행복하다. 그것이 그를 미워할 수 없게 만든다. 노래 실력은 잠시 내려놓더라도, 그의 유쾌함은 어느 무대에서나 박수를 받는다.

그는 스포츠에도 열정이 크다. 특히 배드민턴에 애정이 깊어 지역 동아리 회장을 맡아 리더십을 발휘한다. 새벽이면 운동장을 누비며 땀을 흘리고, 젊은 회원들과도 거리낌 없이 어울린다. '배드민턴계의 젠틀맨'이라는 별명은 과장이 아니다.

금문찬 작가는 입지전적인 인물이다. 고난을 딛고 자신만의 길을 열었고, 머무르지 않고 끊임없이 앞으로 나아간다. 그는 지성도, 따뜻함도, 유머도 지닌 보기 드문 사람이다. 노래는 다소 용감하나, 그 용기가 그의 인생 전체를 말해준다. 늘 도전하고, 흔들리지 않으며, 그 자리에서 자신을 다해 사는 사람. 그런 금문찬 작가를 떠올리면 저절로 미소가 번진다. 왜냐하면 그는 진심으로 사람을 사랑하고, 그 진심이 언젠가 반드시 노래보다 더 멀리, 더 깊이 전해지는 법을 알고 있기 때문이다.

하늘을 품은 숲길의 시인, 하봉도

하봉도 시인은 말보다 침묵이 먼저였다. 침묵은 때론 거룩하고, 때론 따뜻하다. 그는 우주를 공부한 사람이다. 천문기상학을 전공했고, 젊은 시절 ROTC 장교로서 하늘과 땅 사이를 묵묵히 걸었다. 천문학을 배우는 이는 밤을 벗 삼아 별의 호흡을 읽는 자다. 하봉도 시인은 그 과묵한 별의 언어를 배운 사람이고, 마침내 그 언어를 시로 옮겨 적은 사람이다.

그의 시집 '하늘숲 오솔길'은 제목부터가 하나의 세계다. 하늘과 숲, 그리고 오솔길—이 세 단어는 그의 삶과 시를 요약하는 정묘한 은유다. 그는 세상을 웅변하지 않는다. 대신 삶의 조용한 틈새에 피어나는 풀잎 하나, 새벽 안개 속에서 낮게 떨리는 낙엽 하나에 마음을 얹는다. 그는 외치지 않고 속삭인다. 드러내지 않고 비춘다.

하봉도 시인의 시를 펼치면, 먼저 바람이 불고, 나서야 문장이 다가온다. 그의 시는 결코 말이 앞서지 않는다. 격정 대신 고요가 있고, 논리 대신 여백이 있다. 과학도로서 터득한 정확성과 질서, 그리고 신앙인으로서 삶을 관조하는 시선이 절묘하게 결합된다. 그 조화는 마치 별자리가 흐트러지지 않고 제 자리에 머무는 천상의 균형과도 같다.

늦깎이 시인. 그것은 결코 늦은 꽃이 아니다. 그는 긴 생을 돌아와, 마침내 가장 아름다운 문턱에 선 사람이다. 희로애락을 다 겪은 '가을 같은 나이'라 했던 그의 말처럼, 시집 한 권이 곧 낙엽 진 숲길에 바치는 단풍잎 한 장 같다. 시집 '하늘숲 오솔길'의 표지는 여백으로 채워져 있다. 그것은 비어 있는 것이 아니라, 가득 담아두기 위해 비워둔 마음의 자리다. 그는 말 없는 다정함으로 세상과 거리를 두되, 그 거리 안에서 더 깊은 사랑을 품는다.

그의 성품은 고요하다. 물결 없는 호수와 같고, 바람이 멈춘 저녁하늘 같다. 그렇게 고요하되, 결코 공허하지 않다. 오히려 그 고요함 속에 더 풍성한 감정과 깊이가 깃든다. 그것이 하봉도 시인이 시를 쓰기 위해 걸어온 인생의 내공이며, 늦게 핀 시의 꽃에서 우리는 오히려 오래된 향기를 맡는다.

하봉도 작가는 단지 시를 쓰는 사람이 아니라, 시처럼 사는 사람이다. 그의 시는 그의 삶을 닮았고, 그의 삶은 신사다움을 품은 한 편의 기도와 같다. 그의 오솔길을 걷다 보면 어느새 하늘이 보인다. 그리고 그 하늘은, 독자에게 조용히 묻는다. 당신의 마음에도 별 하나는 떠 있는가.

최상희 작가, 품격과 예술이 깃든 이름

최상희 작가는 마치 오랜 시간 속에서도 흐려지지 않는 은빛 선율처럼, 지성과 품격, 예술적 열정을 고스란히 간직해 온 인물이다. 변희자 시인과 함께 고교 은사 허만길 선생의 뜻을 받들어 청람연구소를 찾아주신 그날, 그녀의 발걸음은 단순한 방문이 아니라, 한 시대를 살아낸 아름다운 정신의 도착이었다.

허만길 선생은 영등포여자고등학교와 경복고등학교를 아우른 교육자였기에, 우리는 서로 다른 시공간에서 길러졌음에도 같은 '가르침의 뿌리'를 공유한 제자군에 속한다. 그 은사님의 제자답게, 최상희 작가는 평생 음악이라는 고요한 예술의 물결 위를 노 저으며 살아왔다. 그녀는 영등포여고 총학생회장으로 학창 시절부터 품격 있는 리더십을 발휘했고, 이후 음악 아카데미를 설립해 수많은 후학을 정성으로 길러냈다. 이는 마치 꽃이 진 자리마다 향기가 스며들듯, 그녀가 남긴 예술의 결실이 지금도 사람들의 삶속에 은은히 배어 있는 것이다.

세월은 누구에게나 동일하게 흐르지만, 그 세월을 어떻게 품고 가꾸느냐에 따라 얼굴과 마음은 전혀 다른 풍경이 된다. 칠십을 훌쩍 넘긴 나이에도 최 작가의 자태는 여전히 청순하며, 맑은 목소리는 사람들의 마음을 정화시키는 한 줄기 선율처럼 다가온다. 그 모습은 단지 외면의 관리에서 비롯된 것이 아니다. 삶을 단정하게 살고자 한 마음가짐, 사람을 향한 따뜻한 시선, 스스로를 늘 낮추는 겸손한 자세가 빚어낸 인품의 결정체이다.

또한 그녀는 학창 시절의 동창들과 끈끈한 우정을 이어가고 있으며, 오래전 은사에 대한 깊은 존경심을 지금까지도 섬김의 실천으로 보여주고 있다. 이는 단순한 과거 회상이 아니라, '사람과 시간'을 얼마나 진실하게 대하는지를 말해주는 삶의 태도다.

이렇듯 최상희 작가는 자신의 삶을 오선지 위에 써 내려간 하나의 시처럼 살아오셨다. 그 시는 절제 속에 흐르는 정열이 있고, 침묵 속에 스며든 사랑이 있으며, 끝내는 사람의 마음을 움직이는 울림이 있다. 그녀의 청람연구소 방문은 우리에게 또 하나의 깊은 문장을 남겼고, 이제 우리는 그 문장 속에서 함께 동행하게 되었다.

청람의 길 위에 그녀가 남긴 첫 발자국은 꽃잎이 내려앉듯 고요하고 단정했으며, 그 자리는 앞으로도 오래도록 향기롭게 기억될 것이다.

낭송의 숲에서 길을 여는 별, 이숲오 작가

브런치스토리 작가들 사이에서 이숲오 작가는 중심에 선 별이다. 그가 지닌 문장의 힘은 단연 돋보이며, 그의 글에는 한 줄 한 줄이 마치 깊은 숲속을 걷듯, 고요하면서도 울림이 있다. 비유하자면, 그의 문장은 메마른 심장을 적시는 이슬이며, 때로는 지친 삶을 일으켜 세우는 바람이다.

2,000여 명의 구독자는 우연이 아니다. 그것은 작가의 내면에서 우러나오는 사색과 진정성, 그리고 꾸준함이 쌓아 올린 신뢰의 탑이다. 글 한 편, 낭송 한 줄, 목소리 한 숨에도 공들인 사람만이 얻을 수 있는 정수다. 이숲오 작가가 브런치스토리에서 하나의 기둥으로 우뚝 선 이유는, 바로 그 진심의 두께 때문이다.

그러나 그는 단지 글만 쓰는 이가 아니다. 그는 말의 예술, 소리의 온도를 아는 자다. 보이스아트 수석디자이너, 목소리연구소 소장이란 수식어는 단지 직함이 아니라, 그의 존재의 결을 보여주는 증표다. 성우로, 낭송가로, 오디오북 리더로 활동하며 그는 글 너머의 세계, 즉 '소리로 전하는 감정'이라는 장르를 스스로 개척해왔다.

그 결정판이 바로 『꿈꾸는 낭송 공작소』다. 이 책은 단순한 소설이 아니다. 낭송을 통해 삶을 건너는 시적 사유의 여정이며, 꿈을 향한 사람들의 고독한 걸음을 품은 따뜻한 등불이다. 주인공은 청춘의 질주가 아닌, 내면의 침잠 속에서 자신의 길을 묵묵히 걷는 소년이다. 그가 거리에서 시를 낭송하고, 낭송 고수인 노인을 만나 진정한 목소리를 찾는 과정은 결국 우리의 이야기이기도 하다. 이숲오 작가는 말한다.

"나의 길을 가다 보면 확신이 섰다가도 이내 길을 잃곤 한다."

그 한 줄에 담긴 고백은, 작가이기 이전에 인간으로서의 진실이다. 이 소설은 단지 '꿈꾸어라'고 외치지 않는다. 오히려 묻는다.

"이미 꿈을 좇고 있는 너는, 그 길에서 외롭지는 않은가?"

그리고 속삭인다.

"그 외로움과 불안조차 너의 길을 만드는 벗이 되어줄 것이다."

이숲오의 글은 따뜻하지만 무르지 않다. 철학적 사유가 단단히 뿌리내린 문장들은 독자에게 위로 이상의 것을 건넨다. 방향을 잃은 청춘에게는 별이 되고, 확신을 흔드는 이에게는 나침반이 된다.

그의 문장은 낭송의 숲 속에서 길을 잃은 자들에게 길을 건네는 나무다. 그 나무는 말을 하진 않지만, 그늘이 되어주고 숨결을 안겨준다. 그러기에 2,000여 명의 독자가 그의 곁에 머무는 것이다. 브런치스토리에서 그의 글은 단지 읽히는 것이 아니라, '기다려진다.' 그 기다림은 곧 기대이며, 작가에 대한 신뢰다.

이제 우리는 안다. 2,000은 시작일 뿐이며, 20,000은 이숲오가 걸어갈 '숲길의 깊이'만큼 가까이 다가온 수평선이라는 것을. 브런치 작가라면, 누구나 글로 울림을 전하고 싶을 것이다. 그 울림의 중심에, 이숲오라는 이름은 조용히 그러나 강하게 빛난다. 마치 낭송의 밤하늘을 밝히는 한 점 별처럼.

마음의 꽃을 피우는 시인, 채선엽

  채선엽 시인은 감정의 온기를 머금은 언어로 마음을 짓는 사람이다. 그의 시편들은 사소한 대상에도 생명력을 부여하며, 사물의 결을 따라 마음을 이입하고, 마침내 언어의 꽃을 피워낸다. 이는 단순한 감성의 재현이 아니라, 인간의 내면 깊숙한 곳에서 길어 올린 정직한 시심의 발화다.

  그의 작품에는 '감정 이입'이라는 말이 자연처럼 스며 있다. 꽃무늬 노트를 친구처럼 품고 다니며 "꼼지락꼼지락 시의 마음"을 틔우는 장면에서는 시인 특유의 다정한 세계 인식이 엿보인다. 세상과 대화를 나누듯, 시는 그에게서 자라나고 자란다. 또 '담쟁이덩굴'처럼 가녀린 줄기에도 삶을 밀어 올리는 생명력이 담겨 있다. 사물에 생명을 불어넣는 채선엽의 시선은 단순히 아름다움에 그치지 않고, 존재의 이유를 찾는 성찰로 나아간다.

  '빗속 나무'에서처럼, 아이들은 도깨비처럼 달아나지만, 나무는 비를 고스란히 맞으며 한 발짝도 움직이지 않는다. 여기서 그는 묵묵히 제 자리를 지키는 존재의 고통과 품위를 동시에 그려낸다. 그는 자연을 통해 인간을 읽고, 인간을 통해 다시 자연을 깨우는 시적 윤리를 실천한다.

  채선엽 시의 진심은 가족 앞에서 더욱 투명해진다. '아버지'와 '엄마의 손'에서 그는 유년의 기억과 부모의 흔적을 온몸으로 안는다. 보청기를 낀 아버지의 귀를 자신의 입술 가까이 가져가는 모습, 밤새도록 거칠고 울퉁불

통한 엄마의 손을 꼭 잡고 눈물을 삼키는 장면은 독자의 가슴을 무장 해제시키기에 충분하다. 이는 단지 개인의 추억이 아니라, 모두의 기억과 연결되는 보편적 감성의 복원이다.

그의 시는 따뜻하지만 감상에 빠지지 않는다. '수련화 그리움'에서 그는 기다림과 이별의 정조를 수련화의 개화와 수렴을 통해 구현한다. 밤새 꽃잎을 오므리고 임을 향한 마음을 품는 그 이미지에는, 절제된 감정의 숭고함과 함께 순결한 사랑의 진경이 깃들어 있다. 시는 이미 가곡으로 옮겨졌고, 목소리와 음률을 타고 더욱 멀리 퍼져 나간다. 이는 시인의 언어가 음악적 울림을 지닐 만큼 진실하다는 증거다.

삶의 미학이란 어디에 있을까. 채선엽 시인의 시는 말한다. 그것은 '마음씨'에 있다고. 마음을 쓰는 태도, 세상을 바라보는 눈길, 존재를 대하는 자세. 시인의 문장은 그것을 오래 품은 손끝에서 태어난다. 그의 시에는 불필요한 수사가 없고, 군더더기 없는 묵직한 삶의 경험이 있다.

순천만의 갈대처럼 그는 바람을 따라 휘날리되 꺾이지 않는다. 흔들리되 뿌리를 잊지 않는다. 그러하기에 그의 시는 오늘도 누군가에게 쉼이 되고, 누군가에게 그리움이 된다. 문학이란 삶의 연장을 위한 언어의 숨결이라면, 채선엽은 그 숨결을 가장 곱고 조용히 불어넣는 시인이다.

앞으로도 그는 꽃무늬 노트를 품고, 담쟁이덩굴처럼 한 뼘씩 세상을 타고 오를 것이다. 그가 쓰는 시 한 편마다, 우리는 인간다운 온도와 마음의 윤리를 되찾게 된다. 시를 읽는 일이 곧 마음을 단정히 여미는 일이 될 수 있다면, 채선엽 시인은 그 문턱에 앉아 우리를 따스하게 맞이하는 사람일 것이다.

모상철, 하루 한 편의 시로 세상을 정리하는 사람

모상철 시인을 처음 마주하면, 말보다 눈빛이 먼저 마음을 울린다. 말은 아껴도 정중하고, 행동은 조용하되 단단하다. 그의 시를 읽기 전부터 사람들은 그를 '시인'이라 부르곤 한다. 그만큼 그의 삶 자체가 이미 하나의 시적 질서 속에 놓여 있다. 그는 말보다 글을, 주장보다 실천을, 이론보다 하루 한 편의 시를 중시하는 사람이다.

그는 진정한 젠틀맨이다. 단정한 인품, 겸손한 태도, 무엇보다도 남을 배려하는 마음이 몸에 배어 있다. 그것은 배운 것이 아니라, 살아오며 깊어진 것이다. 말끝마다 드러나는 겸양은 스스로를 낮추기 위한 전략이 아니라, 타인을 있는 그대로 존중하는 삶의 습관이다.

그는 진짜 사나이다. 여기서 '진짜'란 단단하면서도 따뜻하다는 뜻이다. 그는 외유내강의 성품으로, 세상의 거친 소음에 휩쓸리지 않고 자신만의 목소리를 지킨다. 목소리란 단지 음성이 아니라, 그의 정신이 머무는 방식이다. 시를 좋아하고, 책을 가까이하며, 자연을 품은 채 살아간다.

모상철 시인은 글이 곧 삶인 사람이다. 시를 쓰는 일은 그의 취미가 아니라 숨 쉬는 방식이며, 자신의 하루를 정리하고 세계를 정돈하는 의식이다. 누군가는 새벽을 커피로 시작하지만, 그는 시로 시작한다. 아침마다 한 편의 시를 세상에 띄우는 그의 삶은 '일상의 시인'이라는 말보다 더 깊은 경건함이 있다.

그는 자연을 사랑하는 사람이다. 아니, 그는 자연 그 자체처럼 산다. 바람이 불면 잠시 멈추고, 빗소리를 들으면 시를 떠올린다. 나무의 쉼, 꽃의 언어, 돌의 침묵에도 귀를 기울인다. 그는 세상의 소란을 통과해 자신의 고요에 도달한 사람이다. 그 고요함 속에서 시가 자라고, 그 시는 다시 사람을 품는다.

그의 지속성과 항구성은 많은 사람에게 귀감이 된다. 한두 편의 글로는 사람됨을 알기 어렵지만, 수백 편의 시 뒤에는 한 사람의 일관된 태도와 철학이 숨 쉬고 있다. 매일 시를 쓴다는 것은 쉬운 일이 아니다. 그것은 영감을 기다리는 일이 아니라, 묵묵히 자기 자리에서 하루를 성실히 견디는 일이다. 그는 그 길을 한결같이 걸어온 사람이다.

모상철 시인은 화려하지 않다. 그러나 깊다. 겉으로 드러나는 수식어보다, 속으로 가라앉는 울림이 큰 사람이다. 그와 함께 있으면 말수가 줄고, 마음이 편안해진다. 그는 자신을 앞세우지 않고, 오히려 남을 세워준다. 그의 말은 따뜻하고 단단하며, 그의 침묵은 더 깊은 말을 품고 있다.

그는 시인이기 전에, 참된 사람이다. 시를 쓰는 이들의 모범이며, 함께 글을 나누는 이들에게는 따뜻한 길잡이다. 시보다 더 시적인 사람, 그것이 바로 모상철이다. 그는 매일같이 날아오르지 않지만, 매일 같은 자리에 있는 사람이다. 그리고 그 자리는, 우리 모두가 날아오를 수 있도록 바람을 일으키는 가장 깊은 중심이다.

불후의 효심, 예술로 피어나다
안순보 작가 '어머니 백수연 기념전'에 부쳐

2025년, 안순보 작가의 붓끝은 더없이 깊고도 따뜻한 결로 빛난다. 황해도 해주에서 태어나 일제강점기와 전쟁, 빈곤과 이산의 세월을 온몸으로 건너온 어머니 최중례 여사가 몇 해 전 100세의 나이로 백수연(白壽宴)을 맞았다. 그 생애는 한국 근현대사의 모진 격랑 속에서도 가족을 지키며 살아낸 '시대의 어머니'라는 이름으로 응축된다. 이 기념비적인 자리에, 작가 안순보는 예술가로서 가장 숭고한 방식으로 효심을 실천한다. 바로 '불후(不朽)'라는 이름의 기념작가전을 마련한 것이다.

안순보 작가는 올해로 팔순을 맞았지만, 그 누구보다 젊고 생생한 예술혼을 지닌 인물이다. 그는 청년들과 치열하게 탁구를 세 시간 이상 치러도 지치지 않으며, 밤새도록 붓을 들고 서예와 수묵화, 수채화에 혼신을 쏟는다. 이미 대한민국 서예 최고 권위인 대통령상을 수상한 바 있으며, 반세기에 가까운 세월을 오직 예술과 후학 양성에 바쳐왔다.

그의 곁에는 언제나 어머니가 있었다. 전시 준비, 공모전 응모, 먹을 갈고 화폭 앞에 앉는 그 모든 순간마다 어머니는 조용한 응원자이자 헌신적인 조력자였다.

이 전시는 그런 어머니의 삶을 기리는 예술적 헌사이자 영원한 사랑의 기록이다.

이번 전시에는 갑골문자부터 예서, 해서, 초서에 이르는 약 8천 자의 서예작품이 출품됐다. 예수의 십자가, 부귀영화의 금코끼리, 황금거북과 금송 등 행운과 장수를 기원하는 예술 상징물들이 함께 선보였다. 최대 93미터에 이르는 초대형 두루마리 작품을 비롯하여 『귀거래사』 10폭 병풍, 『애련설』 8폭 병풍, 『장진주갑골』 4폭 병풍 등 70여 점에 이르는 대작들은 안 작가의 장대한 예술세계와 진심 어린 효심이 절묘하게 결합된 감동의 현장이다.

개막행사에서는 문인들이 헌정한 축시와 찬가, 시낭송이 펼쳐지며, 작가가 어머니를 위해 직접 쓴 감사의 글도 낭독됐다. '어머니'라는 존재가 단지 혈연을 넘어 예술혼의 뿌리였음을, 그리고 예술이 효의 완성된 표현이 될 수 있음을 이 전시는 뚜렷이 증명했다.

안순보 작가와 어머니 최중례 여사의 삶은, 피붙이의 정과 예술의 진정성, 그 오래 묵은 향기처럼 우리 모두의 마음에 따뜻한 흔적을 남긴다. 이는 단순한 전시가 아니라, 인간의 사랑과 헌신, 예술과 신념이 맞닿은 진정한 경건의 의례다.

윤봉한 선생, 피묻은 태극기를 품고 조국의 길을 걷다

2025년의 서울. 고층 빌딩 사이를 가르며 흐르는 바람 속에 한 사내의 걸음이 멈췄다. 윤봉한 선생, 올해 77세. 그는 반세기 가까이 미국에서 살아온 이민자였다. 하지만 그 어느 때보다 더 강하게 '조선의 아들'로 돌아왔다. 땅을 밟는 그의 발끝에는 이국의 세월이 묻어 있었고, 심장에는 지워지지 않는 이름, '대한민국'이 타오르고 있었다.

1978년, 스물한 살의 청년은 한 줌의 희망을 안고 태평양을 건넜다. 언어도 문화도 생소한 이국땅에서의 삶은 쉽지 않았지만, 그 어느 날도 조국을 잊은 적은 없었다. 외국 시민권자의 이름 아래 살았으나, 윤 선생은 끝내 자신을 조선의 피를 이은 사람으로 남기려 했다. 무명처럼 살며도 '민족의 혼'을 가슴에 새긴 채.

그가 다시 조국 땅을 딛은 것은 단순한 귀국이 아니었다. 윤 선생은 북녘 가까운 접경지에서부터 서울까지, 1700리 국토를 맨몸으로 걸었다. 그것은 단순한 행군이 아닌, 순례였다. 해묵은 누루마기를 걸치고, 괴나리봇짐 위에는 충무공 이순신의 깃발이 펄럭였다. 그 모습은 누군가에게는 퍼포먼스로 보였을지 모르나, 윤 선생에게는 살아온 인생 전체였다.

서울에 다다른 그의 걸음은 뜻밖의 만남으로 이어졌다. 장준하 선생의 아들이자 전 광복회장인 장호권 회장과의 포옹. 말 한마디 없어도 전해지는 뜨거움이 있었다. 두 사람은 시대의 사명을 짊어진 두 어깨였다. 그 가운데 장 회장은 조심스럽게 보자기 하나를 풀었다. 그 안에는 독립운동가의 피가 서린 태극기가 있었다. 낡고 찢겼지만, 그것이야말로 민족의 진짜 얼굴이었다. 장 회장이 전했다. "이 깃발은 천 조각이 아닙니다. 산 자와 죽은 자의 언어이며, 잊지 말아야 할 우리의 사명입니다."

윤 선생은 그 태극기를 두 손에 들고 한참을 움직이지 않았다. 고개를 숙이자 눈물이 떨어졌다. 그것은 개인의 회한이 아니라, 조국을 잊지 못한 민족의 심장이 흘린 눈물이었다. 광장엔 바람이 불고, 마치 세월이 잠시 숨을 멈춘 듯 고요해졌다. 그리고 누군가의 입에서 흘러나온 노래, "대한독립 만세…"

왜 그는 다시 왔는가. 왜 평온한 이민자의 삶을 뒤로하고 1700리를 걸었는가. 윤봉한 선생은 대답 대신 걸었다. 광복의 기억이 흐려지고, 애국의 언어가 유행처럼 잊히는 이 시대에 그는 말하고 싶었다. "우리는 끝나지 않았다"고. 누군가는 이 길을, 이 고통을, 이 피를 다시 증언해야 한다고.

그날 윤봉한 선생은 피묻은 태극기를 품에 안았다. 그리고 다짐했다. 그는 이 시대에 잊힌 혼을 다시 깨우는 '살아 있는 증언'이었다. 서울의 하늘은 눈부시게 맑았고, 그의 발걸음은 여전히 조국을 향해 나아가고 있었다. 민족의 길, 그 위에서 윤봉한이라는 이름은 오늘도 살아 숨 쉬고 있다.

장 원 교수, 뿌리를 가꾸는 사상의 농부

장원 교수는 밭이 아니라 사람의 내면에 씨를 뿌리는 농부다. 그는 흙을 보며 땅을 일구되, 실제로 경작하는 것은 인간의 정신이다. 도시의 아스팔트 아래서 잊힌 생명의 숨결을 다시 흙으로 끌어올리고, 사라진 의미를 되살리는 사람. 손에는 곡괭이 대신 철학을 들고, 발은 땅을 딛되, 눈은 늘 인간과 시대의 내일을 응시한다. 그는 곧 사상으로 살아가는 사람이며, 그 삶의 실천이 '농촌유토피아대학교'다.

그가 세운 농촌유토피아대학교에는 전통적인 대학의 풍경이 없다. 교정도, 등록금도, 교탁도 없다. 그러나 그것은 대학 이상의 무엇이다. 세 가지 뿌리, 곧 창조적 상상력, 지역 리더십, 기본소득을 중심으로 한 이 교육 실험은, 산업화 이후 도시 중심으로 고착된 교육 패러다임을 완전히 전복하는 선언이다.

장원 교수는 "되돌아가자"고 외치지 않는다. 다만 "여기서부터 다시 시작하자"며 땅을 가리킨다. 그가 보는 흙은 단순한 토양이 아니라, 잊힌 마을의 기억이며, 민초들의 숨결이자 인간다움을 회복하는 출발점이다.

장 교수는 땅 위에 건물을 짓지 않는다. 대신 철학으로 기둥을 세우고, 관계로 지붕을 얹고, 연대로 마감한다. 그의 유토피아는 추상적 이상이 아니라, 지금 이곳, 뿌리에서 시작되는 구체적 실천이다. 그는 잎을 보지 않는다. 뿌리를 본다. 그리고 교육이란 결국 뿌리에 물을 주는 일이라는 것을 누구보다 잘 안다.

농촌유토피아대학교의 과정은 자연의 성장과 닮아 있다. 1학년엔 통섭, 2학년엔 창조, 3학년엔 리더십. 배움은 곧 생명의 과정이다. 학생들은 청강자가 아니라 창조자다. 직접 법인을 만들고 회사를 경영하며, 졸업 후엔 논밭으로 돌아가 마을과 함께 살아간다. 교실 밖의 교육, 삶과 연결된 배움, 그것이 장 교수가 말하는 진짜 '공부'다.

그러나 장 교수의 사상은 지역을 넘어선다. 농촌이라는 실험의 장을 넘어, 인간 정신의 재건을 향한 철학이다. 시들어가는 인간의 마음에 물을 주고, 유리된 존재에게 다시 뿌리를 선사하는 일. 그 실천이 지금은 '사상계' 복간이라는 새로운 도전으로 이어진다. 장준하 선생의 길을 잇고자 하는 이 작업은, 장 교수가 단지 사상을 말하는 자가 아닌, 사상을 '살아내는' 자임을 보여준다.

그의 턱수염은 그의 정신과 닮았다. 흔들려도 뽑히지 않는 신념의 줄기. 수염의 끝에는 바람이 머무르고, 말없이 사람들의 마음을 쓸어주는 사상의 결이 흐른다. 장원 교수는 그런 사람이다. 도시의 속도에 휩쓸리지 않고, 별빛을 좇으며, 속도보다 숨을, 성과보다 생명을 먼저 생각하는 사람.

그가 만드는 학교는 건물이 아니라 관계이고, 제도가 아니라 삶이다. 유토피아는 먼 이상이 아니라, 지금 이곳의 뿌리에서 피어나는 현실이다. 그리고 그 위에 장원 교수의 삶이 조용히 웃고 있다. 시대는 그를 '교수'라 부르지만, 우리는 그를 '스승'이라 부를 수밖에 없다. 그는 오늘 우리가 다시 만나야 할, 사상과 생명을 잇는 진짜 교육자다.

'사상의 유산을 이은 사람', 장호권을 말하다

　종로 2가, 붉은 등 하나 겨우 지탱하고 있는 오래된 선술집 한켠. 흐린 조명 아래 조용히 앉아 있는 사내의 얼굴엔 역사의 그림자와 아버지의 숨결이 함께 어른거린다. 그는 장준하의 장남이자, 자유와 정의의 유산을 이어 걷는 사람, 장호권 전 광복회장이다.

　장호권은 단지 위대한 인물의 자식이라는 이유로 주목받는 인물이 아니다. 그는 시대의 양심이자, 한 세기를 가로지른 민족 정신의 후계자이다. 아버지 장준하 선생은 일제강점기 조국 광복을 위해 생을 바쳤고, 해방 후에는 '사상계'를 창간하여 자유민주주의의 씨앗을 뿌렸다. 한 글자 한 글자에 진실을 새기던 그의 신념은, '말의 혁명'이 어떻게 세상을 바꿀 수 있는지를 보여주었다.

　그 정신은 혈연보다 더 깊은 인연들 속에서도 이어졌다. 김준엽 선생과 함께한 중국 광복군 시절, 해방 후의 언론 활동, 유신체제에 대한 저항까지. 두 사람은 비겁하지 않았고, 침묵하지 않았다. 무너지는 공권력 앞에서도 지식인의 양심으로 맞섰고, 자유와 민족을 향한 길을 놓지 않았다.

　이런 아버지의 그림자 아래 산다는 것은 단순한 명예가 아니라 엄혹한 짐이다. 그러나 장호권은 그 무게를 회피하지 않았다. 그는 광복회 회장으로서의 재임 기간 동안, 아버지 세대의 숭고한 희생을 오늘의 언어로 복원하는 데 헌신했다. 기념사업이 형식에 머물지 않도록 애썼고, 정의가 권력보다 위에 있다는 것을 행동으로 증명했다.

무엇보다 그는 '사상계'를 복간하며 시대의 언어를 되살렸다. 단지 과거를 복원하려는 것이 아니다. 그는 오늘의 젊은 세대에게 묻는다. "너희는 어떤 자유를 꿈꾸고 있는가?" 과거의 이름으로 현재를 꾸짖는 것이 아니라, 현재를 위한 사상의 플랫폼을 다시 쌓는 일이다. 그에게 있어 사상계란, 아버지의 유산이자 동시에 자신의 삶의 좌표이다.

그는 올곧다. 말과 행동 사이의 간극이 없다. 그는 양심적이다. 불의에 눈감지 않고, 정의를 위해 기꺼이 불편을 감수한다. 그는 투명하다. 권력을 위한 움직임이 아니라, 기억과 진실을 위한 걸음만이 그의 방향이다. 그리고 그는 애국자이다. 국기에 대한 맹세가 아니라, 역사를 지키고 미래를 준비하는 방식으로 조국을 사랑하는 사람이다.

지금, 그는 조용히 선술집에 앉아 있다. 마치 아버지가 그랬던 것처럼. 사상의 고단한 길을 걷는 이들에게 그 자리는 늘 같은 자리로 남는다. 역사의 나무는 그렇게 뿌리를 통해 다시 피어난다. 장호권은 말없이 그 자리에 앉아, 아버지의 바람을 오늘의 바람으로 바꾸고 있다.

그는 말이 아니라 '삶'으로 사상을 증명하는 사람이다.

조은비, 아름다움과 지성을 겸비한 미래의 등불

청람 선생이 소중히 제자가 있다.

조은비, 그녀는 단지 '영특하다'는 말로는 다 담아내기 어려운 깊이와 넓이를 지닌 청년이다. 지성과 예술성, 그리고 신앙과 인격을 고루 갖춘 인물로, 그 존재만으로도 시대의 희망이 무엇인지를 조용히 증명해낸다.

조은비는 학창 시절부터 모든 분야에서 두각을 나타냈다. 문학에 대한 감수성과 언어의 결을 꿰뚫는 이해력은 단연 압도적이었다. 하지만 그것은 단지 시작에 불과했다. 그녀는 음악과 미술, 특히 피아노에서 뛰어난 재능을 보였다. 정갈하고 품격 있는 연주는 마치 글처럼 사유를 담아내는 듯했다. 그 연주는 청중을 울리고, 침묵을 울릴 줄 아는 사람이었다. 예술은 그녀에게 표현이 아니라 기도에 가까웠다.

그녀의 학문적 길도 찬란했다. 조은비는 서울대학교에 당당히 입학해 학부에서 최우등의 성적으로 졸업했고, 현재는 대학원에 진학하여 더 깊은 학문과 사유의 세계로 들어서고 있다. 학문은 그녀에게 명예가 아닌 사명으로 읽힌다. 지식을 쌓기보다는 그것으로 타인을 섬기고, 시대를 밝히기 위한 도구로 여긴다. 그래서 그녀의 배움은 언제나 고요하지만 단단하고, 깊지만 낮은 자리로 흐른다.

외모 또한 단정하고 기품이 넘친다. 대학 시절, 코리아인터콘티넨탈 미인

대회에 출전해 수상한 이력은, 단지 겉모습의 아름다움이 아니라 내면의 품격이 드러난 결과였다. 그녀의 모습은 단순한 미의 형상이 아닌, 예의와 존중, 신앙과 겸손이 흘러넘치는 품위 그 자체다.

그러니 자연스레 그녀를 주목하는 곳은 하나둘이 아니었다. 정부 기관과 정치권, 그리고 사회 각계의 지도자들이 그녀를 향한 러브콜을 보내고 있다. 그러나 조은비는 이 모든 제안 앞에서도 한 가지 원칙을 지켰다. 바로 '선한 영향력'의 실현. 그녀는 독실한 기독교 신앙인으로서, 자신의 길을 개인의 영달이 아닌 공동선의 구축으로 확장시키고자 한다. 그녀가 꿈꾸는 세계는 빛나는 성공이 아닌, 함께 밝아지는 사회이다.

조은비는 시대가 기다리던 청년상에 가장 가까운 인물이다. 외모와 실력, 인격과 신앙, 품성과 용기, 그리고 무엇보다 타인을 위한 겸허한 마음을 두루 갖춘 그는, 이 시대가 절실히 필요로 하는 '빛의 사람'이다. 인공지능과 초연결 사회의 복잡한 혼돈 속에서, 조은비 같은 인물은 한 시대의 정직한 지향이자 다음 세대를 위한 아름다운 답이다.

우리는 이 조용한 거목의 사람을 목도하고 있다. 지금은 단정한 걸음으로 학문의 길을 걷고 있으나, 머지않아 그녀는 문학과 예술, 신앙과 공공의 자리에서 모두를 밝히는 이름이 될 것이다. 그 이름이 조은비다. 그녀를 기억하는 일은 곧 시대의 희망을 품는 일이다.

고요 속에 빛나는 사람, 신위식의 시와 존재

  신위식 선생은 말이 없다. 아니, 말을 아낀다. 그리고 더욱 정확히 말하면, 그는 침묵이라는 언어로 세상을 듣고 응시한다. 요란하지 않다. 주장하지 않는다. 그가 택한 방식은 말보다 경청이고, 표현보다는 수용이다. 그런 태도는 쉽게 따라할 수 없다. 그것은 삶을 깊이 관조한 사람만이 갖게 되는 내면의 고요이며, 그 고요는 곧 한 인간의 품격이 된다.

  그는 늘 듣는다. 사람의 말뿐 아니라 바람의 소리, 나무의 속내, 이른 아침 풀잎에 맺힌 이슬의 조용한 탄식을 듣는다. 세상은 말이 많지만, 그는 듣는다. 경청은 그의 일상이며 철학이다. 사람들은 그 침묵이 낯설어 잠시 머뭇거리지만, 곧 알게 된다. 그의 침묵은 회피가 아닌 초청이며, 무관심이 아닌 깊은 품음이라는 것을.

  혹여나, 그가 입을 열 때가 있다. 그러나 말 대신, 미소가 먼저 흐른다. 그 미소에는 따스한 수분이 스며 있고, 연민이 있으며, 허튼 분노나 조급함이 없다. 그것은 오래된 강물처럼 잔잔하면서도 단단한 힘을 품고 있다. 이 세상에서 가장 위엄 있는 표정은 다정한 미소라는 것을, 그는 몸으로 보여준다. 그의 시 또한 그렇다. 말이 적고, 대신 여백이 많다. 시선은 짧지만 사유는 깊다. 자연을 바라보되, 자연에 감탄하지 않고 그 안에 들어가 스스로 일부가 된다. 그래서 신위식의 시는 '물아일체'의 경지를 드러낸다. 꽃을 그리면 꽃이 되고, 바람을 노래하면 바람이 되어 흐른다. 그 어떤 과장도, 인공적인 장식도 없다. 시의 숨결이 곧 사람의 호흡이 되고, 그 안에서 독자는 무언의 위안을 받는다.

신위식 선생의 시는 단지 아름답지 않다. 그는 아름다움을 '연출'하지 않는다. 오히려 그는 자연과 사람의 결을 있는 그대로 받아들이고, 그 본연의 생명감에서 시의 미학을 길어 올린다. 그의 미의식은 꾸밈이 아닌 비움에 있고, 드러냄이 아닌 감춤에 있다. 그것은 동양 고전의 미학과도 닿아 있다. '무위자연(無爲自然)'의 정신. 억지로 조형하지 않아도 이미 스스로 조화로운 것. 그런 시는 읽는 이에게 공감이 아닌 정화를 안겨준다.

그가 추구하는 삶의 가치는 곧 그의 작품이 증명한다. 그에게 시란, 어떤 자리에 오르기 위한 수단이 아니며, 누군가의 눈길을 끌기 위한 장치가 아니다. 시란 그저 그렇게 살아온 삶의 흔적이고, 침묵 속에서 맺힌 진실의 결정이다. 그러므로 그는 시를 쓰는 사람이 아니라, 시로 살아가는 사람이다. 그 삶의 자세가, 곧 시의 정신이 된다.

그는 사람을 사랑하되 가르치려 하지 않고, 다가오되 무겁게 다가가지 않는다. 그의 인간됨은 물처럼 스며들고, 햇살처럼 따스하며, 산처럼 묵직하다. 그런 인격은 사람의 마음을 무장해제시킨다. 누구도 그 앞에서 억지를 부릴 수 없고, 허세를 내세울 수 없다. 신위식 앞에서는 사람마다 조용히 자신을 돌아보게 된다. 그것이 인격의 영향력이다.

그의 침묵은 세상의 소란을 눌러주고, 그의 시는 잃어버린 감각을 되살린다. 우리가 매일 지나치는 사소한 풍경들 속에서, 그는 시를 발견하고, 그것을 삶으로 길어올린다. 그리하여 신위식은 시인 이전에 존재의 미학을 실천하는 사람이며, 그의 삶은 문학의 형식을 넘어선 한 편의 깊은 시가 된다. 그런 그를 아는 이들은 말한다. 신위식은 말로 빛나는 이가 아니라, 존재로 빛나는 사람이라고.

그는 말의 힘을 아는 이기에 말보다 삶을 먼저 살고, 시의 무게를 아는 이기에 시보다 먼저 침묵을 택한다. 그러므로 우리는 오늘, 신위식이라는 시인을 칭송하기보다, 신위식이라는 존재 앞에 조용히 고개를 숙인다. 그가 보여준 삶의 결이, 시의 품격이, 그리고 사람의 가능성이 우리에게 여전히 유효하다는 것을 믿으며.

바다 위에 놓인 다리, 시인 이희국

인연이란 참으로 묘한 것이다. 오랜 세월에 무게를 두기보다, 마음이 만나는 순간의 깊이를 따지는 것이 진짜 인연이다. 시인 이희국을 처음 만난 날, 나는 알았다. 말없이 곁에 서 있어도 온기가 전해지는 사람, 그리고 시로 사람을 품는 진짜 시인. 마치 오래전부터 알고 지낸 사람처럼 다가와, 하루 만에 50년의 인연을 쌓은 사람, 바로 이희국 시인이다.

그의 시에는 사람이 있고, 다리가 있다. 이 세상의 수많은 시가 찬란한 비유와 화려한 언어로 치장되어 있다면, 이희국의 시는 가장 낮고 단순한 언어로 가장 멀리 건너가는 다리를 놓는다. _"섬으로 가는 다리가 놓이고 / 사람들은 걸어서 바다를 건넜다"_는 구절은 단순한 진술이 아니다. 그것은 인간의 외로움과 단절을 잇는 따뜻한 눈빛이다. 시인은 그 다리를 문장 하나로 놓고, 그 위로 수많은 마음을 건네준다.

그의 시를 읽고 있으면, 소년이 보인다. 어둑한 교실에 홀로 남아 책을 읽는 아이, 바깥에는 눈이 내리고, 선생님은 아이의 어깨를 감싸며 조용히 말한다. "가자, 집으로." 그 장면은 그저 한 편의 회상시가 아니라, 세상을 버티게 하는 힘이다. 그리고 그 선생님은 다리였다. 한 사람의 인생을 겨울에서 봄으로 이끌어주는 살아 있는 다리.

시인 이희국은 평생 다리를 놓아온 사람이다. 약사로, 교수로, 그리고 시인으로. 그의 삶은 무대 뒤에서 조용히 사람들을 이어주는 징검다리였다. 누군가 고통 속에 주저앉을 때, 그는 손을 내밀었고, 누군가 길을 잃었을 때 그는 작은 불빛을 내주었다. 그러면서도 단 한 번도 자신을 드러내려 하지 않았다. 말 없는 다정함, 그것이 그의 삶이고 시였다.

그의 시집 『다리』는 그 자체가 시인의 자화상이다. 다리를 소재로 한 시들은 단순한 구조물이 아니라, 사람과 사람 사이를 연결하는 존재에 대한 예찬이며, 사랑과 배려에 대한 선언이었다. 마치 어머니의 품처럼, 스승의 손처럼, 봄의 햇살처럼 그 다리는 무너지지 않고 서 있었다.

나는 그를 이희국 시인이라 부르기보다, '이 다리'라고 부르고 싶다. 문학과 삶을 잇는 다리, 상처받은 사람들을 건너게 해주는 다리, 그리고 우리가 잊고 살았던 순수와 감동을 되돌아보게 하는 다리. 그의 시 앞에서 나는 늘 부끄러워진다. 삶을 깊이 바라보지 못하고, 사람을 놓치며 바쁘게 살아온 시간들이 부끄러워진다.

그와 황성구 시인과 나, 세 사람은 첫 만남에 '형제'가 되었다. 오래된 시간은 증명일 뿐이다. 진짜 인연은 단 하루에도 이루어진다. 그 하루가 지닌 온기와 진심이 있다면, 우리는 함께 울고 웃으며 늙어갈 수 있다. 그렇게 시인의 삶은 문학보다 더 아름답다. 시가 그의 이름을 남긴다면, 그의 마음은 우리 삶을 남긴다.

이희국 시인은 이 시대의 따뜻한 다리다. 차가운 언어의 바다를 건너, 마음을 이어주는 존재. 바다 위를 환히 밝히는 영종대교처럼, 그의 시는 어둠 속에서도 길을 밝혀준다. 시가 무엇이냐 묻는다면, 나는 그 시를 한 줄 건네주겠다. "겨울에서 봄을 이어주는 다리였다."

그리고 이렇게 덧붙일 것이다. "그 다리의 이름은, 이희국이다."

백결 선생 허만길, 한 사람의 품격이 시대의 거울이 되다

　삶의 바다를 항해하다 보면, 누구에게나 한 사람쯤은 잊지 못할 등대가 있다. 나에게 허만길 선생은 그런 분이다. 등대이자 나침반이고, 말보다 침묵으로 길을 보여주신 참스승이다. 그의 삶은 화려하지 않았다. 오히려 눈부시게 단정했다. 그 단정함은 어떤 명예나 권위로 세운 것이 아니라, 치열하고 고요한 실천으로 쌓아올린 성품의 탑이었다.

　허만길 선생은 교육자, 시인, 수필가, 소설가로서 문학의 넓은 들판을 걸으며 '복합문학'이라는 새로운 길을 연 창시자이기도 하다. 한국 문단과 교육계에서 그는 이미 살아 있는 전설이다. 그러나 나는 이 모든 위업보다 그의 '사람 됨'을 먼저 말하고 싶다. 어린 나이에 세계 최연소 중·고교 교원자격을 획득하고, 수석 합격으로 이름을 올렸지만, 그는 늘 자신을 낮추었다. 겸손은 그의 평생 습관이었다.

　선생의 삶은 검소함 그 자체였다. 한 평생 서울 신길동의 오래된 집에서 살며, 단 한 벌의 양복으로 수십 년을 버텼다. 소매가 닳으면 꿰매고, 등판이 해지면 다시 바느질로 메웠다. 그 모습이 얼마나 다부지고도 따뜻했던지, 사람들은 그를 '현대의 백결 선생'이라 불렀다. 비단옷이 아닌 삼베옷에 시를 짓던 백결처럼, 그는 인격의 옷으로 자신을 감쌌다.

　가난했으되, 가난하지 않았다. 선생의 마음은 누구보다 부유했고, 지닌 것은 적어도 나눔은 가장 풍요로웠다. 국가의 부름에 응해 교과서 편찬과 교육정책 수립에 기여했으며, 정신대 문제, 국어순화운동, 상하이 임시정부 보존운동 등 언어와 민족의 영혼을 지키는 일에 앞장섰다. 그 발걸음은 거창하지 않았지만, 하나같이 정직했고, 뜨거웠다.

그의 제자들은 70대가 되어서도 여전히 그를 '선생님'으로 모신다. 세월이 흘러도 변치 않는 스승에 대한 존경은, 그가 살아온 시간의 품격을 증명한다. 스승을 향한 제자의 예우가 형식에 그치지 않고 존경의 기도로 피어나는 이유는 단 하나, 선생이 자신의 삶을 가르침의 교본으로 삼았기 때문이다.

선생의 시비가 세워진 의령, 보령 등지에는 시보다 사람이 먼저 새겨져 있다. "당신이 비칩니다"라는 시구는 사실, 선생 자신의 삶을 압축한 문장이다. 그의 존재는 누구보다 밝고, 조용하게, 멀리 비추었다. 높은 자리에 오르지 않아도 누구보다 많은 사람을 일으켜 세운 그 품성은, 훈장보다 더 귀한 별처럼 빛난다.

오늘 우리가 잊지 말아야 할 스승의 참모습이 있다면, 그것은 바로 허만길 선생 같은 분이다. 치열한 지성과 맑은 인품, 가난 속에서도 꿋꿋이 존엄을 지킨 삶. 그는 사라져가는 도덕의 얼굴을, 잊혀가는 스승의 품격을 온몸으로 지켜낸 분이다.

한 시대를 가로지른 단단한 한 획,
나는 그것을 '허만길'이라 부른다.

최현배 선생은 허만길의 스승이었고,
허만길 선생은 나의 스승이다.

　영등포구 신길1동에 거주하면서 영등포여자고등학교 교사, 경복고등학교 교사, 영원중학교 교장, 당곡고등학교 교장을 역임한 허만길 문학박사(시인)가 〈월간 신문예〉 2021년 7·8월호(서울)에 초대수필로 실은 '국어학자 외솔 최현배 박사와의 만남'이 큰 화제를 낳고 있다. 17쪽에 걸친 회고 형식의 수필인데, 주요 내용을 소개한다.

　허만길 박사는 1960년 진주사범학교 3학년 재학 중 17살에 국가시행 중학교교원자격검정고시에 응시하여 수석합격으로 18살에 국어과 중학교교원자격증을 받았다. 그리고 1962년 19살에 국가시행 고등학교교원자격검정고시에 응시하여 수석합격으로 국어과 고등학교교원자격증을 받았다.

　중학교교원자격검정고시 및 고등학교교원자격검정고시는 1차 전공과목 학력고사(필기시험)에 합격하면 2차 구술시험을 치르게 되는데, 학력고사 출제위원이 구술시험도 담당하였다.

　허만길 박사는 중학교교원자격검정고시 응시 때는 중학교 졸업장밖에 없었으므로, 학력고사에서 전공과목 국어과뿐만 아니라 공통과목으로서 교육학과 사회과목(정치, 경제, 법률, 사회, 문화, 교양 등 종합) 시험도 치르고, 서울대학교 사범대학 부속중학교에서 실지수업 시험도 치러야 했다.

　중학교교원자격검정고시의 학력고사 및 구술시험 출제위원은 김형규 서울

대학교 교수와 홍웅선 문교부 학무국장이었으며, 고등학교교원자격검정고시 학력고사 및 구술시험 출제위원은 최현배 한글학회 이사장과 김형규 서울 대학교 교수였다.

최현배 박사가 허만길 박사에 대하여 알게 된 계기는 허만길 박사가 1962년 3월 최현배 박사에게 학회 활동에 관한 문의를 서신으로 하게 되면서부터였다. 허만길 박사는 최현배 박사로부터 1962년 3월 26일자로 쓴 편지를 3월 28일에 받았다.

허만길 박사를 서울 자택으로 초대하는 내용이었다. 그때 허만길 박사는 19살이었으며, 부산중앙초등학교 교사였다. 허만길은 어린 버드나무를 한 아름 안고 최 박사와 함께 큰길로 나갔다. 대흥극장과 철길이 있는 곳이었다. 길가에 버드나무들을 심었다.

초등학교에 다니는 동네 아이들이 여기저기서 나왔다. 일요일인지라 그냥 놀러 나온 아이들이었다. 최 박사는 아이들에게 이제 심은 버드나무들을 몇 그루씩 배당해 주었다. "이 나무는 너의 것이야. 네가 주인이다."라고 했다. 그리고는 각자에게 맡겨진 나무들을 잘 자라게 하라고 했다. 집으로 돌아와 달리아와 홍초 뿌리를 나무상자에 가득 담아 이웃 가게에 주면서 이를 팔든지 나누어 주든지 하라고 했다.

아침 식사 후 허만길은 사모님의 안내로 서울 구경을 하기 위해 자가용에 탔다. "허 군, 서울에 와서 공부하는 걸 다시 한 번 생각해 보게." 최 박사의 간곡한 말에 허만길은 가슴이 미어지는 듯했다. 창경원 구경을 하고, 혜화동에 있는 맏아드님 집에서 점심을 먹고, 덕수궁 구경을 한 뒤 오후 4시 부산행 무궁화호 기차를 탔다. 이 뒤로 허만길은 최 박사뿐만 아니라, 최 박사의 가족과도 가깝게 지냈다.

그해(1962년) 여름 최 박사의 엽서를 받은 허만길은 8월 3일 부산 근처 일광해수욕장에서 최 박사, 최 박사의 친손자와 외손자, 안호상 철학박사, 최 박사의 제자인 부산고등학교 추월영 교장과 함께 만났다. 최 박사는 허만길에게 부산에서 야간 대학을 마치고 나면 대학원은 서울에서 하기를 바란다고 했다. 미국 유학지원 제의에 가정형편상 사양 후에도 깊은 사제관계를 맺었다.

1963년 10월 29일에는 최 박사의 내외분이 부산을 거쳐 고향 울산으로 가는 길에 최 박사는 허만길이 근무하는 부산중앙초등학교를 방문했다. 최 박사는 부산 동아대학교에서 가끔 특강을 하였는데, 그때마다 허만길을 찾았다. 허만길이 불면증을 겪고 있을 때 최 박사는 1964년 4월 9일 국제시장에 허만길을 데리고 나가 지아민과 핵사비타민을 사 주면서, 광복동 거리의 약방을 다니면서 불면증에 듣는 약을 알아보아 주기도 했다.

허만길이 1966년 7월 16일 한글학회부산지회 주최로 부산여자고등학교에서 연구 발표를 할 때 최 박사는 찬조 강연을 하였다. 1967년 최 박사는 허만길의 결혼 살림을 보기 위해 부산고등학교 추월영 교장과 함께 부산 초량동 셋방에서 허만길의 장모님이 장만한 생선국을 들면서 매우 맛나다고 했다.

허만길은 초등학교와 중학교 교사로 재직한 뒤 교원채용순위고사를 거쳐, 1967년 11월 23일(24살) 서울 영등포여자고등학교 교사로 발령받고서는 최 박사를 자주 뵙게 되었다.

그런데 1970년 3월 23일, 허만길은 출근하기 위해 옷을 갈아입으면서 '동양방송'(TBC) 라디오에서 나오는 아침 8시 뉴스를 듣다가 크게 놀랐다. "외솔 최현배 선생이 세브란스병원 별관 524호실에서 오늘 새벽 3시 35분경 별세했습니다." 최 박사는 1894년 10월 19일에 태어났으니, 76살 되는 해에 돌아가신 것이다. 허만길은 9시 50분경 세브란스 병원 별관 524호실에 들어섰다. "선생님 ······." 하고, 허만길은 그만 목이 메었다.

국무회의에서는 최 박사의 장례를 사회장으로 치르기로 가결하였다. 산소는 최 박사가 생전에 원한 대로 주시경 선생의 묘소와 가까운 곳으로 정하였다, 경기도 양주군 진접면 장현리 양지바른 곳이었다. 3월 27일 연세대학교 대강당에서 영결식이 있었다. 허만길은 장례지도위원석에 앉았다. 최 박사의 영정(초상화)이 생전처럼 허만길을 따뜻하게 바라보았다.

허만길은 새해 첫날 세배를 드렸을 때, 최 박사가 날씨가 풀리면 허만길의 집에 와 보겠다면서 약도까지 물었던 일이 생각났다. 허만길은 몇 사람과 함께 최 박사의 널을 영구차로 모신 뒤, 한글학회 직원 2명과 함께 정부의 문화공보부에서 내 준 차를 타고 행렬의 맨 앞장을 섰다. 영구차는 오후 3시경 장지에 도착했다. 장지에까지 조문객 700여 명이 따랐다. 하관이 끝나고 상주들은 먼저 서울로 가고, 허만길은 뒷일의 진행을 보고서 오후 6시경 서울로 출발했다. 승용차가 기다리고 있는 곳까지 걸어오면서 최 박사가 손 저으며 전송해 주는 모습을 상상했다. 그리고는 자꾸만 되돌아보았다. "스승님, 편안히 쉬십시오."라고 되풀이하면서, 고마웠던 일들을 곰곰 되돌아보았다.

허만길 선생님이 걸어온 길

서울대학교 국어교육학석사. 홍익대학교 문학박사(국문학과). 시인. 소설가.
1971년 복합문학 창시 및 첫 장편복합문학 '생명의 먼동을 더듬어' 출판
(1980년). 17살 진주사범학교 학생회위원장 겸 학도호국단운영위원장으로
서 진주의 4.19혁명 앞장. 1990년 정신대(일본군위안부) 문제 최초 단편소
설 '원주민촌의 축제' 발표. 1990년 중앙교육연수원 장학사로서 교원국외
연수단을 인솔하여 아무 표적 없는 대한민국 상하이 임시정부자리를 찾아
현장 즉흥시 '대한민국 상하이임시정부자리'를 읊고 귀국 후 임시정부자리
보존운동 성과. 문교부 국어과 편수관. 교육부 국제교육진흥원 강사. 한국
교육과정평가원 해외동포용 '한국어' 교재개발 연구위원. 학술원 국어연구
소 표준어 사정위원. 서울대학교 '국어교육학사전' 집필위원. 국제PEN한국
본부 이사. 한국현대시인협회 이사. 한국소설가협회 중앙위원. 한글학회 회
원. ▲저서: '한국현대국어정책 연구'. '우리말 사랑의 길을 열면서'. '정신
대 문제 제기 및 대한민국임시정부자리 보존운동회고'. 복합문학 '생명의
먼동을 더듬어'. 시집 '아침 강가에서'. 수필집 '진리를 찾아 이상을 찾아'.
장편소설 '천사 요레나와의 사랑' 등 ▲노래 작사: '백두산 바라보며'. '우
정의 자리'. '여의도 꽃길'. '한강샛강다리', '서울메낙골공원', '진주 비봉
산'. '해운대 달밤'. '의령 아리랑'. '내 아내여서 행복이네' , '우리 자연 우
리 환경' 등 20여 편

출전, 영등포 투데이

청람 수필선

안최호 김관숙 이서연 노영선 이봉우 함명자 김철삼 정용애 박진우
이하현 김윤미 이종식 최상희

길 위의 예술관
트럭운전사의 눈으로 본 세상의 숨결

수필가 안최호

예술은 갤러리에만 걸려 있는 게 아니다. 악보에만 적혀 있는 것도, 시집에만 묶여 있는 것도 아니다. 예술은 언제나 길 위에 있다. 아스팔트를 달리며 매일 보는 세상은 끝없이 펼쳐진 캔버스고, 끊임없이 연주되는 생명의 교향곡이다.

새벽 여명, 시동을 거는 순간 하루의 무대가 열린다. 핸들 위에 얹힌 두 손은 곧 지휘자의 손처럼 리듬을 타기 시작하고, 바퀴가 아스팔트에 닿으며 내는 소리는 저마다의 선율을 만들어낸다. 그 소리는 똑같은 길을 달려도 다르게 들린다. 먼지를 품은 타이어의 울림은 어떤 날은 첼로 같고, 어떤 날은 북소리 같다. 거친 듯하면서도 묵직한 그 울림은 가슴속 어딘가를 흔들어놓곤 한다.

옆 차선에서 갑작스레 울려 퍼지는 굉음도 예술의 일부다. 트럼펫처럼 날카롭다가도 금세 멀어지는 그 소리는 길 위의 퍼포먼스처럼 느껴질 때도 있다. 앞서 가는 차들을 보며 나는 종종 생각한다. 저 사람은 어떤 사연을 싣고 어디를 향해 달리는 걸까. 그런 상상 속에서 소설이 피어나고, 그림이 떠오르고, 마음엔 작은 시 하나가 깃든다.

신호등 앞에 멈추고 창밖을 바라보면, 전깃줄 위에 앉은 까마귀, 전봇대 아래서 재잘대는 참새들, 민들레 홀씨처럼 흩날리는 바람이 시야에 들어온다. 그 순간 나는 단지 운전사가 아닌, 자연과 잠시 눈을 맞추는 관찰자가 된다. 아무런 말 없이 건네는 그 존재들의 움직임이, 어떤 오케스트라보다 웅장하게 다가온다.

노을 지는 아스팔트를 달릴 때면, 붉은 빛이 트럭 유리창에 번져온다. 그 빛은 물감처럼 퍼지고, 하루의 전시회가 조용히 끝나간다. 갓길에 차를 세우고 마시는 커피 한 모금, 그리고 정면에 펼쳐진 하늘의 풍경은 세상 어떤 명화보다 깊은 감동을 준다. 누구는 그냥 하늘이라 하겠지만, 나는 그 속에서 하루의 이야기와 내 마음을 발견한다.

가끔은 나비 한 마리가 불쑥 시야를 가로지른다. 현실은 무겁고 촉박하지만, 그 가벼운 날갯짓 하나에 나는 주춤하며 멈춰 선다. 화물의 무게와 시간에 쫓기는 일상 속에서, 나비는 잠시 내게 삶의 본질을 묻는다. 나는 지금 잘 살고 있는가, 아름다움을 잊지 않고 있는가.

나는 이 모든 풍경을 붓으로 그리거나, 시로 써내지 않는다. 다만 운전하면서 내 시선으로, 감각으로 그것들을 받아들이고 느낀다. 그게 나만의 예술이다. 창조라기보다 감응이고, 말보다 침묵이 더 중요한 예술이다.

내가 달리는 길은 지도 위의 선이 아니다. 그것은 한 줄의 긴 시이고, 끝나지 않는 교향곡이며, 흐름 속에서 진동하는 생의 아리아다. 나는 오늘도 새벽을 가르고 달린다. 눈앞의 도로는 한없이 펼쳐진 백지고, 그 위에 아스팔트 붓질로 삶을 그려 넣는다.

예술은 결코 멀리 있지 않다. 트럭의 진동 속에, 창문을 두드리는 바람 속에, 매일 지나치는 신호등 뒤편에도 있다. 그 모든 찰나들이 모여, 내 마음엔 매일 새로운 세상이 태어난다. 예술은 결국 그렇게, 길 위에서 피어난다. 조용히, 그러나 확고하게.

니 이름 간수기 아니까
어머니, 그 잊혀진 이름 앞에서

수필가 김관숙

 문산에서 교육을 마치고 집에 돌아오던 어느 초여름 저녁, 나는 먼 길을 달려 지친 몸을 이끌고 현관문을 열었다. 그런데 거실 맨바닥에 무릎 꿇고 앉아 계신 어머니의 모습에 잠시 숨이 멎었다. 해맑은 웃음으로 나를 올려 다보며 물으셨다.

"니 이름, 간수기 아니까?"

간수기.

그 말 한마디에 가슴 한복판이 쿵 내려앉았다. 이름조차 잊어가는 병세 속 에서도, 내 이름 '간수기'를 기억해주신 어머니. 아, 그 이름이 이토록 따뜻 하고 눈물겨운 울림이었는지, 그 순간 처음 알았다.

사람들은 치매를 망각의 병이라 말하지만, 나는 그 병 속에서 되려 기억의 샘을 길어 올린다. 어머니는 여덟 살 때, 세상 물정도 모른 채 3대 독자인 아버지께 시집오셨다. 여섯째 딸을 낳았을 즈음, 아버지는 열세 살 어린 처녀 소실을 들이셨다. 아픈 마음을 말 한마디 못하고 꾹꾹 눌러 담은 채, 어머니는 벙어리 냉가슴을 안고 살아오셨다.

그 시절 어머니는 울음을 멀리했다. 대신 장독대에 기대고, 바람 속에 얼굴을 묻고, 툇마루에 걸터앉아 슬픔을 염색하셨다. 우리가 그 곁에 앉으면, 그저 조용히 이마를 쓸어주시던 손. 말없이 다독이던 그 손이, 나중에야 얼마나 많은 말들을 품고 있었는지 알게 되었다.

나는 장녀였다. 어머니의 일상에 섞여 기쁨보다 고단함을 먼저 배웠다. 아버지의 큰소리에 숨죽이고, 집에 들어가기 싫어 담벼락에 기대고, 남 집 헛간에 누워 밤을 보낸 날도 있었다. 어쩌다 친구네 소 꼬리에 불을 지르는 어이없는 짓을 하고, 마을을 소란에 빠뜨렸던 그날 저녁, 아버지는 회초리로 나를 혼냈고, 어머니는 말리다 머리채를 잡히셨다.

지금 생각하면, 어머니는 내 인생의 방화범이 아니라, 불길 앞에서 마지막까지 남아준 소방관이었다. 당신은 단 한 번도 등을 보이지 않았고, 언제나 불안한 내 그림자를 앞서 걸어주셨다.

세월은 무심하게 흘렀고, 그 시간은 어머니의 뇌세포를 한 줄씩 지워나갔다. 어느 날은 내 이름을 부르시고, 어느 날은 내 얼굴을 잊으셨다. 결국, 식사도, 대소변도 혼자 할 수 없게 되었다. 사람들은 내게 말했다. 시어머니도 모시고 친정어머니도 모시냐며, '전사'라는 이름을 붙여주었다. 나는 그 말이 부담스러웠다. 나는 그저, 어머니가 있는 곳에 나도 있고 싶었을 뿐이다.

치매로 말이 흐려지고 몸도 따라주지 않지만, 어느 날 툭 던진 한 마디.
"니 이름 간수기 아니까."

그 말은 마치, 정채봉 선생의 동화에서 튀어나온 문장 같았다. 영혼은 빠뜨려두고 껍데기만 남은 듯한 어머니가, 마지막 남은 힘으로 내 이름을 기억해준 것이다. 그것은 단어가 아니었다.

그건 사랑이었다.

그건 용서였고, 기억의 마지막 꽃봉오리였다.

나는 어머니의 땀냄새가 좋다. 바람 들던 항아리 뚜껑 아래로 스며든 된장 냄새처럼, 익숙하고 짠내 나며, 어쩐지 자꾸만 눈물이 나는 그런 냄새.

어머니, 내 이름 간수기, 기억해주셔서 고맙습니다.

당신의 기억이 흩어져도, 나는 끝까지 그 조각들을 주워 담겠습니다.

당신이 언젠가 나를 몰라보아도,

나는 끝내 당신의 딸일 것입니다.

이름이 간수기라서, 어머니의 기억을

간수하며 살아가겠습니다.

삶의 환희, 그 새벽의 숨결
난초 이슬과 첼로의 속삭임

수필가 이서연

신새벽, 아직 세상은 눈을 감고 있다. 나는 천천히 창문을 연다. 차가운 이마로 스치는 바람결에, 밤새 숨어 있던 시간의 숨소리가 들려온다. 안개는 창밖 계곡 위를 조용히 감싸 안고, 물 위로 피어오르는 연기처럼 퍼져 나간다. 그 모습은 꼭 꿈속을 걷는 듯 몽환적이다. 시간은 이 순간만큼은 그 흐름을 멈추고, 오직 감각으로만 존재를 증명한다.

커피포트에서 희미한 소리가 일고, 마침내 짙고 그윽한 커피향이 공간을 가득 채운다. 쓰디쓴 어둠을 단숨에 밀어내는 따스한 향기. 나는 찻잔을 두 손으로 감싸 쥐며, 작은 숨을 들이킨다. 그 향기는 마치 내 기억의 서랍을 차례로 열어젖힌다. 어느 겨울 아침, 눈 속에서 피어난 매화처럼, 아득하고도 선명한 장면들.

첼로의 현을 조용히 켠다. 아랫배 깊숙한 곳에서부터 올라오는 묵직하고도 따뜻한 울림이 방안을 감싼다. 첼로는 악기가 아니라, 내 마음의 대화 상대다. 오늘은 쇼팽이다. 그의 느린 왈츠, 혹은 짧은 녹턴. 첼로의 저음이 쇼팽의 선율과 겹쳐질 때, 공간은 말 없이 우는 것처럼 부드럽게 떨린다.

그때, 창밖 박새 한 마리가 지붕 난간에 내려앉는다. 소리를 내지르고 싶어 안달 난 듯한 짹짹임이 아니라, 어쩐지 첼로의 선율에 화음을 얹으려는 듯 조심스럽다. 피아노의 페달을 밟을 때처럼 공기마저 부드러워진다. 삶이 순간, 음악이 되고, 음악은 다시 삶이 된다.

난초가 창가에 서 있다. 한 줄기 빛도 없이 밤을 견디고, 이슬 한 방울을 꽃잎 위에 맺었다. 그 투명한 이슬은 바람결에 살짝 흔들리며 햇살을 기다린다. 나는 그 한 방울 속에 사람의 눈망울을 본다. 아픔을 삼키는 이의 침묵, 기쁨을 품고도 말하지 못하는 고요한 눈빛. 난초는 말이 없지만, 그 이슬은 가장 깊은 언어로 속삭인다.

삶이란 무엇일까. 이처럼 조용히 스며드는 순간들, 말없이 곁에 앉는 침묵들, 흘러가는 선율 위에 잠시 머무는 마음들. 그것이 삶의 환희가 아닐까. 환희란 폭죽처럼 터지는 것이 아니라, 새벽 창을 여는 손끝에서부터 피어나는 것이다.

우리는 종종 너무 큰 기쁨만을 기쁨이라 믿고 살아간다. 하지만 진정한 환희는 잔잔하다. 박새 한 마리의 노래, 첼로 한 음의 떨림, 난초 이슬의 맑은 시선 속에 숨어 있다. 그것은 사람의 마음을 울리지 않고 다만 건드린다. 건드려서, 조용히 진동하게 만든다. 그 진동은 내 하루를 바꾼다. 사라지는 안개 속에서, 나는 하루를 살아낼 이유를 발견한다. 오늘이라는 이름을, 더는 무심하게 흘려보낼 수 없다. 새벽의 그 짧은 정적 속에서 나는 삶의 본질을 마주한다. 그것은 환희였다. 말 없이 다가와, 가만히 머물다 가는 한 줄기 음악처럼, 한 방울 이슬처럼.

알에서 배추흰나비로
그 환희의 순간

수필가 노영선

　파주 대성동초등학교에서 근무한 적이 있다. 비무장지대 안에 자리한 이 작은 학교는 전교생이 겨우 스물여섯 명에 불과했다. 나는 그중 네 명의 아이들과 함께 공부했다. 소수 인원의 수업에는 장단점이 많았지만, 그만큼 아이들과 더욱 깊이 소통할 수 있었다.

　어느 날, 슬기로운 생활 수업에서 배추흰나비의 한살이를 관찰하는 과제가 주어졌다. 아이들과 함께 마을 배추밭으로 나가 배추흰나비의 알을 채취했다. 작은 알들을 과학실의 사육상자에 옮겨 담고, 아이들로 하여금 한 달간 정성껏 관찰일지를 기록하게 했다.

　처음엔 콩알보다 작은 미세한 알이었다. 시간이 지나자 알에서 하얀 빛을 띤 애벌레가 나오기 시작했다. 길이는 겨우 1cm 남짓, 연약한 몸을 이끌고 배춧잎을 조금씩 갉아먹었다. 애벌레는 하루가 다르게 자라났고, 그와 함께 배춧잎도 점차 사라져갔다.

사육상자 안에는 조그만 전구를 달아 밤에도 환한 환경을 유지했다. 아이들은 매일 등교하자마자 애벌레의 변화를 관찰하며 신기해했다. 그렇게 3주가 흘렀을까. 하얀 애벌레는 점점 몸을 말더니 암갈색 번데기로 변했다. 아이들은 경이로운 순간을 목격하며 탄성을 질렀다.

그리고 다시 3주가 지나던 어느 날, 기적 같은 일이 벌어졌다. 암갈색 번데기가 조용히 움직이더니, 마침내 예쁜 날개를 지닌 배추흰나비로 탈바꿈하는 순간이 찾아왔다. 그 시간은 낮 12시였다. 아이들과 나는 숨을 죽이며, 한 생명의 놀라운 변화를 지켜보았다. 만약 이 변화가 한밤중에 일어났다면, 우리는 이 경이로운 순간을 놓쳤을 것이다. 하지만 낮 시간에 그 장면을 목격할 수 있었던 것은 신의 한 수처럼 느껴졌다.

새하얀 날개를 펼치며 퍼덕거리던 배추흰나비. 우리는 조심스럽게 사육상자의 뚜껑을 열었다. 나비는 한순간 머뭇거리더니, 마침내 교실 창밖으로 날아올랐다. 아이들은 손을 흔들며 작별 인사를 건넸다.

그 나비는 어디론가 날아가 다시 알을 낳을 것이다. 그리고 그 알들은 또다시 애벌레로, 번데기로, 배추흰나비로 변해갈 것이다. 작은 알에서 시작된 이 변화의 과정은 끊임없이 이어질 것이다.

나는 문득 인간의 삶을 떠올렸다. 사람은 태어날 때부터 눈, 코, 입을 가진 같은 모습으로 자라난다. 하지만 배추흰나비는 네 번의 변태 과정을 거쳐야 비로소 완전한 모습이 된다. 아이들이 내게 물었다.

"선생님, 왜 나비는 여러 번 변해야 하나요?"

나는 선뜻 대답하지 못했다.

하지만 확실한 것은 배추흰나비는 자신의 몫을 묵묵히 수행한다는 점이었다. 꽃밭을 날아다니며 꽃가루를 옮기고, 새로운 생명을 돕는다. 인간도 마찬가지다. 성장하는 동안 수많은 변화를 겪고, 각자의 역할을 다하며 살아간다. 하지만 어떤 이는 바르게 자라고, 어떤 이는 길을 잃기도 한다.

배추흰나비의 한살이를 지켜본 아이들은 한 가지를 깨달았다. 작은 미물도 자신의 생을 성실하게 완수하며 자연의 순환 속에서 존재한다는 사실을. 봄이 오고, 여름이 지나, 가을이 오고, 겨울이 다시 찾아오듯, 자연은 늘 같은 흐름 속에서 조용히 순환하고 있었다.

이 경이로운 생명의 흐름 속에서 우리는 무엇을 할 수 있을까. 아이들은 자연의 위대한 섭리 앞에서 겸허함을 배웠다. 나 또한 마찬가지였다. 변화하는 모든 순간을 소중히 여기며, 지금 내게 주어진 일을 묵묵히 해나가야 함을 배추흰나비를 통해 다시금 깨달았다.

하얀 날개를 펴고 날아오른 배추흰나비처럼, 우리도 언젠가 자기만의 날개를 펼칠 순간이 오리라.

세검정 낡은 집에서 찾은 빛 한 줌
'노교수의 집'에 부쳐

수필가 이봉우

 어느 초가을 아침, 나는 다시 세검정 골목을 오르내린다. 다소 숨이 차오를 때쯤, 담쟁이가 벽을 타고 오른 낡은 벽돌집 하나가 시야에 들어온다. 눈썹처럼 휘어진 처마, 오래된 기와의 거친 숨결. 나는 이 집의 수리 의뢰를 받은 인테리어 업자, 말하자면 집의 숨을 다시 틔우는 사람이다.
"여기가 노교수 댁이에요."
주민이 그렇게 불렀다. 그는 이름보다 직분으로 불리는 사람, 곧 자신의 생을 직업으로 증명해온 사람이었다. 나는 그를 만난 적도 없는데 이상하게 그 이름이 낯설지 않았다.
 집은 크지 않았다. 열 서너 평 남짓, 골목을 지그재그로 굽이져 올라야 겨우 만날 수 있는 곳에 숨어 있었다. 다만, 정원은 마치 손바닥 위에 세운

정글 같았다. 서너 평 남짓한 공간에 사계절을 끼고 사는 꽃과 풀, 키 작은 나무 몇 그루가 제각기 인사를 건넸다. 장미와 도라지, 화분 속 라벤더, 그리고 어느 봄날 심은 것으로 보이는 작은 철쭉.

그 옆에는 벤치가 있었다. 오래된 나무 벤치. 바람이 결을 따라 마모시킨 의자 위에는 노교수 부부가 나란히 앉아 커피를 마시며 고개를 끄덕이고 있었다. 벤치 하나가 두 사람의 평생을 담아낸다고 믿지 않았던 내 생각은 그 순간 산산이 무너졌다. 그들은 말없이 앉아 있는 것만으로도, 서로를 환히 비추는 듯했다.

나는 벽에 못을 박으며, 가만히 그들의 일상을 훔쳤다. 조용한 점심, 작은 테이블 위에서 두 사람이 나누는 국 한 그릇, 그리고 책상에 앉아 읽는 두껍고 바랜 책들. 텔레비전은 거의 켜지지 않았고, 음악은 조용히 흘렀다. 어떤 날은 슈만의 피아노 협주곡, 또 어떤 날은 쇼팽의 녹턴이 흘렀다.

이 집은 낡았지만, 낡지 않은 것이 있었다. 바로 그들의 '눈'이었다. 늙은 눈동자에 흔히 보이는 탁함 대신, 그들 눈에는 여전히 은은한 물빛이 머물렀다. 누군가의 삶을 오래 바라보아 온 사람의 눈, 세월에 닳아지되 속까지 무뎌지지 않은 사람의 맑은 영혼.

그 눈빛은 마치 오래 묵은 벽지 틈에서 새어 나오는 햇살 같았다. 나는 손에 망치를 들고 있지만, 자꾸만 그들에게 경외심이 들었다. 벽지를 바꾼다는 게 이 집의 진짜 수리일까? 오래된 가구를 버리고 새것을 들인다고 해서 이 집이 좋아질까?

그 집 건너편에는 평창동 저택이 있었다. 담벼락 위로 뽐내듯 솟아 있는 현대식 건물. 유리창은 반짝였고, 정원은 조경업자의 손길로 반듯하게 정돈되어 있었다. 집값은 비교할 수 없이 컸다. 그러나, 나는 문득 생각했다. 그 집에 '빛'이 있을까? 그 집 벤치에도 두 사람이 손을 잡고 앉아, 하루를 조용히 뜯어 마실 수 있을까?

나는 다시 벤치로 시선을 옮겼다. 그곳엔 노교수와 아내가 있었고, 그 눈에는 고요한 천문이 담겨 있었다. 쓸쓸함도, 욕망도, 소란도 없는 생의 밀도 높은 한 귀퉁이. 이들은 나무처럼 살아왔다. 제 자리를 벗어난 적 없고, 계절을 품고, 바람을 맞으며, 스스로 쉼이 되었다.

인테리어란 삶의 껍질을 다듬는 일이지만, 그 집은 껍질 너머의 깊이를 가르쳐주었다. 내가 바꾸려는 것이 이 집의 결이 아닌가, 잠시 손을 멈춰 보게 됐다. 때론 고치지 않는 것이 더 아름다울 수 있다는 사실을, 나는 그들의 삶에서 배웠다. 그 집을 나오며 나는 속으로 읊조렸다. 진짜 지성은 값으로 매길 수 없고, 진짜 환희는 벤치에 앉은 두 사람의 침묵에 깃든다. 빛나는 건 언제나 조용하다. 그리고 그 빛은 오래 간다.

상자 속의 성찰

수필가 함명자

아직도 작업대 한쪽, 오래된 나무상자 안에는 세 장의 5만 원권이 가지런히 들어 있다. 구겨졌던 자국이 펴지지 않은 채, 마치 시간이 멈춰버린 돈처럼. 그 돈은 내 것이 아니다. 정확히 말하자면, 어느 날 맡겨진 청바지 주머니에서 나온 것이고, 수선비 선불 3천 원을 받고도 돌려주지 못한 누군가의 돈이다. 이상하게도 그 청년은 다시 돌아오지 않았다. 전화번호도, 이름도 남기지 않고. 그렇게 그 돈은 내 수선집의 상자 한쪽에 몇 년째 눌러앉아 있다.

그날의 기억은 또렷하다. 바지 속에서 만져진 낯선 두께의 지폐 세 장. 그 순간, 내 마음 한구석이 미세하게 흔들렸다. '이 돈, 그냥 써도 아무도 모를 텐데.' 오랜 시간 정직하게 살아온 나조차도, 단숨에 유혹의 문턱에 발을 들여놓았다. 바지 한 벌 수선해서 겨우 3천 원을 버는 노동에서 15만

원은 손이 떨릴 만큼 큰 액수였다. 그러나 나는 결국 그 돈을 쓰지 않았다. 다려놓은 청바지 위에 조심스레 포개어두고, 그 위에 작은 쪽지를 붙였다. "바지 속 5만 원 지폐 3장. 주인 미상."

처음엔 며칠만 보관하다 돌려주려 했다. 그러나 시간이 흐르자, 그 돈은 내 마음의 시험지가 되었다. 정직이란 무엇인가. 누가 보지 않는 곳에서도 자신의 중심을 지키는 일이 아닐까. 그날 이후 나는 매일 그 돈을 마주했다. 돈의 존재가 내 양심을 매만지고, 하루하루의 노동이 얼마나 값지고 숭고한 것인지를 되새기게 했다.

수선을 한다는 것은 단순히 실과 바늘로 옷을 꿰매는 일이 아니다. 그것은 해어진 일상에 다시 생명을 부여하는 작업이다. 찢어진 소매는 그 사람의 분주한 하루였고, 해진 무릎은 무릎 꿇고 일했던 시간의 흔적이다. 나는 그 실밥 사이로 사람들의 이야기를 꿰맨다. 허름한 옷 속에서도 한 사람의 삶의 무게를 읽어내는 이 일은, 어느 시인의 말처럼 "가장 낮은 자리에서 가장 깊은 품위를 빚는 일"이 되었다.

내게 남겨진 그 돈은, 사라진 청년의 흔적이 아니라 나 자신을 성찰하게 하는 거울이 되었다. 사람은 누구나 작고 은밀한 순간에 진실된 자신과 마주한다. 그리고 그 순간, 눈에 보이지 않는 선택이 삶 전체의 무늬를 결정한다. 나의 선택은 어쩌면 미학적이라기보다 윤리적이었고, 그 윤리는 곧 내가 살아가는 아름다움의 방식이 되었다.

지금도 그 상자는 닫히지 않은 채로, 내 마음 한편을 차분히 일으켜 세운다. 나는 가끔 그 위에 앉아 차 한 잔을 마시며, 살아온 시간을 되짚는다. 그것은 후회가 아니라, 부끄러움과 고마움이 뒤섞인 성찰의 시간이다. 내가 쓰지 않은 그 돈은 결국, 내 마음에 가장 큰 가치를 남긴 채 아직도 그 자리에 있다.

안장 위에서 만난 세상

수필가 김철삼

  자전거를 탄다. 일주일에 한두 번, 내 삶의 리듬이 자전거 바퀴의 회전으로 조용히 조율된다. 그 바퀴는 어제의 고단함을 지우고, 오늘의 평온을 싣는다. 도시의 소음에서 살짝 물러나, 교외를 달리는 이 시간은 내가 나를 다시 만나는 시간이다. 어떤 날은 남양주에서 춘천까지 달리기도 한다. 먼 길이지만, 땀방울 한 방울 한 방울이 마음의 때를 씻어주는 것 같아 멈출 수 없다.

  안장 위에서 달릴 때면 바람이 내 뺨을 스치고 지나간다. 그 감촉은 어린 날, 어머니가 내 볼을 쓰다듬던 그 손길 같다. 말없이 따스하고, 다정하며, 결코 잊을 수 없는 향기까지 실려 있다. 세상의 무게를 어깨에 짊어지고 살다가도, 이 바람 한 줄기에 눈을 감고 싶은 마음이 드는 건, 바람 너머 그리움의 안부를 듣기 때문이리라.

길섶에는 노란 민들레들이 고개를 내민다. 누구의 환영도, 누구의 시선도 바라지 않은 채 그저 피어 있는 그들. 그 수줍은 얼굴들과 눈을 마주하면 절로 미소가 번진다. 들꽃 하나에도 마음이 흔들리는 순간, 나는 내가 아직 인간임을 확인한다. 살아 있다는 건, 그렇게 사소한 떨림에 귀 기울일 수 있는 능력에서 비롯된다는 걸 자전거는 늘 일깨워 준다.

가끔은 하늘을 올려다본다. 안장 위에서 보는 하늘은 유난히 가까이 있다. 마치 1미터 높이의 그 눈높이에서만 허락된 하늘인 듯, 구름 한 점이 내게 손짓한다. "천천히 와도 괜찮아, 이 길은 네 것이니까." 하늘도 길도, 나를 앞서 달리지 않는다. 나만의 속도로, 나만의 숨결로 달려도 되는 이 여정이 고맙다.

자전거를 타며 걷는 삶을 되짚는다. 걸음은 지상의 속도이고, 자전거는 바람의 속도다. 걸을 때는 땅을 딛고 세상을 배우지만, 자전거를 타면 조금 높아진 시선에서 세상을 다시 본다. 사람들과 나무들, 강물과 들판이 다정하게 말을 걸어온다. 바퀴가 구르는 소리는 삶의 배경음악이 되고, 스쳐 지나간 풍경들은 기억의 한 페이지가 되어 가슴에 남는다.

나는 오늘도 자전거를 탄다. 이 소박한 탈것은 내게 탈출구가 아니라 귀환의 통로다. 어디론가 도망치기보다는, 내 본래의 자리를 다시 찾는 길이다. 그래서 매번 안장에 앉을 때면, 나는 다시 처음으로 돌아간다. 순수하고 고요하던, 그 어린 시절의 마음으로.

인생이란 어쩌면, 자전거 안장 위에서 균형을 잡으며 앞으로 나아가는 일인지도 모른다. 균형은 힘이 아니라 감각이고, 속도가 아니라 조화이다. 나와 세상, 자연과 삶이 하나의 호흡으로 어우러질 때, 우리는 그제야 진짜 자유를 느낀다.

그러니 오늘도 바람을 향해 페달을 밟는다. 하늘을 닮은 길 위에서, 나는 소리 없이 노래한다.
"살아 있음이 이렇게 아름다운 일이구나."

파도에 실린 그리움

수필가 정용애

　완도의 여름은 언제나 푸르렀다. 해가 중천에 뜨기 전부터 동네 아이들은 하나둘 모여들었다. 칠팔 세쯤 되었을까, 그때의 나는 아침밥을 허겁지겁 먹고 갱변으로 달려갔다. 바다는 우리를 반기듯 잔잔했고, 바닷물은 따스하게 피부를 감쌌다. 아이들은 물장구를 치고, 서로 물을 튀기며 웃음꽃을 피웠다. 수영을 배우지도 않았지만, 누구 하나 빠지지 않고 바다와 친구가 되었다. 물살을 가르며 마음껏 헤엄치던 그때, 우리는 세상에서 가장 자유로웠다.

　오후가 되어 바닷물이 서서히 빠지면, 드러난 모래밭은 또 다른 놀이터가 되었다. 뜨거운 모래 위를 맨발로 달리며 숨이 차도록 뛰어놀았다. 미역을 따고, 고동을 주우며 작은 생명들과 교감했다. 방구쟁이 게를 잡을 땐 조심스럽게 손을 뻗어야 했다. 잘못하면 게의 집게에 손가락이 찝히기 일쑤였다. 그래도 겁내지 않았다. 그런 것도 다 놀이의 일부였다. 놀다 보면 손발은 소금기와 모래로 범벅이 되었지만, 그마저도 신기하고 즐거웠다. 자연 속에서 몸으로 배우는 일들은 누구에게도 배운 적 없지만, 스스로 익혀갔다.

해가 땅끝마을 산봉우리에 걸려 붉게 물들 무렵이면, 하루가 저물어감을 느꼈다. 저녁이면 동네 어르신들이 하나둘 모습을 드러냈다. 머리에는 거적을 이고, 손에는 이부자리를 든 채 갱변 깨들 밭으로 향했다. 그곳은 어르신들의 쉼터이자 이야기가 피어나는 자리였다. 갱변 모래 위에 자리를 펴고 앉아 하루의 고단함을 내려놓았다. 어른들은 하루 동안 있었던 일들을 꺼내놓으며 이야기꽃을 피웠다.

"오매, 그런 일이 있어부렀냐?"

"하하, 호호, 까르르!"

파도 소리에 맞춰 터지는 웃음소리는 밤하늘에 부서지는 별빛처럼 반짝였다. 아이였던 나는 어른들 틈에서 그 웃음소리를 들으며 잠이 들곤 했다. 별들이 총총한 하늘 아래, 철썩이는 파도 소리를 자장가 삼아 꿈나라로 떠났다. 그 소리는 마치 바다가 들려주는 이야기 같았다. 파도는 끊임없이 밀려와 모래를 적시고, 밤바람은 소금기 섞인 향기를 실어 나르며 어루만졌다. 그렇게 하루의 피로는 풀리고, 다음 날의 힘을 얻었다.

그때 그 시절, 동네 어르신들의 푸근한 모습, 파도 소리와 별빛 아래 나누던 이야기들, 그리고 바다와 함께한 순수한 놀이들이 내 마음 깊은 곳에 자리 잡았다. 어느덧 그 어린아이는 고희를 훌쩍 넘겼고, 세월은 고향을 멀리하게 했지만, 마음 한편엔 언제나 그리움이 자리한다.

지금도 눈을 감으면 갱변의 모래밭이 떠오른다. 따스한 햇살 아래 뛰놀던 친구들의 웃음소리, 바닷바람에 실려온 소금기 냄새, 그리고 어르신들의 정겨운 이야기. 그 모든 풍경이 마치 어제 일처럼 생생하다.

고향 완도. 그곳은 나의 어린 시절이 깃든 따스한 품이었다. 삶이 지치고 힘들 때면 그곳을 떠올리며 위로를 얻는다. 다시는 돌아갈 수 없는 시간이지만, 기억 속에서는 언제나 그곳에 머물 수 있다. 이제는 흘러간 세월이지만, 고향의 바다는 여전히 그 자리에 있을 것이다. 파도는 끊임없이 밀려오고, 별빛은 변함없이 밤하늘을 수놓는다.

이제는 그 바다를 바라보던 어르신들의 모습처럼, 나도 누군가의 기억 속에 따스한 어른으로 남고 싶다. 어린 날의 내가 그러했듯, 누군가가 나의 이야기를 듣고 웃음을 지을 수 있도록.

그리운 고향, 완도. 그 바다와 하늘, 그리고 따스한 사람들. 나는 오늘도 그곳을 마음에 품고, 조용히 추억의 길을 걷는다.

하늘냄새

수필가 박진우

"어느 곳에서나 침묵은 나와 나누는 대화이자 소통입니다."
이 대화는 어느 절친과 나누는 대화보다 훨씬 진솔하고 따뜻하기도 합니다. 또한 일대일로 대면하는 세상 속에 뛰어든 진정한 나를 발견하곤 합니다. 말은 사회적 약속이라 생각하지요. 흔히 외로움과 고독의 차이는 없는 것처럼 보이나 그 의미는 전혀 다르지 않다 하더라도 외로움은 사방 가로 놓인 벽의 족쇄에서 벗어나지 못하고 고독은 침묵을 나누는 소통인 것입니다. 그 길은 외로움을 고독으로 승화시키는 것으로 나와 고독과 맞대면하는 침묵의 바다에서 고독은 신의 얼굴이요 신의 음성입니다. 그 침묵의 바다에서 나는 어릴 적 나의 순수했던 고독의 신세계를 이야기 해 볼까합니다.
 다섯 살이 되는 해 나는 공주에서 서울로 올라와 어머니랑 마포 이대입구에 이주해 자리 잡았습니다. 때는 전쟁 직후라 세상은 시끄럽고 어려운 나날이었습니다. 어머니는 포목장사 나가고 난 집에 혼자입니다. 과자 사 먹으라고 준 돈으로 난 콩나물을 샀고, 다음날은 두부를 사서 찬장에 넣기가 일쑤입니다. 왜냐하면 어머니는 어둔 밤에 오시기에 그리 했던 것입니다. 그리고 혼자 쪽마루에서 잠들다 마당으로 떨어진 줄도 모르고 마당서 낮잠을 자는 날이 허다하였습니다.

내가 초등학교 다닐 때는 어머니의 포목장사가 지방까지 단골이 잡혀 며칠 간 집에 못 오실 때면 나는 이태원의 작은 이모네 여섯 식구가 좁은 방에서 매일같이 먹는 콩나물죽을 먹으러 갑니다. 지금처럼 버스나 전철이 없던 시절 종로에서 마포까지 가는 전차뿐.

나는 철로 지름길로 신촌에서 이태원을 매일같이 걸어갑니다. 철로 길을 갈 때 기차만이 다니는 다리를 사람들은 철로 하나를 택해 두 다리로 걸어 곡예 하듯 목숨을 걸고 건너갑니다. 만약 다리에서 떨어져 죽는다 해도 아무도 모르는 시대였습니다. 건너기전 흔히 철로에 귀를 대고 기차가 오는지 소리를 확인해 봅니다. 그날도 귀를 철로에 대 보았지만 구분하기가 힘들어 한참을 망설이다 그냥 외줄 타듯 조심조심 걸어갑니다.

그런데 이게 웬걸 3분에 2정도 갔는데 저 멀리서 뻑헥 지나갔습니다. 기적이었습니다. 그러나 나는 기적이 아니었습니다. 내가 사는 삶의 방식이었지 그것이 기적이라거나 외롭다거나 슬퍼 울거나 그런 것이 내 안에 배제되어있지 않았기에 삶은 외로움을 고독으로 승화시킬 필요조차도 없었습니다. 여기에서 난 오늘 비로소 내 어릴적 영혼이 하늘처럼 맑아 보임을 알았습니다.

'사람이 하늘처럼 맑아 보일 때가 있다. 그때 나는 그 사람에게서 하늘 냄새를 맡는다"

법정 스님은 '하늘 냄새'라는 시에서 영혼의 향기를 이렇게 노래합니다. 외로움을 고독으로 승화 시킨 침묵의 삶은 하늘처럼 맑아 어린 영혼의 향기는 기적을 낳았음을 먼 훗날 오늘에 와서야 알았습니다. 고독은 낭만 나

부랭이로 보일 수도 있습니다. 외로움은 홀로 혼자이기에 위로와 사랑이 필요하지만 고독은 침묵과 더불어 소통하므로 더 이상 위로와사랑을 필요로 하지 않습니다. 외로움은 타인의 고통을 품지 못하지만 고독은 타인의 고통을 품습니다. 외로움이 영글 때는 육신이 처절하게 흐느끼지만 고독이 영글면 영혼이 벅차 흐느낍니다. 나는 지금도 고독 예찬론자입니다.

석양 아래의 오이 한 줌

수필가 이하현

도심의 오후는 언제나 바쁘고 무심하다. 사람들은 퇴근길에 접어들며 가게 진열장을 스치고, 가방끈을 고쳐 매며 휴대폰 화면에 시선을 고정한다. 차가운 아스팔트 위로 서서히 석양이 깔릴 무렵, 골목 모퉁이 야채 노점은 하루의 마지막 숨을 고르고 있다. 낡은 천막 아래 허리를 굽힌 한 아주머니가 오이 몇 개와 가지 몇 개를 정리하며 혼잣말처럼 중얼거린다. "오늘은 이것만이라도 나갔으면 좋겠는데…"

지나가는 이들은 저마다 바쁘다. 신선한 채소가 아니라 저녁 뉴스와 마감 시간이 더 중요한 시간대다. 아주머니의 목소리는 그들의 귀에 닿지 않는다. 한참을 그렇게 머뭇거리던 노점은 어느새 해거름 빛 속에 잠기고, 천막 가장자리에 매달린 전등이 희미한 오렌지빛으로 깜빡인다.

그때, 어느 청년이 다가온다. 반듯한 셔츠에 운동화, 땀이 마르지 않은 얼굴로 아주머니 앞에 선다. 그는 아무 말 없이 가지를 집고, 오이를 고른다. 값도 묻지 않고, 흥정도 없이, 그저 고개를 끄덕이며 지폐 한 장을 내민다. 아주머니는 순간 멈칫한다. 오이와 가지가 꼭 필요한 이일까? 혹시 근처 자취생인가? 그러나 청년의 눈빛은 설명보다 깊은 무언가를 말하고 있었다.

그 청년은 사실 오이도, 가지도 필요하지 않았다. 냉장고에는 이미 반쯤 남은 반찬이 있었고, 오늘은 식당에서 간단히 저녁을 때우려 했다. 그런데 그날, 아주머니의 등이 어쩐지 낯설지 않았다. 허리를 굽히며 채소를 가지런히 놓던 손, 고객에게 미소 짓던 입매, 주름진 손끝에서 풍기던 삶의 냄새… 그 모든 것이 오래전 기억 속 한 사람을 불러왔다.

청년은 오래 전 세상을 떠난 외할머니를 떠올렸다. 외할머니는 장바구니를 양손에 들고, 그보다 작았던 손주에게 손수건을 챙겨주던 사람이었다. 오이 한 다발을 팔기 위해, 시장 끝 골목까지 성큼성큼 걸어가던 사람이었다. 장마철에는 비를 맞으며, 겨울에는 손이 트도록 물건을 닦으며, 손자 교육만큼은 포기하지 않았던 사람이었다. 그 품에서 자란 청년은 오이와 가지를 들고 석양빛 골목을 걸어가며, 알 수 없는 먹먹함에 마음이 젖어들었다.

어쩌면 청년의 구매는 하나의 의식이었다. 할머니를 향한 추모이자, 사랑에 대한 조용한 인사. 세상이 알지 못하는 방식으로, 그는 그날 석양 아래서 오래된 그리움을 샀다. 아주머니는 그의 뒷모습을 보며 오래도록 고개를 숙이고 있었다. 고맙다는 말보다 더 진한 침묵이 골목에 스며들었다.

도시의 하루는 그렇게 저문다. 그리고 아무도 모르게, 누군가는 오래전 사랑을 다시 품고, 누군가는 끝내 팔리지 않던 물건에 위로를 담는다. 누군가의 오이 한 줌이 누군가의 추억이 되고, 누군가의 미소 한 줄이 누군가의 내일을 밝힌다.

그리고 우리는 그런 순간을 '감동'이라 부른다.

찔레꽃 어머니, 하늘길에 피다

수필가 김윤미

 동짓달, 해가 가장 짧던 저녁. 세상은 고요했고, 어머니는 마지막 밥 한 술을 드신 후, 이승에 매달려 있던 자식들의 이름을 가슴에 살짝 내려놓으셨다. 그 순간, 당신은 더 이상 고단한 발로 땅을 디디지 않으셨다. 흙의 무게에서 벗어나, 찔레꽃 한 송이 되어 나비처럼 하늘로 날아오르셨다.

 당신의 몸은 너무도 가벼워, 마지막 손길조차 망설여졌다. 그러나 그 가벼움은 삶이 가볍다는 뜻이 아니었다. 한평생의 무게, 그 무게를 감당하며 살아온 당신은 가시를 삼키며 꽃을 피운 찔레였다. 삼십대에 홀로 남아, 사형제를 이끌고 자식 넷을 길러낸 당신은 단단한 바위처럼, 그러나 늘 조용한 강물처럼 우리 곁에 계셨다.

 당신의 삶은 감시가 아니라 기도였다. 자식들의 일거수일투족을 지켜보며 마음속에 흘린 눈물은 바람에 마르지 않았다. 애닮은 마음으로 하루하루를 버티며 당신은 말 없는 사랑을 품었다. 가슴속엔 늘 자식들이 깃들어 있었고, 당신의 시간은 우리에게로 흘렀다.

삶을 떠나기 전날, 당신은 마지막 몸짓으로 작별을 알렸다. 꽃버선을 곱게 신으시고, 조용히 저승의 길을 오르셨다. 우리는 새벽 이슬 같은 마음으로 당신의 길을 배웅했고, 당신의 영혼은 찬란한 하늘로 올라갔다. 하늘빛 속, 당신은 더 이상 고통도, 인내도 없는 그곳에서 새처럼 가볍게 날았다.

회색 하늘, 함박눈이 펑펑 내리던 날. 눈송이는 당신의 마지막 인사였는지 모른다. 말 대신 쏟아지는 그 흰 침묵 속에, 우리는 당신이 떠났음을 비로소 실감했다. 그러나 우리는 울지 않았다. 오히려 당신이 천상의 길에서 아버님과 마주하실 순간을 떠올리며, 엷은 미소를 머금었다.

찔레꽃 당신. 가시는 있었지만, 그 가시는 사랑을 지키기 위한 울타리였고, 그 꽃잎은 당신의 인내였다. 당신이 지상에서 살아온 모든 날이 우리에겐 한 편의 시였고, 어머니라는 이름은 찬란한 한 단어였다.

당신이 남기고 간 사랑은 우리 가슴속 화인으로 남아, 두고두고 피어날 것이다. 미안합니다. 고맙습니다. 그리고, 끝내 전하지 못했던 그 말—사랑합니다.

이제, 부디 영면의 숲길 끝에서 찔레꽃으로 다시 피소서.
우리의 어머니여,
이름이 이연순이었던, 영원한 그리움이여.

울릉도에서의 혼인

수필가 이종식

눈 덮인 나리분지를 거닐며 가이드의 설명에 귀 기울인다. 지방마다 얽힌 혼인 이야기가 하나같이 우습고도 정겹다.

울릉도의 신랑은 색시를 맞이하기 위해 육지로 나간다. 일자리를 구하고, 마음이 맞는 여인을 만나 뜻을 이루면 다시 섬으로 돌아오는 것이다.

육지에서부터 울렁이는 배를 타고, 긴 항해 끝에 울릉도 작은 선착장에 도착한다. 그러나 여정은 끝나지 않는다. 구불구불 산을 몇 개 넘고 나서야 비로소 시댁이라는 곳에 닿는다.

신부는 고운 한복을 입고 단장했건만, 긴 여정 끝에 머리와 얼굴은 엉망이 되고 고무신마저 너덜너덜하다. 기진맥진한 몸으로 하루를 보내고, 다음 날 떠나려는데 눈이 너무 많이 와 대문조차 열 수 없다. 그렇게 하루하루 눈길에 갇혀 기다리다 보면 배는 불러오고, 아기를 하나 낳고도 "반드시 육지로 나가야지!" 다짐하며 벼르던 마음은 또 배 속의 아이에게 묶이고 만다.

그렇게 이어진 삶의 흔적이 지금의 70~80대 울릉도 할머니들의 모습이 되었다.

사위를 만드는 법도 참 특별했다. 울릉도를 놀러 온 젊은 남정네들 중 마음에 드는 이를 물색하는 것이었다. 혼기를 앞둔 딸을 둔 어머니들은 오징어회와 삶은 오징어, 씨껍데기술과 막걸리를 준비해 젊은 사내들을 집으로 초대했다. 민박이나 하룻밤 머물 곳을 찾던 그들은 술과 음식의 대접에 피로를 풀며 잠시 머물렀고, 그렇게 인연이 시작되었다.

"그 술상이 평생을 함께할 책임의 시작이었다"고들 한다. 그 시절의 이야기가 때로는 부럽기도 하고, 그리움으로 가슴에 스며들기도 한다.

요즘은 위아래로, 좌우로 따지고 또 따진 끝에 혼인을 하며, 서로 맞지 않으면 쉽게 돌아서는 시대다. 문득 생각난다. 좋아하는 그녀를 보며 가슴이 터질 듯했던 젊은 시절, 한밤중 그녀를 보쌈해 지리산 계곡으로 도망쳤다는 황인용 씨 방송 속의 아저씨가 떠오른다. 그때는 그저 도둑놈 같아 웃음이 나왔는데, 지금은 그 모습이 낭만적이고 아름답게만 느껴진다.

물살을 가르며 울릉도를 떠나 포항으로 향하는 크루즈 갑판 위에서, 나는 과거로 돌아가 혼자 웃는다.

춥다며 방으로 들어가자던 아내가 묻는다.

"왜 그렇게 웃어요?"

나는 대답한다.

"자네는 몰라도 된다네."

그리고 혼자 웃는다.

김장하는 날

수필가 최상희

　김장은 우리 민족의 겨울철 전통 먹거리이다.추운 겨울을 나기 위한 중요한 저장음식이다. 11월 중순부터 12월 초순 사이에 온가족이 모여서 김장 담그는 일은 예로부터 내려오는 우리민족 전통 풍습이며 연례행사이다. 그러나 근래에는 전화 한 통이면 현대화된 김치 공장에서 대량생산해서 김치를 집까지 배달해 주기도 한다. 또한 마트에 가면 1년 내내 김치를 사먹을 수도 있다. 이런 시스템이 편리한 점도 있지만, 온가족이 오순도순 모여서 김장하는 전통 문화가 사라지는 아쉬움도 있다.

　올해 우리 남매들은 경남 합천에 사시는 85살 언니가 마당 한 켠 텃밭에서 직접 가꾸신 무, 배추, 파, 갓 등으로 김장 담그기를 했다. 8남매 중 다섯 분은 돌아가셨지 만, 남은 남매들과 조카들이 모여서 서로의 안부도 묻고 그동안 못다 나눈 정도 나누면서 직접 김장을 해서 나누어 가져가기로

한 것이다. 어떤 해에는 사정상 김장 행사에 참석 못하는 남매가 있으면, 김장을 택배로 부쳐 주기도 했다.

 이렇게 직접 담가 먹는 김치는 사 먹는 것과는 비교할 수 없는 값진 의미를 지닌다. 커다란 가마솥에 돼지고기를 폭폭 삶아 내어 썰어서 김장 배춧잎에 김칫소와 함께 싸서 먹는 그 맛은 무엇과도 바꿀 수 없다.

시대가 바뀌어도 김장은 우리 가족들이 한자리에 모일 수 있는 매개체 역할을 해 준다. 부디 언니가 건강하셔서 내년에도 우리 남매들이 또 모일 수 있기를 소망해 본다.

 아쉬운 작별들을 하고, 직접 담근 김치를 맛있게 먹을 생각에 서울로 올라오는 나의 발걸음은 즐겁고 뿌듯하기 이를 데 없다.

특집 3
청람 김왕식, 이 작가를 주목하다

한강의 노벨문학상 수상과 앞으로의 과제

1. 서언

한강은 그동안 한국 문학계에서 깊이 있는 시선과 독특한 표현 방식으로
주목받아 왔으며, 그의 작품들은 많은 독자와 평론가들에게 높은 평가를
받았다.

특히 이번 노벨 문학상 수상을 하면서 국제적인 인지도를 얻었고, 한국 문
학의 지평을 넓힌 공로를 인정받고 있다. 한강의 작품들은 주로 인간의 고
통, 상실, 삶과 죽음의 문제를 다루며, 그의 섬세한 문체와 철학적 깊이는
독자들에게 큰 감동을 주었다. 이러한 문학적 성취에도, 일부 독자들은 그
의 작품에서 나타나는 좌편향적 이데올로기에 대해 우려를 표명하고 있다.

최근 한국 사회가 보수와 진보로 나뉘어 갈등을 겪고 있는 상황에서, 작
가의 이데올로기가 작품에 미치는 영향을 염려하는 목소리가 나온다. 한강
의 작품 속에는 사회적 약자, 소외된 계층에 대한 깊은 연민이 깃들어 있
으며, 이는 그의 인간애와 사회적 책임감을 보여주는 중요한 부분이다. 그
러나 이러한 주제의식이 지나치게 한쪽으로 기울어진 이념적 시각을 반영
하고 있다는 지적도 있다.

한강의 대표작 중 하나인 『채식주의자』는 개인의 내면적 변화를 통해 억압된 사회적 구조와 개인의 자유를 탐구하는 작품이다. 이 소설에서 한강은 주인공의 극단적인 선택을 통해 인간의 자유와 억압의 문제를 탐구하지만, 일부 독자들은 이 과정에서 사회적 권력 구조에 대한 비판이 지나치게 좌편향적이라고 느낄 수 있다.

그 외에도 그의 작품에서 나타나는 전쟁과 폭력에 대한 비판, 권력과 억압에 대한 주제는 사회적 불평등을 날카롭게 파헤치지만, 이를 통해 전달되는 메시지가 보수적인 독자들에게는 불편하게 느껴질 수 있다.

한강의 작품이 이러한 이념적 색채를 띠고 있다고 해서, 그것이 작가의 문학적 성취를 평가절하해야 한다는 뜻은 아니다. 문학은 다양한 시각과 목소리를 담아내는 그릇이며, 한강이 다루는 주제들은 현대 사회의 중요한 문제들을 깊이 있게 성찰하게 만든다. 오늘날 한국 사회가 정치적, 이념적으로 크게 분열된 상황에서, 일부 독자들은 작가가 한쪽 이념에 치우친 시각을 고수할 경우, 문학의 순수성보다는 정치적 메시지가 더 부각되는 것에 대해 우려하고 있는 것이다.

우리 민족은 일제 강점기와 한국 전쟁을 거치면서 분단의 아픔을 겪고 있으며, 이러한 역사는 오늘날까지도 한국 사회의 이념적 갈등을 심화시키는 원인으로 작용하고 있다.

한강의 작품이 분단과 전쟁의 고통을 다루면서도, 그 속에서 보이는 좌편향적 시각은 이러한 역사적 아픔을 더욱 예민하게 받아들이는 보수적 독자들에게는 경계의 대상이 될 수 있다. 이들은 문학이 정치적 도구로 사용될 가능성에 대해 우려하고 있으며, 특히 문학 작품을 통해 사회적, 이념적 갈등이 더욱 심화되지 않기를 바란다.

한편, 한강의 작품을 긍정적으로 바라보는 독자들은 그의 문학이 단순한 이념적 논쟁을 넘어, 인간의 보편적 고통과 상처를 치유하는 데 기여한다고 주장한다. 그에게 있어 문학은 억압받는 이들을 대변하고, 사회적 불평등에 대한 경각심을 불러일으키는 수단이다. 이러한 시각은 진보적 가치관을 가진 독자들에게 큰 공감을 불러일으키며, 한강의 작품을 더욱 깊이 있는 메시지를 담은 사회적 발언으로 평가하게 한다.

요컨대, 한강의 문학은 그가 다루는 주제의 보편성과 심오함 덕분에 많은 독자들에게 사랑받고 있지만, 그의 작품에서 드러나는 좌편향적 이념에 대한 우려도 함께 존재한다.

이는 한국 사회가 직면한 정치적, 이념적 갈등의 맥락 속에서 더욱 두드러지게 나타나며, 일부 독자들은 한강의 작품이 이러한 갈등을 심화시킬 가능성에 대해 조심스러운 입장을 취하고 있다.

그럼에도 한강의 문학은 인간의 고통과 연약함을 깊이 있게 탐구하고 있으며, 이를 통해 사회적 책임과 공감의 중요성을 강조하는 문학적 성취를 이룬다.

하여 한강의 문학을 평가할 때는 그의 이데올로기에 대한 논쟁을 떠나, 문학이 지닌 본연의 힘과 그가 전달하고자 하는 인간에 대한 깊은 이해를 존중하는 것이 필요하다.

2. 한강의 문학적 세계와 한국 문학의 글로벌 확장

한강은 인간 내면의 상처와 고통을 깊이 탐구하면서도 시적이고 간결한 문체로 독창적인 문학적 세계를 구축한 작가다. 그의 작품들은 인간이 겪는 트라우마와 상실을 개인적 차원과 사회적 차원 모두에서 다루며, 독자들에게 깊은 감정적 울림을 남긴다. 특히 『채식주의자』, 『소년이 온다』, 그리고 『흰』과 같은 대표작들은 폭력과 상처, 연대와 회복의 주제를 중심으로 하여 보편적인 인간 경험을 예술적으로 승화시키는 데 탁월하다.

한강이 2024년 노벨 문학상을 수상하게 된 것은 이러한 독창적 성취와 더불어, 그의 작품이 한국 문학의 고유한 정서를 세계에 전달하며 독자들에게 보편적 감동을 선사했기 때문이다. 이번 수상은 단순히 개인적 성취를 넘어, 한국 문학이 글로벌 문단에서 새로운 가능성을 열어가는 중요한 전환점으로 평가된다.

본 고에서는 그의 문학적 성취가 노벨 문학상 수상에 기여한 바를 심도 있게 탐구하며, 나아가 한국 문학의 미래 방향성까지 논의하고자 한다.

3. 한강의 노벨 문학상 수상 의의

한강의 노벨 문학상 수상은 그의 작품이 가진 문학적 보편성과 독창성을 세계가 인정한 결과다. 그의 작품들은 폭력과 상처, 상실과 회복의 주제를 다루며, 독자들에게 인간 존재의 본질에 대해 질문을 던진다. 한강의 문체는 절제된 언어 속에 깊은 감정을 담아내며, 독자들로 인물들의 경험에 몰입하도록 만든다.

한강의 수상작은 특히 한국 현대사의 트라우마와 개인의 고통이 어떻게 내면화되고 반복되는지를 예리하게 탐구한다. 그의 작품은 역사적 사건을 단순히 재현하는 것이 아니라, 그 속에서 인간이 겪는 복합적인 감정을 예술적으로 승화시킨다. 이러한 점에서 한강의 문학은 특정 국가나 시대를 초월해 보편적인 인간 경험을 담고 있다.

4. 한국 문학의 미래

지속 가능한 발전을 위한 제언

한강의 수상은 한국 문학이 세계 문단에서 더욱 주목받을 수 있는 가능성을 열어주었다. 그러나 이를 일회성 성취로 남기지 않기 위해서는 다음과 같은 노력이 필요하다.

1) 다양한 주제와 형식의 탐구: 한국 문학은 일상적 삶과 현대적 고민, 환경 문제와 디지털 사회의 변화 등 폭넓은 주제를 다루어야 한다.

2) 번역의 질 향상: 문학의 정서와 문체를 온전히 전달할 수 있는 번역가 양성과 지원이 필수적이다.

3) 해외 독자와의 소통 확대: 문학 축제, 북토크 등을 통해 독자와 직접 소통하며 한국 문학의 매력을 알릴 필요가 있다.

4) 디지털 플랫폼 활용: 웹소설, 오디오북 등 다양한 형식을 통해 새로운 독자층을 확보해야 한다.

5) 문학의 사회적 역할 강화: 문학을 통해 환경, 인권, 평화 등의 글로벌 이슈를 탐구하며 사회적 공감을 이끌어내야 한다.

5. 한국 문학의 도약과 연대의 메시지

한강의 노벨 문학상 수상은 한국 문학이 세계와 소통하며 성장할 수 있음을 증명한 중요한 사건이다. 그의 작품이 보여준 내면의 탐구와 서정적 서술은 한국 문학의 고유한 정서를 세계에 전달하는 데 중요한 역할을 했다. 한강의 작품들은 인간의 상처와 회복의 과정을 예술적으로 승화시키며, 폭력과 상실 속에서도 인간의 존엄성과 연대의 가능성을 탐구한다. 이러한 점에서 그의 문학적 성취는 단순한 예술적 성취를 넘어서 사회적 통찰과 공감의 메시지를 전달하며, 한국 문학이 세계와 소통하는 중요한 통로로 작용한다.

6. 한강의 문학과 한국 문학의 세계화

 한강의 노벨 문학상 수상은 한국 문학이 국제 문단에서 지속적으로 주목받기 위해 어떤 방향으로 나아가야 하는지를 제시한다. 한국 문학이 세계와 더욱 긴밀하게 소통하려면, 몇 가지 구체적인 과제를 해결해야 한다.

1) 다양한 문학적 주제와 접근의 확장

 한국 문학은 오랫동안 분단과 전쟁, 근대화의 갈등 등 역사적 주제에 집중해왔다. 이러한 주제들은 한국 사회의 정체성을 드러내는 데 중요한 역할을 했지만, 이제는 보다 다양한 사회적 이슈와 일상의 고민을 다루는 방향으로 확장해야 한다. 환경 문제나 디지털 사회의 변화, 젠더와 소수자 문제 등 현대 사회에서 주목받는 주제들은 전 세계 독자들이 공감할 수 있는 중요한 요소가 된다.
 한강의 작품이 보여주듯이, 일상적 삶 속에서 인간이 경험하는 내면의 고통과 회복을 탐구하는 문학은 독자들에게 강한 감정적 울림을 줄 수 있다. 예를 들어, 『채식주의자』에서 영혜의 내면적 갈등은 단순한 개인적 경험을 넘어, 현대인이 겪는 소외와 고립감을 반영한다. 앞으로 한국 문학은 이러한 개인적 경험과 사회적 이슈를 조화롭게 결합하는 방식으로 확장할 필요가 있다.

2) 번역과 출판의 질적 향상
 번역의 질은 한국 문학이 국제 문단에서 더욱 인정받기 위해 필수적인 요소다. 훌륭한 작품도 번역 과정에서 원문의 정서와 문체가 제대로 전달되지 않으면 독자들에게 깊은 인상을 남기기 어렵다. 한강의 작품이 세계적인 주목을 받게 된 배경에는 정교한 번역이 큰 역할을 했다. 앞으로는 전문 번역가 양성과 번역 지원 확대를 통해 더 많은 한국 문학 작품이 해외에 소개될 수 있도록 해야 한다.

또한, 한국 출판사들은 글로벌 출판 네트워크를 구축하고, 해외 출판사와의 협력을 통해 더 넓은 시장에 진출해야 한다. 예를 들어, 공동 번역 프로젝트나 저작권 교류를 확대하여 한국 문학이 지속적으로 해외 문단에서 논의될 수 있도록 하는 것이 중요하다.

3) 해외 독자와의 소통과 교류 강화

해외 독자들과의 직접적인 소통은 한국 문학의 인지도를 높이는 데 중요한 역할을 한다. 문학 축제, 북토크, 도서 전시회 등 다양한 행사에서 한국 작가들이 해외 독자들과 만나는 기회를 확대하는 것이 필요하다. 이러한 교류는 작가들에게도 새로운 영감을 줄 뿐만 아니라, 독자들이 한국 문학에 대해 더 깊이 이해할 수 있는 기회를 제공한다.

또한, 한국 문학을 해외 교육 커리큘럼에 포함시켜 젊은 세대가 한국 문학을 자연스럽게 접할 수 있도록 하는 것도 효과적인 방법이다. 이를 위해 해외 대학과 협력하여 한국 문학 연구와 강연 프로그램을 강화하는 것이 필요하다.

4) 디지털 플랫폼과 새로운 형식 활용

디지털 시대에 문학은 더 이상 종이책에만 의존하지 않는다. 웹소설, 오디오북, e북과 같은 새로운 형식의 콘텐츠는 다양한 독자층을 확보하는 데 중요한 역할을 한다. 특히 젊은 세대는 디지털 플랫폼을 통해 문학을 소비하는 경향이 강하기 때문에, 이러한 변화에 발맞춘 전략이 필요하다.

한편, SNS와 같은 온라인 플랫폼을 활용하여 작가와 독자 간의 소통을 강화하는 것도 중요하다. 예를 들어, 해외 독자들과의 온라인 북토크나

Q&A 세션을 통해 한국 문학을 알리고, 독자들의 반응을 실시간으로 반영하는 것은 작가들에게도 큰 도움이 될 것이다.

5) 문학의 사회적 역할 강화

문학은 단순한 예술적 성취를 넘어 사회적 문제를 성찰하고 공감을 이끌어내는 역할을 해야 한다. 한강의 작품이 폭력과 상처를 다루면서도 그 속에서 희망과 연대의 가능성을 제시한 것처럼, 앞으로의 한국 문학도 환경, 인권, 평화와 같은 글로벌 이슈에 대한 문학적 접근을 강화해야 한다. 이는 한국 문학이 단순히 한국 사회의 문제를 넘어서, 세계와 소통하고 공감할 수 있는 중요한 통로가 될 것이다.

7. 결론

한국 문학의 미래와 도전

한강의 노벨 문학상 수상은 한국 문학이 세계 문단에서 인정받을 수 있는 잠재력을 보여준 중요한 사건이다. 그의 작품이 보여준 인간 내면의 깊이 있는 탐구와 시적 서술은 한국 문학이 가진 고유한 매력의 본질을 드러낸다. 이번 수상은 단순한 개인의 성취를 넘어, 한국 문학 전체가 글로벌 무대에서 새로운 도약을 이룰 수 있는 가능성을 열어주었다.

앞으로 한국 문학은 다양한 주제와 형식을 탐구하며, 국제 문단에서 지속적으로 주목받기 위해 노력해야 한다. 번역과 출판의 질적 향상을 통해 더 많은 작품이 해외에 소개될 수 있도록 하고, 해외 독자들과의 교류를 확대하며, 디지털 플랫폼을 적극 활용하여 새로운 독자층을 확보해야 한다. 또한, 문학이 사회적 문제를 성찰하고 공감을 이끌어내는 역할을 수행할 수 있도록 해야 한다.

 이번 성취를 발판 삼아 한국 문학은 앞으로도 인간 존재의 본질을 탐구하고, 폭넓은 사회적 문제를 다루며 세계와 소통하는 문학적 여정을 이어가야 한다. 이는 단순한 문화적 성취를 넘어, 한국 사회가 전 세계와 공감하고 연대하는 길로 나아가는 중요한 이정표가 될 것이다.

 한강의 노벨 문학상 수상은 끝이 아니라 시작이다. 한국 문학이 앞으로도 지속적인 도전을 통해 세계 문단에서 굳건한 위치를 차지하고, 인간의 보편적 가치를 탐구하는 데 중요한 역할을 할 수 있기를 기대한다.

윤동주 문학론_광복 80주년의 빛 아래서

1. 서론

저항의 미학, 영혼의 윤리

 2025년, 우리는 광복 80주년을 맞이하였다. 대한민국의 오늘은 1945년 8월 15일, 역사와 시대의 피맺힌 결단에서 비롯되었다. 그날은 피로 얻은 자유의 문턱이었고, 문학은 그 자유를 사유하고 성찰하는 거울이 되었다. 특히, 윤동주의 문학은 한 민족의 참담한 역사와 내면의 윤리를 함께 짊어진 시적 기록이자, 침묵 속의 절규였다.
윤동주가 살았던 일제강점기는 단순히 국토를 빼앗긴 시대가 아니라, 언어와 정신, 인간의 존엄이 모조리 억압당하던 시대였다. 그 속에서 그는 외부로의 함성을 지르기보다, 내면으로 침잠하며 자아와 시대의 고통을 동시에 껴안았다.

 윤동주의 문학은 그 자체로 하나의 윤리이며, 언어 이전의 정직함을 되묻는 내적 독백이다. 그는 외세의 폭력에 육체적으로 맞서 싸우기보다, 정신의 힘으로 저항하였다. 그의 시에 등장하는 "하늘과 바람과 별과 시"는 단지 자연의 이미지가 아니라, 억눌린 시대 속에서 영혼이 찾은 도피처이자 마지막 자존의 상징이었다.

그의 언어는 민족의식 이전에 인간의식이며, 항일 이전에 자기 정화의 윤리였다. 시인은 조국을 향한 통곡을 시로 승화시키되, 그 슬픔을 절제된 언어와 고요한 윤리로 이끌어간다. 그것이 바로 윤동주 문학의 미학이며, 우리가 광복 80주년을 맞이하여 반드시 되새겨야 할 문학적 정신이다.

이 글에서는 윤동주의 문학이 내포한 저항의 의미와 그 윤리적 울림을 중심에 두고, 그의 대표작을 세 갈래로 나누어 살펴보려 한다.

첫째, '자아 성찰의 시'에서는 윤동주가 민족적 고난 속에서 인간 내부의 도덕성과 순결을 어떻게 탐색했는지 분석한다. "서시", "자화상", "십자가" 등이 이 범주에 속한다. 이 시편들은 시대를 바라보는 외침보다는 거울 앞에 선 자아의 고뇌를 담고 있다.

시인은 '죽는 날까지 하늘을 우러러 한 점 부끄럼이 없기를' 바랐고, 이는 바로 윤리적 인간으로 살고자 하는 문학인의 고백이자, 저항의 뿌리를 이룬다.

둘째, '시대 현실의 암시적 저항시'로 분류되는 시편들은 겉보기엔 자연이나 일상에 대한 서정시처럼 보이나, 그 속엔 시대의 비극에 대한 섬세하고 절제된 분노가 깃들어 있다.

"별 헤는 밤", "참회록", "눈 오는 지도" 등은 함축과 상징을 통해 일제의 억압을 고발하고, '말 없는 저항'을 펼친다. 시 속의 별은 죽은 청춘이며, 눈은 순결한 양심의 피눈물이고, 참회는 무기력한 민족 지성에 대한 뼈아픈 반성이었다.

셋째, '미래와 희망의 예언 시'는 절망의 터널 속에서도 인간다운 내일을 갈망하는 목소리를 품고 있다.

"쉽게 써진 시", "바람이 불어" 같은 시편에서 우리는 절망 속의 인내, 고통 속의 윤리, 침묵 속의 언어를 본다. 시인은 말한다.
"시를 쓰기 위하여 책을 읽고, 노트를 끼적거리는 동안에도" 부끄럽다. 이 부끄러움은 패배의 감정이 아니라, 끊임없이 자신을 갱신하고자 하는 고결한 윤리의식이다.

윤동주의 시는 단순한 반일 저항시가 아니다. 그것은 인간의 존엄을 찾기 위한, 깊고 조용한 '윤리의 언어'였다. 광복 80주년을 맞는 오늘, 우리가 그를 다시 읽는 이유는 단지 역사를 되새기기 위함이 아니다.
그의 시는 '자유'가 무엇인지, '저항'은 어떻게 시작되어야 하는지를 묻는다.

우리는 이제 그의 문학을 통해, 통일을 향한 새로운 문학의 길을 사유해야 한다. 민족의 내면을 치유하고, 분단된 정신을 회복하는 데 윤동주의 고요한 울림은 가장 깊은 자리에서 다시 시작될 수 있다. 그의 시는 그리하여 오늘도, 내일도, 통일의 별이 뜨는 밤하늘에 가장 먼저 반짝일 것이.

2. 본론 1부

'자아 성찰의 시'
부끄러움이라는 윤리

윤동주의 시세계는 외부의 세상보다 내면의 양심에 더욱 깊은 뿌리를 두고 있다.
그 출발점이자 상징은 「서시」이다. "죽는 날까지 하늘을 우러러 한 점 부끄럼이 없기를," 이 한 문장은 일제의 폭력 앞에서 어떤 직접적인 투쟁보다 더 강한 도덕적 저항이었다. 그는 자아를 들여다보며, 가장 깊은 고뇌를 통해 시대를 직시했다.
이처럼 윤동주에게 '부끄러움'은 패배의 언어가 아니라, 내면 윤리의 최종

심급이었다.

「자화상」은 이러한 내면 응시를 극적으로 보여준다. '거울 속에는 내가 남아 있습니다. 한 사람의 무덤이 있습니다.' 이 시의 화자는 죽음을 예감하며 스스로를 해부하듯 응시한다. 그 속엔 '나는 누구인가'라는 존재적 질문과 함께, '나는 어떻게 살아야 하는가'라는 실존적 갈망이 공존한다.

「십자가」는 이러한 고뇌의 종결점에서 다시 신성으로 회귀한다. '나는 나의 십자가를… 조용히 바라보아야지.' 여기서 '십자가'는 단지 기독교적 상징이 아니라, 시대의 고통과 개인의 죄를 함께 짊어진 운명으로 재해석된다. 그는 역사의 중심에 선 시인으로서 자신을 희생의 위치에 두며, 언어가 아닌 존재 전체로 저항하고자 했다.

윤동주에게 있어 자아의 성찰은 단지 자기 연민이 아니었다. 그것은 시대와의 조우였고, 타락하지 않기 위한 자기 윤리의 고백이었다. '부끄러움'은 윤동주의 시어 중 가장 자주 등장하는 단어이며, 동시에 그의 모든 시를 관통하는 '문학적 양심'이었다.

이 부끄러움을 우리는 오늘, 다시 윤리의 이름으로 되새겨야 한다.

3. 본론 2부

'시대 현실의 암시적 저항시'
침묵의 언어, 암시의 칼날

윤동주의 시는 겉으로는 조용하고 순한 언어로 쓰여 있지만, 그 내면에는 냉철한 시대 인식과 저항의 칼날이 숨겨져 있다. 그는 직접적인 구호나 투쟁 대신, 상징과 암시, 그리고 서정적 이미지로 일제의 폭력을 고발하였다. 그 침묵은 무기력함이 아닌 고요한 분노였으며, 겸허한 단어들 속에 빛나는 '내면의 격문'이었다.

대표작 「참회록」은 겉으로는 자기반성처럼 보이나, 실은 시대 전체를 향한 집단적 양심의 탄식이다. '파아란 바람이 가슴을 친다…'로 시작되는 이 시는 인간으로서 외면할 수 없는 시대의 잘못과 함께 자신도 그 일부였음을 고백하며, "나는 아무것도 하지 못하였다"라고 절규한다.

그러나 이 고백은 단순한 무력함의 진술이 아니다. 그것은 무언의 방관을 경계하는 통렬한 비판이며, 독자로 하여금 '나는 어떤 시대의 구성원인가'를 되묻게 한다.

또한 「눈 오는 지도」는 현실에 대한 회피가 아닌, 현실 속의 절망을 섬세하게 감싸 안는 시이다. '눈은 부끄러운 흰 꽃'이며, 시인은 그 눈발 사이에서 사라져 가는 자아와 민족의 기억을 더듬는다. 폭력과 강압이 지배하는 시대를 '지도'라는 공간의 상실로 치환함으로써, 그는 조국의 상실과 정신의 추락을 동시에 묘사한다.

「별 헤는 밤」은 윤동주의 암시적 저항의 정점이라 할 수 있다. '패, 패, 패 죽음 같은 고요 속에' 그는 별을 헤며 사라진 이름들을 떠올린다.

여기서 '별'은 단지 자연물이 아니라, 죽은 동지들, 사라진 자유, 짓밟힌 이상이다. 윤동주는 밤하늘을 향해 시를 썼지만, 그 시는 식민의 어둠을 찢고 나온 가장 밝은 별빛이었다.

이러한 작품들 속에서 윤동주는 결코 침묵하지 않았다. 그는 소리 없이 울었고, 언어 속에 숨은 칼날로 시대를 찔렀다. 그것은 감각을 일깨우는 언어였고, 잠든 양심을 흔드는 울림이었다. 그리하여 그의 시는 부드러움 속에 가장 날카로운 예언을 품고 있다.

4. 본론 3부

'미래와 희망의 예언 시'
절망의 끝에서 피어난 빛

윤동주의 시는 고통과 침묵 속에 머무르지 않는다. 그는 무너진 오늘을 응시하면서도, 반드시 내일을 향한 눈빛을 잃지 않았다. 그의 언어는 참혹한 시대의 무게를 견디면서도, 끝내 '시'라는 이름으로 희망을 남긴다. 이때의 희망은 낭만적 이상이 아니라, '부끄러움'을 견딘 사람만이 가닿을 수 있는 윤리의 결과였다.

「쉽게 씌어진 시」는 윤동주 문학의 가장 아이러니한 지점이다. 그는 시를 쓰면서 '시를 쓴다는 사실'에 부끄러움을 느낀다. "나는 왜 이렇게 쉽게 시를 쓰는가… 나는 왜 시를 쓰려는 것일까?" 이 자책은 단순한 문학적 불안이 아니라, 말할 수 없는 시대 앞에서 '말을 한다는 것'의 무게를 되묻는 고뇌다.

그러나 이 시는 결국 윤동주가 왜 시를 써야만 했는지를 증명하는 시이기도 하다. 말이 금지된 시대일수록, 시는 존재의 유일한 증언이기 때문이다. 「바람이 불어」 또한 희망의 시로 읽힌다. "바람이 불어 오늘은… 참으로 잠이 오지 않는다." 여기서 바람은 단지 자연의 움직임이 아니라, 감각과 양심을 흔드는 시대적 징조다. 윤동주는 '잠들 수 없는 밤'을 통해, 민족의 무감각을 흔들고자 하였고, 그 흔들림 자체가 문학이 지닌 희망의 근거였다.

또한 미완성 시 「하늘과 바람과 별과 시」는 그 자체로 윤동주의 문학 유언이다. '하늘을 우러러 한 점 부끄럼이 없기를…'로 시작된 그의 문학은 끝내 '별을 노래하는 마음으로 모든 죽어가는 것을 사랑하겠다'는 선언으로 수렴된다. 이는 죽음 이후까지도 이어지는 사랑이며, 절망의 끝에서 스스로를 밝히는 시인의 등불이다.

윤동주는 죽음을 앞두고도 언어의 품위를 지켰다. 그것은 곧 인간의 품위를 지키는 일이었다. 희망은 쉽게 말해지는 말이 아니며, 고통과 침묵을 견디며 끝내 무너지지 않은 자만이 말할 수 있는 언어였다. 윤동주는 그 언어를 가진 시인이었다. 그의 예언은 격렬하지 않았으나, 더없이 진실했고, 그래서 더욱 오래 지속된다.

5. 결론

윤동주를 넘는 윤동주
통일문학의 별이 되다

광복 80주년을 맞은 지금, 우리는 윤동주를 다시 읽는 일에서 멈춰서는 안 된다. 그의 시를 시대의 비극으로만 환원하거나, 항일 문학의 상징으로만 기념하는 것은 윤동주를 박제하는 일이다. 그의 시는 여전히 살아 있으며, 지금 이 순간에도 분단된 조국의 하늘 아래에서 '한 점 부끄럼 없는 삶'을 갈망하는 이들에게 속삭인다.

윤동주는 자유를 외치되 침묵으로 저항했고, 독립을 꿈꾸되 인간의 존엄에서 시작했다. 이 점에서 그의 문학은 단순한 항일을 넘어선다. 그의 시는 분단 이후에도 유효하며, 통일을 향한 내면의 준비로서 작동한다. 통일은 제도의 합의 이전에, 마음의 합일로부터 시작되어야 하며, 그 시작은 언어와 윤리의 회복이어야 한다. 바로 윤동주가 걸어간 길이다.

그가 꿈꾸었던 '하늘과 바람과 별과 시'는 이념의 경계를 넘는 보편적 가치였다. '모든 죽어가는 것을 사랑'하겠다는 그의 마지막 시적 유언은 민족 내부의 대결과 냉소, 혐오를 넘는 새로운 문학의 선언으로 읽혀야 한다. 우리는 이제 그의 시를 '저항의 시'가 아니라 '회복의 시'로, '과거의 문학'이 아닌 '미래의 윤리'로 읽어야 한다.

통일 문학은 더 이상 대결과 구호의 문학이 아니라, 윤동주가 남긴 부끄러움과 사랑, 침묵과 성찰의 미학을 회복하는 일이어야 한다. 그는 무너진 시대에도 언어를 경건하게 다루었고, 절망 속에서도 윤리를 저버리지 않았다. 이것이야말로 분단된 땅 위에 새로운 시를 쓰기 위한 첫걸음이다.

광복 80년, 윤동주는 다시 시작이다. 그의 별은 사라지지 않았다. 그 별은 남과 북이 함께 바라보는 하늘에 여전히 떠 있다. 이제 우리 문학이 해야 할 일은, 그 별빛을 잇는 시의 다리를 놓는 일이다.

그 다리 위에서, 윤동주는 기다리고 있다. 침묵의 시인에서, 통일 문학의 예언자로.

그렇다면 우리는 윤동주를 어떻게 계승해야 하는가. 그것은 단지 시를 암송하거나, 그의 이름을 기리는 기념사업을 넘어서야 한다. 윤동주의 문학정신은 지금 우리의 언어 속에 깃들어야 하며, 오늘의 문학이 지녀야 할 윤리로 살아 있어야 한다. 그의 시가 추구한 본질은 언어의 순결과 인간의 정직함, 그리고 시대에 대한 떳떳한 응시였다. 그것은 단지 특정 정권이나 외세에 저항하기 위한 수단이 아니라, 인간 스스로에게 부끄럽지 않기 위한 시인의 '내면의 선언'이었다.

이제 우리 앞에 놓인 문학의 과제는 분명하다. 남북의 이질성과 상처를 문학의 힘으로 치유하고, 하나의 말과 하나의 감정, 하나의 사유로 다시 엮어야 한다. 그것이 윤동주가 꿈꾸던 '죽는 날까지 하늘을 우러러 한 점 부끄럼이 없기를'이라는 말의 진정한 확장이다. 그는 조국의 광복을 기다리며 시를 썼고, 우리는 조국의 통일을 기다리며 그의 시로부터 다시 배워야 한다.

윤동주의 시가 통일문학의 원형이 될 수 있는 이유는, 그의 시가 특정 이념이나 적대의 논리로부터 자유롭기 때문이다. 그는 민족을 노래하기 전에 인간을 먼저 불렀고, 저항을 말하기 전에 성찰을 먼저 읊었다. 윤동주의 시정신은 분단 이후에도 남북의 어느 문학보다 더 근본적이며, 어느 정치보다도 더 신뢰할 수 있는 도덕적 언어다.

광복 80주년의 이 해, 우리는 윤동주의 시를 다시 새기며, 그의 침묵 속에서 오늘의 언어를 발견해야 한다. 그리고 통일문학의 길은 그의 윤리로부터 다시 시작되어야 한다. 그의 별빛은 그 어떤 구호보다 밝고, 그 어떤 선언보다 오래 남는다. 이제는 그 빛을 따라 우리가 시를 써야 한다. 윤동주를 읽는 것이 아니라, 윤동주처럼 쓰는 일로.

그것이 광복 80년을 기념하는 가장 조용하고도 깊은 경의이며, 다가올 백년을 준비하는 첫 번째 문학의 걸음이다.

진공의 숲과 무극의 리듬
장상철 화백 예술세계의 철학과 형상성

1. 서론

고요한 숲에서 빛나는 영혼을 만나다

예술은 삶을 담는 그릇이자, 인간 내면의 사유를 빛으로 환원하는 신비로운 통로다. 장상철 화백의 작품세계는 이러한 예술의 본령에 가까이 다가간다. 그는 단순히 풍경을 그리는 화가가 아니다. 그는 '풍경 너머'를 바라보며, 무형의 에너지와 생명의 리듬을 그려내는 시적 조형자다.

이번 초대전 '진공의 숲 — 빛으로 피어 별이 된 나무의 꿈'은 장 화백의 예술 여정이 집약된 자리이자, 철학적 깊이를 시각적으로 구현한 조형의 숲이라 할 만하다.

장 화백의 예술은 동양적 사유와의 깊은 교감 속에서 태어났다. 그는 노자와 장자의 사유를 젖줄 삼아, 자연과 존재의 본질을 탐색해왔다. 그의 화폭은 일견 추상처럼 보이나, 실은 형상 이면의 본질에 가닿으려는 정신의 여로다. 따라서 장 화백의 회화는 단순한 시각 예술이 아닌, 시각적 명상에 가깝다.

2. 진공(眞空)의 숲

무에서 피어나는 조형의 본질

'진공의 숲'이라는 전시 타이틀은 그의 철학적 미학을 압축적으로 상징한다. 진공은 단지 공(空)한 상태가 아니라, 만물의 기원이자 잠재의 장소이며, 생명이 맥동하는 순수한 무한이다. 장 화백은 이 '진공'의 개념을 단지 철학으로만 머물지 않고, 조형 언어로 변환시킨다.

그의 캔버스는 구체적인 형상이 사라진 대신, 색과 빛, 흔들림과 여백이 공명하며 생명처럼 호흡한다. 화면 전체에 스며든 에너지의 흐름은 '무극(無極)'의 리듬으로 설명된다. 무극은 태극이 발생하기 전, 무한하고 무규정적인 상태이며, 존재 이전의 근원적 가능성이다. 장 화백은 이 무극의 리듬을 통해 자연과 존재의 본질을 드러내려 한다. 화면 안에서 우리는 바람이 머물다 가는 자리, 빛이 스쳐간 흔적, 생명체의 소멸과 재생의 운동을 본다.

그림이 멈춰 있지 않고, 마치 살아 움직이는 것처럼 다가오는 이유가 여기에 있다. 그는 색과 여백, 터치와 흐름으로 '형상 없는 형상'을 창조한다. 이는 마치 장자의 '물아일체'나, 노자의 '도는 말해질 수 없다'는 무언의 경지와 맞닿는다. 그가 구축한 숲은 실재하는 나무나 풀 한 포기가 없음에도 불구하고, 관람자의 내면에 실존하는 숲처럼 다가온다.

3. 예술가의 태도

바람처럼, 빛처럼, 겸허하게

장 화백의 예술은 그가 살아온 방식과 떼려야 뗄 수 없다. 그는 커피 향이 은은한 조용한 작업실에서 매일 붓을 들고 묵언의 시간을 보낸다. 그 모습은 마치 침묵 속에서 악기를 조율하는 음악가 같고, 무대 없는 무희처럼 보인다.

화가 장상철은 세속의 과장된 찬사나 유혹에 쉽게 흔들리지 않는다. 오히려 그는 자연이 그러하듯 조용히, 그러나 깊게 자신의 예술을 갈고닦는다. 전 고양예고 교장 김성기 씨의 말처럼, 그의 그림은 그의 인품을 닮았다. 담백하고 정제되었으되, 단단한 중심을 지닌 그 그림은 삶을 살아낸 자만이 표현할 수 있는 '침묵의 감각'을 품고 있다.

그의 시 〈바람과 빛의 숨결〉은 그의 회화를 언어로 옮긴 듯하다. "바람이 빈자리를 채워주고, 그림자가 그 자리에 머문다"는 구절은, 물질과 비물질, 존재와 비존재가 어우러지는 세계관을 상징한다. 예술은 허공을 덜어내고 나서야 비로소 채워질 수 있음을, 그는 삶의 결을 통해 터득했다.

4. 전시의 의의

회화 그 이상의 경험

이번 전시는 단순히 작품을 감상하는 자리가 아니다. 장 화백과 오랜 인연을 맺어온 이들은 그의 작업실을 '심리적 고향'이라 말한다. 이 말은 비유가 아니라 실재이다. 그의 화폭은 그저 그림이 아니라, 누군가의 기억과 마음이 머물 수 있는 공간이다.

이번 전시는 바로 그 공간의 확장이다. 관람객은 그림을 '보는' 것이 아니라, 그림과 함께 숨을 쉬고, 고요 속의 떨림을 '경험'하게 된다. 작품과의 거리는 감상자의 사유의 깊이만큼 열려 있으며, 조용히 다가오는 울림은 보는 이마다 다르게 반응한다. 그것이 바로 장상철 화백 회화의 마력이다.

5. 결론

빛으로 피어 별이 된 나무의 꿈

장상철 화백은 예술을 통해 존재의 본질을 탐구해온 구도자다. 그의 화폭은 자연과 생명, 무형의 흐름을 조형 언어로 번역하는 시적 공간이다.

이번 전시 '진공의 숲 — 빛으로 피어 별이 된 나무의 꿈'은 단지 예술 전시가 아니라, 그의 철학과 삶의 태도, 존재에 대한 깊은 명상까지 함께 담긴 총체적 세계다. 빛으로 피어나 별이 된 나무는, 다름 아닌 그의 예술이고, 그 예술은 이 시대를 살아가는 우리 모두의 마음속에도 조용히 하나의 별로 피어나고 있다.

그 별빛은 말없이 환하다. 그리고 오래 남는다.

빛으로 그려낸 이영희 화백의 삶의 철학

　이영희 화백의 작품 일출과 일몰은 동東과 서西, 시간의 흐름을 직관적으로 담아내며 현대인의 일상을 따뜻하게 비춘다. 동시에 지나온 시간을 떠올리게 하는 매개체로 작용하며 관람객에게 정서적 위안을 제공한다. 뜨는 해와 지는 해라는 보편적 자연현상을 중심 소재로 삼은 이 작품은 단순한 풍경화를 넘어 삶의 철학적 메시지를 담아낸다.

　특히 이영희 화백의 채색 기법은 단연 돋보인다. 그녀는 빛과 색을 조화롭게 어우르며 생동감을 창조한다. 오렌지와 바이올렛의 색채 조합은 대조적이면서도 조화를 이루며, 따뜻함과 차분함을 동시에 전달한다. 오렌지빛은 태양의 열기와 에너지를, 바이올렛은 고요한 명상의 순간을 표현하며 관람객에게 감정의 균형을 선사한다. 이러한 독창적 표현은 자연과 삶을 바라보는 화백의 독특한 시선을 잘 보여준다.

　작품 속 자연은 단순한 외적인 감상의 대상이 아니다. 이영희 화백은 자연을 인간 내면을 성찰하고 위로하는 존재로 묘사한다. 일출과 일몰은 일상에 지친 현대인들에게 위로와 쉼을 제공하며, 하루의 시작과 끝을 넘어 삶의 순환과 변화를 상징한다. 작품을 통해 관람객은 스스로의 내면을 돌아보고 평온함을 찾게 된다.

화면 구성 역시 인상적이다. 화면은 수평선으로 상단과 하단이 나뉘며, 각각 일출과 일몰이 배치되었다. 이는 작품 속 하루의 흐름을 온전히 경험하게 하고, 시간의 경계와 기억의 흐름을 암시한다. 관람객은 이를 통해 자연스럽게 자신의 삶을 돌아보는 계기를 갖는다.

이영희 화백의 미적 감각은 간결함 속에 깊이를 담아낸다. 선명한 경계를 지양하고 자연스러운 색의 스며듦과 흐름을 통해 시각적 편안함을 추구한다. 이러한 표현 방식은 관람객이 작품을 직관적으로 이해할 수 있도록 돕는 동시에 철학적 사유의 여지를 남긴다.

요컨대, 일출과 일몰은 단순한 자연 풍경을 넘어 관람객에게 삶의 소중함과 추억의 가치를 일깨우는 작품이다. 이영희 화백의 섬세한 표현과 자연을 바라보는 따뜻한 시선은 현대인에게 단순한 감상이 아닌 깊은 위로와 영감을 선사한다.

태초의 신성함을 담아낸 김동연 화백의 세계

몽골의 대지에 서면 신비롭고 압도적인 풍경이 시야를 가득 채운다. 앞은 검푸르고, 중간은 푸르며, 저 멀리는 만년설로 덮인 설산이 펼쳐진다. 이 풍경은 마치 태초에 신이 창조한 첫 세상처럼 신성하다. 범접할 수 없는 경건함과 자연의 숭고함이 오롯이 담겨 있다. 김동연 화백은 이 공간의 빛과 색, 그리고 경이를 한 폭의 그림으로 포착했다. 그의 붓 끝에서 태어난 작품은 단순한 풍경화가 아니다. 그것은 자연의 영혼을 담아낸 생명이며, 관객을 그 속으로 깊이 끌어들이는 신비로운 힘이다.

김 화백의 작품은 한 공간이 빛에 따라 변주되는 순간들을 그려낸다. 몽골의 드넓은 초원에서 하늘과 대지가 하나 되는 경계, 태양빛의 움직임에 따라 변하는 대지의 색감, 그리고 설산이 뿜어내는 차가운 고요는 그의 붓 아래 새로운 생명을 얻는다.

그는 단순히 눈앞의 풍경을 그리지 않는다. 그가 그려내는 것은 풍경의 본질이다. 빛의 변화와 공기의 떨림, 공간을 가득 채운 정적과 동적 에너지를 화폭에 담아낸다. 그의 작품을 마주하면 관객은 숨을 멎을 듯한 감동과 경이를 경험하게 된다.

김동연 화백의 작업에는 그의 삶의 철학과 미의식이 깊이 스며 있다. 그는 자연을 단순한 소재로 보지 않았다. 자연은 그에게 스승이자 동반자이며, 신성한 존재였다. 그는 자연 앞에서 겸허했고, 자연이 가르쳐주는 생명의 진리와 질서에 귀를 기울였다. 그가 추구한 것은 외형적인 아름다움이 아니라 자연의 내면에 흐르는 생명력과 본질이었다. 그의 붓 끝은 단순한 도구가 아니라, 자연과 대화하는 매개체였다.

김 화백의 작품은 관객을 그 자리에서 멈추게 한다. 화랑을 찾은 모든 이는 그의 그림 앞에서 발걸음을 멈추고 오랜 시간 머문다. 작품은 관객과의 대화를 시작한다. 그림 속 빛과 그림자, 색과 형태는 보는 이의 마음을 흔든다. 그의 작품을 오래 바라보면 그 속에서 자연의 생명이 살아 숨 쉬는 것을 느낄 수 있다. 그의 작품은 단순히 보는 것을 넘어서는 경험을 선사한다.

그의 그림은 압도적이다. 그것은 자연의 경이로움을 담아낸 붓의 힘이자, 화가의 영혼을 담은 예술이다. 그의 작품 속에서 빛은 움직이고, 색은 말하며, 공간은 호흡한다. 그가 그려낸 설산은 단순한 산이 아니다. 그것은 인간의 한계를 넘어선 신성함의 상징이다. 초원의 푸른 물결은 단순한 색감이 아니다. 그것은 생명의 순환과 자연의 위대한 질서를 보여준다.

김동연 화백의 작품은 단순한 예술 작품이 아니라, 그의 삶 그 자체다. 그는 자연과 동화되어 살았으며, 자연에서 배운 것을 화폭에 담았다. 그의 그림은 관객에게 자연의 소중함을 일깨워주고, 삶의 근원적인 아름다움에 대한 통찰을 전한다. 김 화백은 단순히 화가가 아니라, 자연의 본질을 깨닫고 이를 표현한 철학자이자 시인이었다.

그의 작품을 바라보며 관객은 숨이 멎을 듯한 순간을 경험한다. 그것은 단순한 미학적 감동이 아니라, 자연의 신비와 경이로움을 직접 마주하는 체험이다. 김동연 화백의 붓 끝에서 태어난 작품은 관객에게 자연의 위대함을 알리고, 삶의 본질에 대한 깊은 성찰을 불러일으킨다. 이는 그의 영혼이 담긴 붓의 힘이며, 그가 남긴 예술의 위대한 유산이다.

김동연 화백은 예술을 통해 자연의 신성함을 노래했고, 그 안에 담긴 생명의 비밀을 밝히고자 했다. 그의 작품은 단순히 아름답다는 감탄을 넘어, 우리를 더 깊은 성찰과 깨달음으로 이끈다. 그의 붓이 그린 세계는 태초의 신성함을 담아낸 첫 세상이며, 관객의 마음속에 영원히 남을 것이다.

특집 4
김용보 작가의 작품 세계

이야기의 경계를 허무는 창의성, 인류의 마음을 여는 문
김용보 작가의 동화 세계가 제시하는 비전

　　김용보 작가는 전래동화라는 익숙한 재료에 누구도 예상치 못한 상상력의 옷을 입혀, '닫힌 고전'을 다시 호흡하게 만든 창작자다. 『흥부와 놀부』의 재창작은 단순한 리메이크를 넘어, 이야기의 골격을 해체하고 재조립하는 문학적 해부이며, 윤리적 갱신이다. 그는 선과 악의 고정된 경계에 질문을 던지고, 타인의 얼굴로 살아보는 '거울의 체험'을 통해, 인간 내면의 변모 가능성과 회복의 감동을 이끌어낸다.

　　이러한 구조는 한국인의 정서에만 머물지 않는다. 오히려 전 세계가 공감할 수 있는 인간 보편의 가치, 즉 자기성찰, 회복, 용서, 관계의 복원이라는 주제를 다룬다는 점에서 글로벌 스토리로서의 가능성을 지닌다.

　　김용보 작가의 동화는 전래동화의 세계관을 해체하면서 동시에 연결한다. 『흥부와 놀부』 한 편에 『금도끼 은도끼』, 『도깨비 박씨』, 『천하대장군』이 조화롭게 교차하며 하나의 다층적 우주를 구축하고, '설화 유니버스'라는 새로운 개념을 연다. 이는 디즈니식 세계관 중심의 서구 동화 시장에서도 보기 드문 시도이며, 이야기 간 연결성에 갈증을 느끼는 현대 독자에게 놀라운 감각을 제공한다.

무엇보다 이 동화가 주는 감동의 핵심은 "타인의 삶을 살아보는 체험이 진정한 변화의 시작"이라는 메시지다. 이는 다문화, 타자, 갈등, 이해가 중심 화두인 21세기 인류에게 깊은 공명을 일으킨다. 김용보 작가의 창작 동화 세계는 이제 "읽는 이야기"에서 "함께 살아보는 이야기"로의 전환을 제안한다. 그는 고전을 깨뜨리되 파괴하지 않고, 낡은 틀을 비틀되 정체성을 부정하지 않는다. 그는 동화를 통해 한국적이면서도 인류 보편적이며, 철학적이면서도 감성적인 이야기의 새로운 지평을 연다.

이제 세계는, 김용보의 동화를 통해
고전을 따라 읽는 것이 아니라
고전을 다시 써 내려가는 시대를 맞이하고 있다.

거울을 들이댄 고전, 상처를 되비추는 이야기의 귀환
김용보 작가의 『흥부와 놀부』 재창작 동화 총평

전래동화는 한민족 집단 무의식의 결정체이자, 유년기의 도덕 감각을 빚는 원형의 설화다. 하지만 설화가 박제되어 전시물로 머물 때, 아이들의 마음을 흔들 수는 없다. 김용보 작가는 이 고정된 유산을 다시 불러낸다. 아니, 고쳐 부른다. 기존 동화 속 선과 악의 흑백 대비를 해체하고, '바뀐 얼굴'과 '비치는 거울'을 통해, 고전의 인물을 타인의 삶 속으로 밀어 넣는다. 완결된 이야기 구조의 닫힌 문을 다시 열어, 이야기가 새로이 숨 쉬게 하는 것이다. 여기서 우리는 김용보의 가장 큰 문학적 기획을 확인할 수 있다. 고전의 해체가 아니라, 고전의 심장을 다시 뛰게 만드는 문학의 되살림이다.

1. 고전은 거울이다: 얼굴을 바꾸다, 마음을 되찾다

이야기의 핵심은 전복이다. 착한 동생 흥부와 못된 형 놀부라는 오랜 구도는 무너지고, 정직한 놀부와 탐욕스런 흥부가 등장한다. 이것은 단지 반전의 재미를 위한 서술이 아니다. 이는 고전이 담고 있던 이분법적 윤리관에 대한 반성이다. 사람이란 고정된 성격으로 존재하지 않으며, 상황과 욕망 앞에서 끊임없이 흔들리는 존재라는 '존재의 복합성'을 작가는 동화 속에서 섬세하게 풀어낸다. 놀부는 초기에 성실하고 착한 인물로 그려지며, 흥부는 부자가 된 후 이기적이고 냉담한 인물로 바뀐다. 결국 두 사람은 서로의 삶을 살아보며 자신을 돌아보게 되고, 이 자기성찰은 '거울'이라는 상징으로 정교하게 엮인다. 거울은 타자의 얼굴을 비추는 동시에, 그 속에서 자기의 내면을 발견하게 하는 장치다. 결국 『흥부와 놀부』는 '내가 타인의 얼굴로 살아보지 않으면, 나는 나를 알 수 없다'는 깊은 인간 이해로 나아간다.

2. 이야기의 몽타주: 까메오가 엮는 서사의 겹무늬

　김용보 작가는 전래동화의 세계를 하나의 유기체로 본다. 『금도끼 은도끼』, 『도깨비 박씨』, 『천하대장군』 등 다양한 동화의 요소들이 한 이야기 속에서 서로의 등장을 돕고 사건의 흐름을 견인한다. 이것은 단순한 '설화 혼합'이 아니라, 민담의 정신을 현대적 서사로 환기시키는 탁월한 기획이다. 고전은 고립된 섬이 아니며, 민중의 삶 속에서 끊임없이 이동하고 변형된다는 이야기 본연의 유동성을 보여주는 것이다. 특히 박 속에서 나온 '거울'이라는 장치는, 금은보화의 기대를 뒤엎으며 인간의 욕망이 비추는 '진실의 얼굴'을 드러내는 장치로 기능한다. 이 순간 고전은 판타지의 껍질을 벗고, 삶을 해부하는 윤리적 서사로 변모한다.

3. 주제의 확장: 우애의 윤리에서 성찰의 윤리로

　원작 『흥부와 놀부』는 형제 간의 우애, 나눔, 선행의 복이라는 직설적인 도덕적 메시지를 품고 있었다. 그러나 김용보의 재창작은 보다 성숙한 윤리의식을 견지한다. 우애는 결과가 아니라, 성찰의 산물이다. 두 사람은 상대의 모습으로 살아보지 않았더라면, 자신의 오만과 무지를 결코 자각하지 못했을 것이다. 이 변환과 깨달음은 산신령의 등장으로 다시 윤곽을 드러낸다. 산신령은 더 이상 일방적 보상자나 벌주는 신이 아니라, 인간을 거울 앞으로 이끄는 인도자이다. 그는 '내가 너를 흥부로, 또는 놀부로 만들었다'고 말하지 않는다. 오히려 '스스로 바뀐 삶을 통해 무엇을 얻었느냐'고 묻는다. 이것이 김용보가 전하고자 하는 근본 메시지다. 인간은 벌이나 상이 아니라, 자신의 눈으로 자신을 보게 될 때 비로소 달라진다는 것.

4. 문체와 표현의 미학: 해설과 유머 사이의 고급 균형

 김용보 작가의 문체는 단순하면서도 섬세하다. 해설조 설명과 직접화법이 절묘하게 혼합되어 있으며, 구수한 입말과 현대적 감각이 절묘하게 결합된다. 특히 박을 타는 장면에서 반복되는 '슬근슬근 톱질이야' 같은 노래 구절은 민속적 운율감을 자아내며, 어린이 독자뿐 아니라 성인 독자에게도 민속 동화 특유의 향수를 불러일으킨다. 동시에 거울에 얼굴이 바뀌고, 하인에게 소금을 맞으며 쫓겨나는 장면 등에서는 유머와 풍자가 번뜩이며, 단순한 권선징악 구조를 넘어서 '풍자적 아이러니'의 깊이를 선사한다. 이 문체는 전통적 리듬을 간직하면서도 현대적 감각으로 이식되었기에, 고전적 소재를 오늘의 언어로 다시 쓸 수 있는 귀한 문학적 자산이라 하겠다.

5. 결말

되돌아오지 않은 이야기의 끝, 그러나 완성된 순환

흥부와 놀부가 다시 서로의 모습을 되찾고, 함께 살아가기로 결정하는 결말은 단순한 해피엔딩이 아니다. 이 이야기는 원래 자리로 되돌아간 듯 보이지만, 독자에게는 '완전히 같지 않은 두 사람'을 남긴다. 이제 그들은 자신이 아닌 타인의 모습으로 살아본 '경험'을 품은 존재다. 이것이 바로 고전이 다시 쓰여야 하는 이유이자, 고전이 현재성을 지니는 방식이다. 그 끝은 곧 또 다른 이야기의 시작이며, 더 이상 착한 자가 복을 받고, 나쁜 자가 벌을 받는 일차원적 구조가 아니라, 인간이 자신을 이해하고 반성하며, 더 나은 삶을 선택할 수 있는 여지를 남기는 열린 이야기다.

6. 총평

이야기의 얼굴을 바꾼 작가, 윤리의 거울을 세운 문학

김용보 작가의 『흥부와 놀부』는 단순한 리메이크가 아니다. 고전의 핵심 구조를 해체하고, 다양한 전래요소를 유기적으로 엮으며, 인간과 사회를 되돌아보게 하는 성찰의 공간으로 문학을 확장시킨다. 이 작품은 어린이에게는 흥미진진한 동화로, 어른에게는 철학적 우화를 닮은 이야기로 기능한다. 그 중심에는 늘 '내가 누구인가', '나는 타인의 고통을 살아본 적 있는가'라는 거울 앞의 질문이 있다.

문학은 바로 그런 질문에서 시작되는 것이 아니던가.

김용보 작가의
《견우와 직녀 100년 만의 속편》

1. 서론

전래동화에 생명을 불어넣는 기획의 힘

 한국인의 심연 깊숙이 각인된 전래동화 《견우와 직녀》는 단순한 러브스토리를 넘어선 신화적 기둥이었다. 칠월 칠석, 은하수를 사이에 두고 까치와 까마귀가 만든 오작교 위에서 단 하루만 만나는 두 사람의 이야기는, 오랫동안 '운명 앞의 겸허'와 '근면의 덕성'을 일깨우는 교훈으로 자리해 왔다. 하늘에서 내쫓긴 견우는 소를 몰고, 서쪽 땅에 떨어진 직녀는 베를 짠다. 사랑은 허락되되, 매일이 아닌 일 년에 단 하루만 가능하다는 설정은 우리 민족의 미덕이기도 했던 자제력과 공동체 질서의 은유였다.
 그러나 김용보 작가는 이 오래된 이야기를 새로운 호흡으로 되살려냈다. 그는 《견우와 직녀》의 결말을 '닫힌 신화'로 두지 않고, 정지된 슬픔 속에 맺힌 다음 장면을 과감히 열어젖힌다. 그리하여 《견우와 직녀_100년 만의 속편》은 단순한 후속편이 아니라, 우리 시대 동화 문학의 새로운 방향성과 상상력의 지평을 제시하는 기념비적 작품이 된다.

작가는 고전에 대한 경외를 기반으로 하면서도, 전래동화가 지니고 있던 상징적 고정성을 서서히 해체해나간다. 직녀가 갑자기 사라지는 사건을 발단으로 하여, 견우의 자발적 노정은 기존 '운명의 수동자'가 아닌 '사랑의 능동자'로의 전환을 보여준다. 이야기는 여기서 끝나지 않는다. 구렁이 색시, 호랑이 수호신, 이무기 등 여러 전래 속 인물들이 하나의 세계관 안에 등장하며, 이야기는 마치 전래 유니버스처럼 확장된다.

김용보 작가는 이들 고전 인물들을 단지 까메오처럼 등장시키지 않는다. 각 인물은 저마다의 사연과 감정을 지니고 있어 독립적인 존재로서 숨을 쉰다. 그 안에서 동화는 하나의 메타 서사로 진화하고, 모든 이야기들은 주제의 실타래 속에서 섬세하게 직조된다.

특히, 이 작품은 시대를 거슬러 '사랑은 운명을 거슬러서라도 지켜야 할 가치'라는 새로운 윤리를 제시한다. 하늘의 법과 옥황상제의 명은 분명 절대적이다. 그러나 견우는 그것을 어기고 사랑을 택하며, 결국 공동체를 구하는 인물이 된다. 이는 동화가 단지 순응의 교훈이 아니라, 공동선을 향한 용기 있는 불복종일 수 있음을 암시한다.

《견우와 직녀―100년 만의 속편》은 단순히 고전을 변형한 것이 아니라, 고전을 존중하며 시대의 감성과 상상력으로 재해석한 작품이다.

이 책은 독자들에게 단순한 옛이야기의 추억을 넘어, 새로운 서사적 감동과 정서적 울림을 안겨준다. 문학은 결국 끊임없이 이야기의 문을 여는 행위다. 김용보 작가는 그 문을 연다. 100년 전 닫힌 신화를 다시 살려내는 것, 그 자체가 문학의 심장이다.

2. 본론

1) 구조의 확장과 '운명 서사'의 전복

전래동화는 본래 짧은 이야기다. 구비문학에서 기원한 그 특성상 서사보다 교훈이 우선되었고, 인물보다 구조가 중요했다.

그러나 김용보 작가는 이 '짧음의 법칙'을 무너뜨린다. 그는 단일 서사를 다층적 구조로 확장시키며, 기존의 견우와 직녀 이야기 위에 모험, 갈등, 구원의 미학을 덧입힌다.

무엇보다 극적인 반전은 견우의 서사적 위치 변화다. 그는 본래 '하늘의 명에 순응하는 자'였지만, 이번 속편에서는 적극적으로 규율을 어기고 직녀를 찾아 나서는 '사랑의 반역자'가 된다. 그가 견뎌온 형벌은 더 이상 수동적 고통이 아니라, 능동적 선택의 결과로 재구성된다. "옥황상제의 명보다 직녀의 안위가 더 중요했다"는 그의 대사는, 단순한 감정 고백이 아닌 기존 권위 구조에 대한 조용한 반론이다.

이러한 견우의 노정은 고전 서사에서 흔히 볼 수 없었던 '불복종의 미학'을 품고 있다. 신화는 대체로 인간의 한계를 강조하며, 넘지 말아야 할 선을 분명히 한다. 그러나 김용보 작가는 그 선을 넘게 한다. 단, 무책임하게 넘는 것이 아니다. 그는 사랑을 위해, 공동체를 위해, 그리고 인간으로서 지켜야 할 도리를 위해 그 선을 넘는다.

이때 작가는 이야기의 긴장을 서서히 고조시킨다. 직녀의 실종, 구렁이의 위협, 절의 종소리, 호랑이와 이무기의 결투, 할머니의 정체, 까치와 까마귀의 희생 등으로 구성된 연속적인 사건들은 한 편의 판타지 서사시처럼 동화의 경계를 밀어낸다.

이는 단순한 재미의 장치가 아니라, 견우가 겪는 '운명 전복의 과정'이자, 사랑이 어떻게 세상을 구하는지에 대한 상징적 순례이다.

주목할 점은, 작가가 시간성의 확장을 통해 이야기를 더욱 긴 호흡으로 이끈다는 것이다. 일 년이라는 기다림은 이제 단순한 설정이 아니라 견우와 직녀, 그리고 구렁이 색시까지도 포함하는 '시간의 윤리'로 작용한다. 그 기다림의 시간 속에 응축된 사랑, 원망, 용서가 겹겹이 쌓여 이야기에 깊이를 더한다. 김용보는 이러한 기다림을 통하여 '순응하는 사랑'이 아니라 '감내하고 나아가는 사랑'을 새롭게 해석한다.

이처럼 《견우와 직녀_100년 만의 속편》은 전래동화의 정형성을 벗어나려는 시도이며, 동시에 그 안에 깃든 전통적 정서를 새롭게 품으려는 시적 실험이다.

그는 낡은 신화를 파괴하지 않는다. 다만 그 속을 천천히 걷고, 깊이 들여다보며, 그 안에 숨겨졌던 새로운 길을 찾아낸다. 그것이 바로 김용보 작가의 구조적 상상력이며, 이 작품을 하나의 문학적 사건으로 만드는 결정적 힘이다.

2) 상호텍스트적 창조와 전래 유니버스의 구축

김용보 작가의 《견우와 직녀_100년 만의 속편》이 단순한 속편을 넘어 독자적 서사 세계로 발돋움할 수 있었던 가장 강력한 문학적 장치는 바로 상호텍스트적 구조다. 그는 하나의 고전을 다른 고전들과 결합함으로써 단일 이야기의 차원을 넘어 전래 유니버스를 창조해낸다. 이는 마치 고대 신화들이 서로를 침투하며 하나의 신화 체계를 이뤄내듯, 개별 전래 속 캐릭터들이 서로 다른 이야기 속에서 살아 움직이는 방식이다.

예를 들어, 깊은 산속 외딴 초가집에 사는 구렁이 색시는 본래 '혼인을 약속한 여인에게 나타난 괴이한 존재'라는 전래 속 존재였지만, 김용보의 작품에서는 그녀 역시 '기다림'의 서사를 지닌 동반자로 재탄생한다. 그녀는 단순한 괴물이 아니라, 상처받은 사랑의 또 다른 얼굴이다. 견우가 그녀에게서 탈출하는 장면은 사랑과 증오가 교차하는 인간 감정의 복합성을 드러내며, 기존 동화에서 볼 수 없었던 감정적 밀도를 형성한다.

또한, 호랑이 수호신과 이무기의 대립은 단지 선과 악의 대결이 아니다. 이는 인간과 공동체를 수호하려는 존재와, 파괴를 통해 승천하려는 존재의 철학적 충돌이다. 호랑이는 외면적으로는 마을 사람들을 늙게 만들지만, 실제로는 젊은 이들을 보호하려는 존재이며, 이무기는 하늘에 오르기 위해 수많은 생명을 삼키려는 야망의 화신이다. 이처럼 김용보는 각 존재에 윤리적 복선을 부여하며, 단순한 선악 구조에서 벗어난 이야기의 입체감을 이끌어낸다.

또한 이 모든 이야기를 관통하는 존재는 까치와 까마귀다. 이들은 고전에서 오작교를 만드는 역할로만 머물렀으나, 이번 속편에서는 견우를 구하기 위해 목숨까지 바친다. 고전 속 배경적 존재가 이처럼 감정과 결단을 가진 주체로 등장함으로써, 김용보의 세계관은 단지 사람만이 아닌 모든 생명이 동등하게 서사의 중심에 설 수 있다는 포용적 철학으로 나아간다.

이러한 상호텍스트성은 단지 이야기의 재미를 위한 장치가 아니다. 그것은 고전들의 서사적 DNA를 재조합하여 새로운 세계를 구축하려는 문학적 야심이다. 김용보 작가는 기존 동화들을 '접붙이기'가 아닌 '심층적 융합'의 방식으로 다루며, 기존 이야기들을 단순히 인용하는 것이 아니라, 그 본질을 재해석하고 다른 맥락 속에 배치한다. 이로써 기존 독자들에게는 익숙함 속의 새로움을, 새로운 독자들에게는 동화 문학의 광대한 확장 가능성을 제시한다.

결국, 김용보 작가의 작업은 한국 전래동화의 각 인물과 세계를 하나의 연속된 신화적 세계로 이끌어내는 실험이며, 그 유기적 통합은 마치 동양판 '전래 신화 유니버스'를 만들어내는 기획으로 볼 수 있다. 그는 익숙함을 해체함으로써 낯설게 만들고, 그 낯섦 속에서 우리가 잊고 있던 동심과 윤리를 다시 불러낸다. 이러한 방식은 전래동화의 교육적 가치와 문학적 가능성을 동시에 확장시키는 탁월한 성취라 할 것이다.

3) 사랑의 윤리와 동화의 시대적 과제

《견우와 직녀—100년 만의 속편》이 지닌 가장 본질적인 힘은 '사랑'이라는 오래된 감정을 새로운 윤리의 자리에 올려놓았다는 데 있다. 사랑은 더 이상 은하수 너머 기다리는 수동적 정념이 아니다. 이 작품에서 사랑은 행위이며, 책임이며, 세상을 구하는 윤리적 결단이다. 그것은 마냥 아름답기만 한 감정이 아니라, 때로는 규칙을 어기고, 험난한 길을 마다하지 않고, 누군가의 고통을 나의 고통으로 받아들이는 실천적 가치로 나타난다.

견우는 직녀가 보이지 않자, 기다림이라는 전통적 형식을 벗어나 직접 그녀를 찾아 길을 나선다. 그것은 단지 연인의 행위가 아니라, 무력한 사랑을 넘어선 사랑의 실천이다. 그는 구렁이에게 잡혀 목숨을 잃을 뻔하고, 호랑이와 이무기의 싸움에 휘말리며, 마침내 옥황상제의 노여움까지 감수하면서도 사랑을 포기하지 않는다. 이는 '사랑이란 무엇인가'라는 질문에 김용보 작가가 내놓은 가장 직접적이고 순수한 해답이다. 사랑이란, 기다리는 것이 아니라 나아가는 것이다. 세상의 정의를 위해서라도, 누군가의 고통을 끝내기 위해서라도.

이와 같은 윤리적 사랑의 서사는 오늘날 동화가 감당해야 할 시대적 과제를 떠올리게 한다. 동화는 더 이상 단지 '아이들을 위한 교훈'만을 담는 그릇이 아니다. 오히려 이 시대는 동화를 통해 어른들이 다시 배워야 할 미덕과 감정의 원형을 찾는다. '우정이란 무엇인가', '용기란 어떤 얼굴을 하고 있는가', '우리는 타인의 고통 앞에서 무엇을 해야 하는가'―이 질문들 앞에서 김용보 작가의 동화는 단호하게, 그러나 따뜻하게 답한다.

또한, 직녀가 늙은 여인의 모습으로 등장하고, 그를 알아보는 견우의 장면은 겉모습에 현혹되지 않는 사랑의 진정성을 상징한다. 외모와 젊음을 숭배하는 이 시대의 문화 속에서 이 장면은 매우 강렬한 메시지를 던진다. 사랑이란, 눈에 보이는 것이 아니라 마음이 기억해내는 진실이라는 것. 견우가 "이렇게 살아 있어 줘서 고맙소"라고 말하는 순간, 사랑은 다시금 존재의 깊이로 가라앉는다.

여기에 더해 김용보 작가는 공동체 윤리의 회복까지 아우른다. 이무기를 무찌른 뒤, 마을 사람들의 젊음이 회복되는 장면은 단순한 마법의 결과가 아니다. 그것은 희생과 연대, 그리고 진심이 빚어낸 기적이다. 까치와 까마귀의 죽음, 호랑이의 숨은 선의, 구렁이 색시의 사랑까지 모든 서브플롯은 하나의 커다란 진리로 모아진다. 사랑이란, 나 하나만이 아니라 모두를 살리는 것이라는 사실이다.

결국 김용보 작가는 동화를 통해 선언한다. 사랑은 선택이다. 그리고 그 선택은 세상을 바꿀 수 있다. 이러한 사랑의 윤리는 오늘을 살아가는 모두에게 시급한 화두이며, 동화가 단지 어린이를 위한 장르가 아니라 시대를 가르치는 장르가 될 수 있다는 확신을 심어준다.

3. 결론

다시 열리는 이야기의 문, 다시 살아나는 동심의 힘

《견우와 직녀_ 100년 만의 속편》은 단순한 '후속 이야기'가 아니다. 그것은 이야기의 문을 다시 여는 행위이며, 고정된 전래동화의 틀을 유연하게 풀어내는 문학적 실험이자 도전이다. 김용보 작가는 기존의 이야기 구조를 부정하지 않으면서도, 그 속에 감춰졌던 가능성을 조용히 깨우고 확장시킨다. 이는 곧, 닫힌 서사의 문 뒤에 숨겨졌던 인간의 감정, 기다림, 상처, 희망을 다시 세상 밖으로 꺼내는 작업이다.

그리하여 이 동화는 한 개인의 사랑 이야기에서 출발해, 상처 입은 이들의 연대, 잊힌 존재들의 부활, 공동체의 회복으로 이어지는 다층적 서사로 확장된다. 옛이야기 속 인물들은 단순히 재현되는 것이 아니라, 오늘날의 시선으로 새롭게 해석되고, 그 과정에서 동화는 시대를 넘어선 힘을 획득한다. 김용보의 세계관은 과거의 이야기가 미래의 아이들에게도 여전히 울림이 될 수 있음을 증명한다.

무엇보다 이 작품은 '동심의 힘'을 재발견하게 한다. 동심이란 단지 아이의 마음이 아니라, 세상을 향한 믿음, 사랑을 향한 기다림, 정의를 위한 용기를 잃지 않는 마음이다. 작가는 그 동심의 불씨를 되살려, 사랑을 위해 무엇이든 감수하는 견우의 여정, 믿음 하나로 남편을 기다리는 구렁이 색시의 삶, 타인의 안녕을 위해 목숨을 거는 까치와 까마귀의 희생을 통해 우리 모두 안에 남아 있는 순수함을 흔들어 깨운다.

《견우와 직녀》의 속편이 바로 지금, 오늘 우리에게 필요한 이야기로 다시 태어난 것은 우연이 아니다. 그 속엔 우리가 잃어버린 어떤 가치, 혹은 아직 간직하고픈 어떤 마음이 담겨 있다. 김용보 작가는 동화가 끝난 자리에 또 다른 시작이 가능함을 보여주었고, 그 가능성 속에서 우리는 비로소 다시 사랑을 믿게 된다.

이야기는 끝나지 않았다. 아니, 이제 막 다시 시작되었다. 김용보의 펜 끝에서 열린 이 문은, 단절된 전래를 잇는 다리이자, 동화가 다시 삶이 되는 순간의 빛이다.

단편소설

입 다물고 만 원

소설가 김준현

'말조심금융'이 열린 날

2028년 3월 1일. 전 국민이 잊지 못할 날이었다. 이름하여 '말조심금융법' 시행일.

이 법은 한마디로 요약됐다.

"불필요한 말은 과세 대상, 위험한 말은 형사처벌."

뉴스 앵커는 아침부터 중계 방송으로 이 법의 시행을 예고했다. 익숙한 미소, 그러나 분명히 경직된 표정으로 말했다.

"시청자 여러분, 오늘부터는 당신의 '말'이 곧 '돈'입니다. 마음대로 말하는 시대는 끝났습니다."

정부는 국민의 정신 건강과 사회 질서를 위해 '스마트 언어필터 마스크' 착용을 의무화했다. 마스크는 말의 주제, 어조, 단어의 수위, 역사적 맥락까지 분석해 위험 여부를 실시간으로 판단하고, '말 잔고' 시스템과 연동되어 있었다.

각 사람은 '말계좌'를 할당받아 하루에 할 수 있는 말의 양과 등급을 관리해야 했다. 감정이 섞인 단어, 혹은 특정 사회현상에 대한 불편한 의견은 '고위험어'로 자동 분류됐고, 그 말 한마디가 수만 원의 과태료로 돌아왔다. 웃음도, 울음도 일정 데시벨 이상이면 '감정과잉어'로 경고가 떴다.

처음엔 사람들은 비웃었다. "말이 돈이면, 나는 부자야." "조용한 놈이 승자라더니, 이제 진짜네." SNS엔 이런 농담들이 넘쳐났다. 그러나 이내 사람들은 웃지 못했다.

출근길 지하철 안.

한 남성이 전화 통화 중 "회사 너무 빡세"라는 말을 내뱉는 순간, 마스크에서 삐익 소리가 났다. 곧이어 '공공장소 부정 발언'으로 벌금 15만 원이 자동 이체되었다. 퇴근 후 술자리에서 "정치가 썩었다"는 한 마디에 3일 구류형이 선고된 사건은 실시간 검색어 1위를 찍었다. 누군가는 반려견에게 "이놈의 강아지"라고 웃으며 말한 것이 '비하 표현'으로 등록되어 언어 교정 교육을 받아야 했다.

이쯤 되자 사람들은 마스크 안에서 입을 꾹 다물었다. 침묵은 예의가 아니라 생존이 되었다. 가정에서는 가족 간의 대화가 사라졌고, 학교 교사들은 교과서 문장을 그대로 읽는 것 외엔 어떤 발언도 삼갔다. 학생들은 발표 수업에서 침묵했고, 시 낭송 대회는 '무언시 감상 대회'로 바뀌었다.

길거리엔 '침묵 보험' 광고가 대형 스크린마다 흘러나왔다.

"실수 없는 말, 후회 없는 인생. 조용함도 자산입니다."

"말보다 눈빛이 안전합니다."

전 국민이 무표정한 얼굴로 고개만 끄덕이는 기묘한 풍경 속에서, 사람들은 자기 안의 감정을 접고 접고 또 접었다. 말은 커녕 숨조차 들키지 않으려 조심스러워졌다.

그런 와중에 정만수, 쉰다섯 살의 전직 라디오 작가는 그날 아침도 소형 카세트 라디오를 안고 옥상에 앉아 있었다. 이제는 전파도 끊긴 고물 라디오에서 잡음만 흘러나왔다. 그는 라디오 작가로서 평생을 말로 밥벌이하며 살아왔고, 누구보다 말의 가치를 믿는 사람이었다.

"말이 죄가 된다면, 나는 이제 도망자다."

정만수는 조용히 중얼거렸다. 그러나 마스크가 그 '도망자'라는 단어를 포착하고, 그의 말계좌에서 7,000원이 빠져나갔다.

"말이 금이라지만, 금이 지나치면 쇠사슬이 된다."

그 문장이 그의 머릿속을 맴돌았다.

입 다물고 사는 세상. 그런데 정말 그게 덜 위험한 삶일까?

이런 세상에서, 과연 말은 사라지는 걸까? 아니면, 더 조용한 방법으로 살아남을까?

그 질문이 정만수의 가슴속에서 자라고 있었다.

□ 말이 직업인 남자

정만수는 원래 말이 직업인 사람이었다.

라디오 작가로 30년을 살았다. 새벽 공기의 결을 감지하듯 사람의 숨결을 읽는 일이 그에겐 일이자 신앙이었다. 누구보다 말의 온도를 아는 남자, 누구보다 말에 상처받고, 말로 위로해온 사람.

그러나 '말조심금융법'이 시행되던 날, 그의 대본은 전량 삭제되었다. "청취자 여러분, 오늘 하루도 참 잘 살아내셨습니다"라는 문장이 '감정 유도 발언'으로 지적됐고, "그대의 눈동자에 별이 뜹니다"는 시적 비유로 과징금 대상이었다. 이듬주, 그는 '정서 조작 및 서정 남용'으로 해고되었다.

한 달 뒤, 정만수는 직업훈련소에서 '비언어 커뮤니케이션 강좌'를 수강했다. "이제 말은 리스크입니다. 눈빛으로 말하고, 표정으로 설득하십시오." 강사는 그렇게 외쳤지만, 정만수의 눈빛은 오래전에 말과 함께 닳아버린 듯 맥이 없었다.

그러던 어느 날, 종로5가 헌책방 골목에서 그는 손팻말 하나를 들고 서 있었다. 팻말엔 이렇게 적혀 있었다.

"말 대신 눈빛으로 드리는 시, 한 편 500원."

사람들은 고개를 젖히거나 피했다.

"요즘은 그딴 감성 팔면 벌금이라잖아요."

어떤 이는 사진을 찍고 조롱 섞인 댓글을 달았다.

"말이 없으면 시도 없는 거 아냐?"

정만수는 그저 웃었다. 웃으려 한 건 아니고, 웃음이 흘러나온 것이다. 웃었다는 이유로 마스크가 진동했고, "무단 감정 표출"로 벌금 5,000원이 추가됐다. 그 순간 문득 깨달았다.

"이 나라는 이제 웃는 것도 허락받아야 한다."

그날 저녁, 종로 뒷골목 순대국밥집에서 그는 박할머니를 만났다. 허리 굽은 노파는 땀 흘리며 설거지를 하다 말고, 그의 팻말을 흘긋 보더니 국밥 한 그릇을 내밀었다.

"그깟 시가 뭔 소용이여. 말도 돈으로 재는 세상에."

그리고 덧붙였다.

"근디 말이여, 나도 아들한테 '잘 살아라' 소리 한번 못 해봤당께. 그 말 한 마디가 삼십 년 넘게 목에 걸렸어."

정만수는 국밥을 숟가락으로 푸다가 멈췄다. 눈앞에서 김이 피어오르는데, 그 김이 꼭 할머니의 숨결 같았다.

말로 못했던 말이, 그 그릇 속에 녹아 있었다.

그는 할머니 앞에 종이 한 장을 꺼냈다. 싸구려 신문지 뒷면이었다. 손글씨로 시를 적기 시작했다.

"당신이 내게 말하지 못한 그 말,

나는 오늘 국밥에서 들었습니다."

할머니는 말이 없었다. 다만, 젖은 눈으로 그 시를 오래도록 바라보았다.

그날 밤, 정만수는 처음으로 자진해서 마스크를 벗었다.

그리고 아무 말 없이 종이 한 장을 가슴에 품고 집으로 돌아왔다.

다음날, 정만수의 '눈빛 시집'은 순대국밥집 앞에 조용히 놓였다.

제목은 이렇게 적혀 있었다.

《입 다물고 만 원입니다》

"왜 그런 제목이에요?" 묻는 행인이 있었다.

정만수는 대답 대신 눈을 가만히 들어 보였다. 그 눈빛 속엔 다 말하지 않아도 충분한 문장이 있었고, 그것이야말로 허락받지 않은 시인의 언어였다.

그날 오후, 어떤 손님이 시집을 슬며시 가져갔고, 자판기 밑에 만 원짜리 지폐 한 장이 접혀 남겨져 있었다.

□ 말실수 한 번의 대가

4월의 어느 흐린 저녁, 바람 끝이 얇은 바늘처럼 뺨을 찔렀다.

정만수는 순대국밥집 앞 시집 코너에 시를 다섯 편이나 새로 꽂아두고, 천천히 아파트로 돌아가던 길이었다.

그날은 유독 사람들이 무거워 보였다. 마스크 아래로 눌린 얼굴들, 서로 눈도 마주치지 않는 행인들, 도로 위에도 말이 없었다. 자동차의 경적조차 입을 다문 듯 조용했다.

엘리베이터가 고장이라 13층까지 계단을 오르려던 찰나, 현관문 옆에 쪼그려 앉아 있는 작은 그림자를 보았다. 초등학교 2학년쯤 되어 보이는 아이. 가방은 옆으로 넘어가 있었고, 마스크는 코끝까지 흘러내린 채 울음을 삼키고 있었다. 정만수는 그 앞에서 걸음을 멈췄다. 눈앞에서 아이는 조용히 입술을 깨물고 있었다. 그 울음은 말이 아니라, 사람의 기척이 필요하다는 하나의 신호 같았다.

'그냥 지나가자… 말 한 마디가 얼마였지?'

머릿속에서 그 생각이 먼저 떠올랐고, 가슴 한편이 뜨끔했다. 그러나 아이의 어깨가 들썩일 때, 정만수는 망설임 없이 무릎을 꿇었다. 그리고 마스크를 살짝 밀어내며 조용히 말했다.

"괜찮니?"

그 순간, 마스크에서 날카로운 경고음이 울렸다.

삐이이익―

전방 1.5미터 거리, 감정 발화 감지.

'비허가 위로 발언'으로 분류됨.

벌금 30만 원 자동 부과.

위반 횟수 누적으로 인해 사회질서 교란 우려 등급 상승.

정만수는 고개를 숙인 채 마스크를 벗었다. 작게 헛웃음이 나왔다.

"사람이 사람에게 괜찮냐 물었을 뿐인데, 이 나라에선 벌금이란다."

드론이 붉은 빛을 깜빡이며 그를 따라왔다.

그 장면을 엘리베이터 CCTV가 기록했고, 이튿날 뉴스엔 이런 제목이 달렸다.

『무단 위로 사건 발생 ― 50대 남성, 감정 조작 혐의로 사회봉사형 선고』

다음 날 그는 검은 바지를 입고, 회색 조끼를 두르고, 서울 양재동의 '감정재활센터'로 출근했다. 표면적으론 사회봉사지만, 실상은 *'말 중독자 치료소'*였다.

그곳엔 여러 명의 '말 실수자'들이 앉아 있었다. 어떤 이는 아내에게 "고맙다"고 말했고, 어떤 이는 병원에서 "죽고 싶다"고 중얼거렸다가 잡혀왔다. 그들은 말을 후회하지 않았지만, 사회는 그들에게 침묵을 훈련시키려 했다.

감정교육 1시간이 끝난 뒤, 누군가 정만수에게 물었다.

"그 아이, 지금은 괜찮대요?"

정만수는 대답하지 않았다. 대신 가방에서 종이 한 장을 꺼냈다.

그날 밤, 그는 또 하나의 시를 완성했다.

"괜찮니?

그 말은 허락을 받지 못했지만 내가 살아 있다는 증거였어." 그 시는 센터 게시판에 몰래 붙여졌다. 다음 날, 누군가 그 시를 떼어 가방에 넣었고, 빈자리엔 초콜릿 하나가 남겨져 있었다.

□ 고요한 세상에서 말의 반란

사회봉사 7일째, 정만수는 '침묵요양원'으로 발령이 났다. 말이 많은 노인들을 모아놓고, 그들의 '말버릇'을 고치기 위해 정부가 설치한 실버 교정 시설이었다. 전동 침대, 무음 텔레비전, 비표준 단어 자동 정정 스피커가 설치된 방. 말이 아닌 제스처로만 감정을 전해야 하며, 병원 내 모든 대화는 AI 감시 시스템에 의해 필터링되었다.

"여긴 어쩌다 말 많은 사람들만 모여들게 됐죠?"

그가 물었을 때, 요양사 하나가 귓속말처럼 대답했다.

"여긴 말을 잊지 못한 사람들의 망명지예요. 한 마디 말이 아직도 그들에게는 숨 쉬는 거거든요."

정만수가 처음 만난 노인은 박태선 옹, 아흔둘의 시인이었다. 그는 구순 생일에 손녀에게 쓴 자필 시가 '비허가 정서유발 콘텐츠'로 적발돼 보호 관찰 대상이 되었다. 말이 죄가 된 시대에, 그는 시를 빌려 세상과 마지막 대화를 시도했던 것이다.

"말은 사람을 쓰러뜨릴 수도 있지만, 일으켜 세우기도 해요."

박 옹은 정만수에게 쪽지를 건넸다. 거기엔 단 네 글자가 적혀 있었다.

"말은 숨이다."

그 순간, 정만수의 가슴 어딘가에서 오래 묵은 공기가 터져 나왔다. '숨'을 잃은 채 살아왔던 자신이 비로소 깨달은 것처럼. 그날 밤, 두 사람은 병원 복도 한쪽 창틀 아래 모였다. 그리고 입술이 아닌 손과 눈으로 시를 주고받기 시작했다. 정만수는 창문에 김이 서리자 그 위에 손가락으로 썼다.

"말은 손등 위에 내리는 봄비,

씻겨 나가기 전에, 잠깐이라도 닿고 싶다."

박 옹은 손바닥에 시를 써 건넸다.

"숨을 참고 살아온 사람은,

한 마디 말이 심장처럼 뛴다."

그 시들은 다음 날 벽지에 붙었고, 노인들은 조금씩 입을 열기 시작했다. 누군가는 숨죽여 노래를 흥얼거렸고, 누군가는 엉겁결에 손자의 이름을 불렀다. 처음엔 작고 미미했지만, 그 말은 서로를 깨웠다. 말이라는 고요한 반란의 불씨였다.

AI 감지기는 혼란에 빠졌다. '집단 감정동조 현상'으로 경고가 떴지만, 시가 데이터가 되지 못한 탓에 아무런 제재도 못 내렸다.

"기계는 시를 이해하지 못하니까요. 시는 통계가 아니라 떨림이거든요."

정만수는 벽 가득 시를 붙였다. 손글씨로, 종이 위에, 때론 휴지조각에도. 요양원의 입구 간판 아래에도 작은 쪽지가 붙었다.

"이곳은 더 이상 침묵의 감옥이 아닙니다.

여긴, 말의 회복실입니다."

며칠 후, 이 벽시는 이름 없는 간병인이 SNS에 몰래 사진을 올리면서 퍼지기 시작했다.

"어떤 말은 죄가 아니라 생존이다"라는 해시태그와 함께.

댓글 하나가 모든 것을 요약했다.

"나도 누군가에게 '괜찮니?'라고 묻고 싶었다."

그날 이후, 정부의 검열 AI가 갑자기 대규모 오류를 일으켰다. '감정의 집단 진동'이라는 비정형 감지 결과가 나오자, 프로그램이 스스로 멈춘 것이다. 침묵을 강요한 체계는 결국, 말이 아닌 진심 앞에서 멈췄다.

□ 다시 듣는 말 한마디

그날, 요양원의 시 벽이 철거되었다. 당국은 그것을 '무단 언어 확산 사건'이라 명명했고, 정만수는 다시 봉사명령을 받았다. 하지만 이상하게도 그 즈음부터, 정만수가 손글씨로 쓴 시들이 도시 곳곳에 나타나기 시작했다.

지하철 전광판 뒤 어두운 코너, 공중전화 박스 안, 폐지 줍는 수레 옆 마대자루 위, 그 시들은 아무 말 없이, 그러나 모든 걸 말하듯 거기 있었다. 누가 붙였는지도, 누가 떼어 갔는지도 아무도 몰랐다.

그가 세상에 남긴 말은 단 하나였다.

"괜찮니?"

그러나 그 말은 천 개의 의미로 퍼졌다. 어떤 이에겐 "미안하다"였고, 어떤 이에겐 "잘 버텼다"였으며, 어떤 어머니에겐 오랜 침묵 끝에 겨우 다다른 "사랑해"였다. 말은 점점 늘어나고 있었다. 그 누구도 크게 말하지 않았지만, 누군가의 마음속에서 오래 감춰졌던 문장들이 바람처럼 흘러나왔다. 하필이면, 그건 '무엇보다 조용한 반란'이었다.

당국의 AI 검열 시스템은 더는 분간하지 못했다. 감정의 진동, 사람들 사이의 동조, 손글씨로 퍼지는 침묵의 시위. 프로그램은 일시적 오류로 판정하고 멈췄다. 시를 코드화할 수 없었고, 눈빛을 통제할 수 없었기 때문이다.

그로부터 며칠 후, 정만수는 다시 종로5가로 돌아왔다. 박할머니는 이제 국밥을 팔지 않았다. 그 자리에 조그마한 간이 시서점이 생겨 있었다. 간판도 계산대도 없고, 그저 나무 상자 하나. 상자 위엔 이렇게 적혀 있었다.

《입 다물고 만 원입니다》

"말을 읽고 싶으면 꺼내 보세요.

지불은 마음대로, 말은 마음으로."

그날, 한 중학생쯤 되어 보이는 아이가 다가와 물었다.

"아저씨, 진짜 시인은 뭐예요?"

정만수는 대답하지 않았다. 마스크는 여전히 입을 가리고 있었지만, 그는 조용히 아이의 손에 연필을 쥐여주었다. 그리고 아주 천천히 고개를 끄덕였다.

"진짜 시인은, 누군가의 침묵을 대신 써주는 사람이야."

그 순간, 골목 끝에서 부는 봄바람에 한 장의 시가 살짝 들려 날아갔다. 사람들이 그 시를 주웠고, 어떤 이는 그것을 품에 넣고 갔다.

그날 저녁, 어느 초등학교 급식실에서는 처음으로 아이들 사이에 '괜찮니?'라는 말이 오갔다고 했다. 교무실에선 교사 하나가 우물쭈물하며 이렇게 말했다.

"오늘, 애가 나한테 말을 걸었어요. 그게… 고맙더라고요."

그리고 도시의 구석구석에서, 아주 작게, 그러나 분명히 들렸다. 오래된 단어들. 진심이라는 이름으로 다시 태어나는 말들이었다. 정만수는 그날, 마스크를 벗었다. 입을 열지 않았지만, 눈빛은 충분히 말했다. 누군가의 가슴에 오래도록 남을, 단 하나의 시처럼.

"말은 사라지지 않았다.

다만 사람들은 그 말이 얼마나 귀했는지 입을 닫고서야 알게 되었을 뿐."

끝